DIANA

Das Buch

Joan Marble träumte ein Leben lang von ihrem eigenen Garten. Nicht die übliche Ansammlung von Beeten soll es sein, nein: ein italienischer Garten – ein etruskisches Pflanzenparadies. Als sie mit ihrem Mann Robert aus beruflichen Gründen nach Italien zieht, scheint der Zeitpunkt gekommen, den Traum wahr werden zu lassen. Aber das abweisende Stück Land nördlich von Rom, das ein rauer, aber herzlicher einheimischer Halsabschneider den naiven Amerikanern angedreht hat, dämpft die Begeisterung schnell. Und bei den Einheimischen stoßen sie auf Misstrauen: »Ein Garten? Hier? Wofür? Es gibt kein Wasser, der Boden ist steinig, die Winter sind zu kalt, die Sommer zu heiß, entweder es regnet nie oder zu viel, die Straßen sind schlecht, die Schluchten unpassierbar ...« Aber Joans und Roberts Begeisterung für das Latium lässt sie die Hindernisse ignorieren. Und mit Glück und Hilfe von unverhofften Freunden ringen sie nach und nach der unversöhnlichen Landschaft ungeahnte Schönheit ab.

Die Autorin

Joan Marble ist Journalistin und Autorin. Ihren ersten Artikel schrieb sie über den Rosengarten des Weißen Hauses in Washington. Sie lebt mit ihrem Mann in Rom, Canale und London.

Joan Marble
Ein Garten in Italien

Aus dem Englischen
von Theresia Übelhör

DIANA VERLAG
München Zürich

Diana Taschenbuch Nr. 62/0239

Die Originalausgabe
»Notes from an Italian Garden«
erschien 2000 bei Doubleday, London

Taschenbucherstausgabe 01/2002
Copyright © 2000 by Joan Marble Cook
Copyright © der deutschsprachigen Ausgabe 2000
by Diana Verlag AG, München und Zürich
Der Diana Verlag ist ein Unternehmen
der Heyne Verlagsgruppe, München
Printed in Germany 2002

Umschlagillustration: Paolo Marton, Treviso
Umschlaggestaltung: Hauptmann und Kampa
Werbeagentur, CH-Zug
Satz: Filmsatz Schröter GmbH, München
Druck und Bindung: Elsnerdruck, Berlin
Gedruckt auf chlor- und säurefreiem Papier

ISBN: 3-453-19571-X

http://www.heyne.de

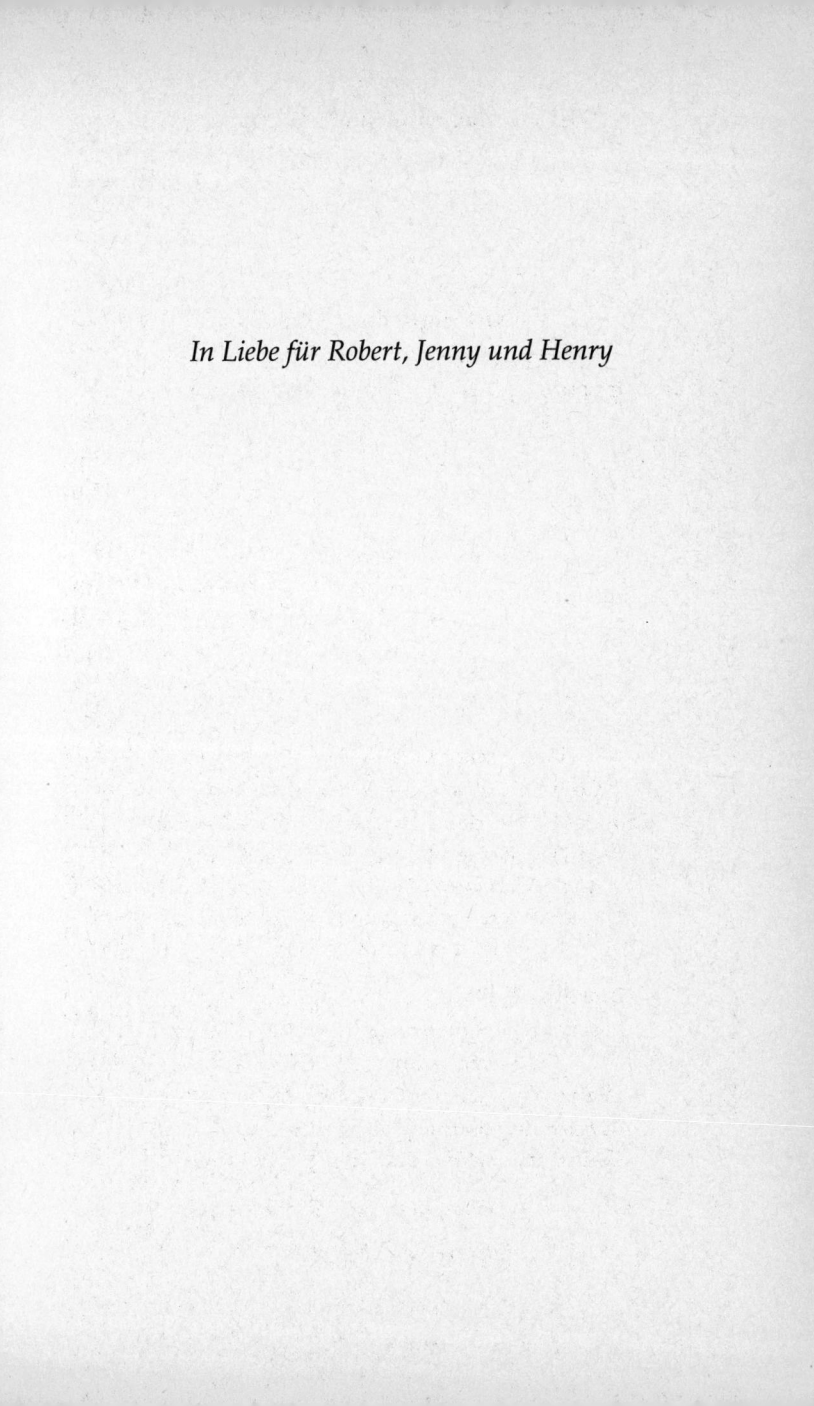

In Liebe für Robert, Jenny und Henry

INHALT

EINLEITUNG

Das Haus am Ende des Regenbogens

Als wir unser Grundstück in Canale nach der Unterzeichnung der Papiere zum ersten Mal richtig in Augenschein nahmen, sahen wir voller Erstaunen einen Regenbogen, der sich von unserem Olivenhain bis zu den Wäldern jenseits der Schlucht spannte. Endlich einmal, so dachte ich, hat die Natur ihre Zeichen deutlich gesetzt. Ich hatte mich schon so lange nach einem eigenen Stück Land gesehnt, und hier war es, am Ende eines Regenbogens.

Als ich acht Jahre alt war, hatte ich meinen eigenen Garten voller Stiefmütterchen und Löwenmäulchen hinter unserem Haus in der Nähe von Boston gehabt, und als ich aufs Smith College ging, wollte ich Landschaftsarchitektin werden. Aber obwohl ich Pflanzen und weite, verträumte Landschaften liebe, stellte ich fest, dass mich die genaueren Details in den Gartenbaulehrbüchern, zum Beispiel über einkeimblättrige Pflanzen und Trockengewächse, zu Tode langweilten. Deshalb habe ich schließlich lieber Englisch studiert, was mich dann zum Journalismus brachte.

In Washington arbeitete ich für die Nachrichtenagentur United Press International und hatte das Glück, in Georgetown ein Haus mit einem Garten voller gelber Rosen und Tulpen zu finden. Diesen Garten verließ ich in der Absicht, nur eine kurze Reise nach Ägypten zu unternehmen, aber ich bin nie wieder zurückgekehrt, weil ich in Kairo Robert Cook, einen sehr begabten amerikanischen Bildhauer, kennen lernte. Er arbeitete in Rom und war nach Ägypten gereist, um die antiken Bauwerke zu besichtigen. Einige Monate später heirateten wir auf dem Kapitol in Rom und gründeten eine Familie, und viele Jahre lang beschränkte sich meine Gärtnertätigkeit auf das Bepflanzen von Blumentöpfen auf römischen Terrassen. Doch irgendwann kam der Punkt, an dem die Sehnsucht nach einem richtigen Garten so stark wurde, dass wir uns aufmachten und ein Stück altes etruskisches Land fanden, das wir seither hegen und pflegen.

Unsere Überlegung war, dass ein Haus auf dem Land für unsere beiden Kinder wunderbar wäre – aber obwohl sie anfangs vom Bäumeklettern und Reiten fasziniert waren, ließ ihre Begeisterung nach, als sie vierzehn und fünfzehn wurden und Rom weit aufregendere Dinge zu bieten hatte. (Ihre Liebe zu diesem Ort sollte erst viel später wieder entflammen.)

Aber Robert und ich waren von Anfang an hingerissen. Robert war, als er in seinem Atelier in der Via Margutta in Rom arbeitete, ein richtiger Stadtmensch geworden. Er schnitzte gerne aus Oliven- oder Walnussholz, konnte allerdings einen Olivenbaum nicht von einer Mimose unterscheiden. Aber erst einmal auf dem Land, interessierte er sich zunehmend für das Pflanzen von Bäumen und das Einkochen von Feigenmarmelade und gelangte als der beste Veredler von Obstbäumen in der Gegend sogar zu lokal begrenztem Ruhm. Die Bauern kamen von überall her und baten ihn um Hilfe.

Ich für meinen Teil stellte zu meiner Überraschung fest, dass die Gestaltung eines Gartens in Neuengland etwas ganz anderes ist als in Canale, und eignete mir erst ganz allmählich Kenntnisse im Umgang mit mediterranen Pflanzen an. Dabei lernte ich alle möglichen Arten von Gärtnern kennen, von einer Bauersfrau, die herrliche Pfingstrosensträucher in Ölfässern pflanzte, bis hin zu einer Gräfin, die sich über Wasser hielt, indem sie die Familienkapelle für Trauungen vermietete und die Hochzeitsempfänge in ihrem hübschen Rosengarten abhielt.

Diese Einführung in das Dorfleben gewährte uns tiefere Einblicke in die Wesensart und Gebräuche der Italiener, als wir in Rom je hätten erlangen können. Die Familien in Rom halten fest zusammen und neigen dazu, sich hauptsächlich mit sich selbst zu befassen, während wir in Canale zwar immer *stranieri* (Ausländer) blieben, aber nie *forestieri* waren, was so viel bedeutet wie »unbekannte Leute« oder »Außenseiter«. Wir waren fast von Anfang an Teil des Dorfes und haben im Laufe der Jahre viel über seine robusten Bewohner erfahren, die trotz der Tatsache, dass ihre Gegend im südlichen Etrurien bis zum Beginn des zwanzigsten Jahrhunderts buchstäblich in einem feudalen System verharrte, überraschend unverwüstlich, ja sogar heiter geblieben sind. Selbst heute halten sie noch an Gebräuchen – uralten Einstellungen – fest, die in einer fast ununterbrochenen Linie in die Tage der Etrusker zurückreichen.

»Ich glaube, ich bin endlich am richtigen Standort gelandet«, pflegte Robert zu sagen, nachdem wir uns erst einmal angesiedelt hatten. Das war eine Anspielung auf seine Zeit bei der Armee, als er ständig von einer Einheit zur nächsten versetzt wurde. Und so war es auch: Canale war unser »richtiger Standort« geworden, ein Ort, an dem wir uns endlich niederlassen konnten.

Die größte Faszination dieses Stücks Erde bestand für uns in dem Bewusstsein, dass wir nicht die Ersten waren, die auf ihm lebten und es bebauten. Vor langer Zeit – vielleicht sogar schon vor dreitausend Jahren – haben Siedler bereits dieses Land bestellt und gepflegt, und jedes Mal, wenn wir unsere Saat dem Mondkalender folgend aussäen, wissen wir, dass es derselbe Mond ist, den die Etrusker hinter den Wäldern von Manziana aufgehen sahen, und jedes Mal, wenn wir ein Bruchstück eines rosaroten Terrakottatopfs ausgraben oder die alte etruskische Brücke überqueren, um beim Schafhirten auf der anderen Seite des Baches frische Ricotta zu holen, werden wir an die klugen Menschen erinnert, die vor uns hier waren. Diese frühen Etrusker legten die Sümpfe der Maremma trocken und bauten viele Kilometer unterirdischer Wasserleitungen, von welchen einige noch heute genutzt werden. Und sie gingen behutsam mit den Wäldern um, schlugen in regelmäßigen Abständen nur Teile der Wälder aus, sodass der Boden nie erodierte und die Natur sich erholen konnte. Wir können nicht für uns in Anspruch nehmen, etruskisches Blut in den Adern zu haben, wie es manche der Bewohner von Canale tun; aber wir hoffen, dass ein wenig von ihrer Einstellung und ihre leidenschaftliche Achtung der Natur uns von Zeit zu Zeit helfen werden, wenn wir unser bescheidenes Grundstück pflegen.

JANUAR

Die Verlockung Etruriens

*I*ch habe mich an einem eiskalten Abend mitten im Winter in Etrurien verliebt. In einer kleinen Stadt nahe Campagnano wurde ein Silvesterfest begangen und eine Gruppe junger Männer vom Ort zog in Renaissance-Kostümen in einem Fackelzug die Hauptstraße hinunter. Als ich da in der Kälte stand und beobachtete, wie die Flammen gen Himmel züngelten und die kahlen Äste der Platanen beleuchteten, wurde mir klar, dass ich mich an diesem alten Ort zu Hause fühlte. Wenn wir uns je entschließen sollten, aufs Land zu ziehen, dann würde ich mich für einen solchen Flecken entscheiden.

Eine Gestalt, die meine Aufmerksamkeit erregte, war ein junger Mann, der eine brennende Fackel hielt, mit der er das Freudenfeuer des Festes entzünden sollte. Er hatte eine grüne Samttunika und enge beige Hosen an und marschierte vor weiteren fünf Jugendlichen her, die Reisigbündel für das Feuer trugen. Es war sein Profil, das meine Aufmerksamkeit erregte. Stirn und Nase bildeten fast eine gerade Linie mit nur der Andeutung einer Einbuchtung am Nasenrücken. Die Augen waren groß und mandelförmig und die Mundwinkel zu einem leicht selbstironischen Lächeln hochgezogen. Das Gesicht kam mir bekannt vor, und dann wurde mir klar, dass ich ein ganz ähnliches Profil auf der Wand eines etruskischen Grabes in Tarquinia gesehen hatte.

Man wird sich dieser Spuren der Vergangenheit immer wieder flüchtig bewusst, wenn man durch die ver-

13

winkelten Städtchen Mittelitaliens streift – wenn eine Bäuerin, die ihren Korb voll Eier am Markt von Barbarano abstellt, lockiges schwarzes Haar hat wie eine Tänzerin auf einem etruskischen Kelch, oder wenn ein Steinmetzgehilfe, eine Ladung Zement auf seiner Schulter balancierend, mit vollkommen geradem Rücken auf ein Dach steigt und seine Beine gleich unter dem Knie die besonders ausgeprägten Waden aufweisen, die so typisch etruskisch sind.

In einigen Orten im früheren Etrurien sprechen die Leute noch immer den Anfangsbuchstaben »C« aus, als handele es sich um ein »H« (»casa« wird also zu »hasa«), genau der etruskischen Sprechweise folgend. Der Grundriss vieler Bauernhäuser kopiert noch immer den etruskischen Bauplan, und die Bauern benutzen zum Graben weiterhin eine Hacke, pflanzen nach dem Mondkalender und fällen ihre Bäume alle zwanzig Jahre. Außerdem sind sie nach wie vor hervorragende Metallbearbeiter, wie es auch die Etrusker waren, welche die Eisen- und Kupfervorkommen in den Bergen in diese Gegend gelockt hatten.

In ihrer Blütezeit, vom achten bis zum dritten Jahrhundert v. Chr., zählten die Etrusker zu den mächtigsten Völkern der Erde. Ihr Territorium wurde Tuscia genannt, was aus dem Griechischen kommt und »Turm« bedeutet. Es erstreckte sich vom Tal des Tiber bis zum Tyrrhenischen Meer, im Norden bis zum Po und im Süden bis nach Neapel. Diese frühen Bewohner waren tatkräftig und erfindungsreich, sie schmolzen die Metalle, die sie in den Hügeln von Tolfa fanden, bauten lange holprige Straßen, damit sie ihre Karren zu allen Dörfern innerhalb des etruskischen Gebiets fahren konnten, und entwickelten hervorragende Bewässerungssysteme, die das Wasser über von Hand gegrabene, die hügelige Landschaft durchziehende Kanäle führten. Etruskische Galeeren fuhren über das Mittelmeer und transportierten gute Weine, Metalle, handbemalte Vasen und Statuen zu den Griechen und Karthagern, und es herrschte große Nachfrage nach ihrem Goldschmuck, vor allem den Brustplatten und den herrlichen Ohrringen, die hergestellt wurden, indem man hunderte winziger Goldkörnchen auf Metallgrund aufschmolz, ohne dass die Kügelchen verschmolzen und ihre natürliche Form verloren. Diese Granulationstechnik wurde seither nie wieder angewandt.

Selbst in ihren sozialen Beziehungen schienen die Etrusker ihrer Zeit voraus zu sein. Etruskische Grabmalereien in Tarquinia zeigen Frauen, die ungezwungen an Festtischen neben den Männern sitzen, hübsche Spitzenkleider tragen und Weinkelche hochheben. Und Steinsärge sind häufig mit den sitzenden Figuren eines Mannes und einer Frau verziert, wobei die Frau genauso bedeutungsvoll dargestellt ist wie ihr Ehemann.

Aber trotz ihrer offenkundigen Talente und sozialen Fortschrittlichkeit begingen die Etrusker einen fatalen Fehler: Sie weigerten sich, den eigenartig sprechenden Leuten aus der Ebene Beachtung zu schenken, die sich in einem Dorf namens Rom nahe ihrer Südgrenze am Tiber ansiedelten. Die Römer in ihrem »Kaff auf dem Palatin« verstanden von Kunst und Kultur wenig, aber sie waren ein praktischer und hartnäckiger Menschenschlag, und während sich die Etrusker an ihrer Kunst, ihren Göttern und ihren großartigen Festlichkeiten erfreuten, vervollkommneten die Römer ihre kriegerischen Fähigkeiten und polierten ihre Speere. Im Jahre 396 v. Chr. waren sie schließlich stark genug, um die etruskische Festung Veio zu stürmen und ihre stolzen Nachbarn zu vertreiben.

Diese Niederlage der Etrusker markierte den Beginn eines langen Niedergangs. In den ersten Jahren war es noch nicht so schlimm; die Römer waren stolz auf die Zivilisation, die sie unterworfen hatten, und kopierten alles, was sie kopieren konnten, von ihrer Kunst bis hin zu ihrer Religion, den Gesetzen, Institutionen und der militärischen Organisation. Sie luden auch etruskische Wahrsager nach Rom ein, damit sie aus Eingeweiden von Tieren lasen, die Sterne deuteten und sie über ihre Zukunft berieten. Im ersten Jahrhundert n. Chr. schrieb Kaiser Claudius ein Buch in acht Teilen, in dem er von den Wundern der etruskischen Zivilisation berichtete, aber zu unser aller Leidwesen ging dieses Buch verloren und ein großartiger Fundus etruskischen Wissens geriet so in Vergessenheit.

Später begann die römische Begeisterung nachzulassen, und zu der Zeit, als Rom das Christentum zur Staatsreligion machte, siechte die etruskische Kultur rasch dahin. Kaiser Honorius befahl die Verbrennung aller etruskischen Bücher, und die Zerstörung war so gründlich, dass wir kein Nachschlagewerk mehr haben, das sowohl die etruskischen als auch die lateinischen Wörter aufführt. Deshalb können wir zwar die Buchstaben lesen, die die Etrusker in ihre Gräber und Tempel eingravierten, eigenartige griechische Schriftzeichen, die rückwärts geschrieben zu sein scheinen, doch die wenigen erhalten gebliebenen Texte teilen uns fast gar nichts über ihre Sagen und Legenden mit. Um ihre Missachtung noch weiter zum Ausdruck zu bringen, strichen die Römer den alten Namen Tuscia von den Landkarten. Der nördliche Teil Etruriens ging in die Toskana auf, während der südliche Teil (in dem wir leben) in Latium umbenannt wurde, der erst jüngst den reizlosen modernen Namen Lazio erhielt.

Das Gebiet des nördlichen Etruriens erlebte mit dem späteren Aufstieg kultureller Zentren wie zum Beispiel Florenz und Siena noch eine große Blütezeit, während unser Abschnitt Süd-Etruriens (beziehungsweise der Teil, der heute verwirrenderweise als das nördliche Latium bekannt ist) seinen früheren Ruhm nie wiedererlangte. Die harte Hand nicht ortsansässiger Grundbesitzer und die damit einhergehende Armut hielt die Gegend auf Dauer in einem Zustand der Verelendung gefangen, während das gute, alte Bewässerungssystem verfiel und die Bevölkerung durch Malaria und die Pest dezimiert wurde. Ein weiterer Schlag traf die Region, als im achten Jahrhundert die Lombarden von Norden einfielen, ein Stück des alten Etruriens um Sutri an sich rissen und dieses dann dem Vatikan schenkten. Der Papst verleibte das Land dem Kirchenstaat ein, unternahm aber so gut wie nichts, um die Lebensumstände der armen Bevölkerung zu verbessern, sodass die Renaissance, die Florenz, Siena und Rom erblühen ließ, einen weit geringeren Einfluss auf die glücklosen Städte im Süden Etruriens hatte.

Das Land kämpfte jahrhundertelang weiter, eine wilde und unwirtliche Landschaft voller Schluchten, ausgetrockneter Flussbetten, tiefer, vulkanischer Seen und verlassener Burgen. Wanderhirten lebten in Strohhütten, führten ihre Herden im Sommer in die Berge und im Winter wieder auf die Weiden in die Ebenen hinunter. Es war ein Tummelplatz von Banditen und Wegelagerern, und hier notgedrungen durchreisende Ministeriale wurden gewarnt, nur bei Tag unterwegs zu sein und Waffen bei sich zu tragen, um nicht gefangen oder ermordet zu werden. Die päpstliche Regierung war korrupt und inkompetent. Die Fürsten im Vatikan sahen ihre Aufgabe nicht in der Verschönerung oder im Wiederaufbau des Landes, sondern in seiner Befriedung, und jedes Mal, wenn die Bewohner Schwierigkeiten machten, wurden französische Söldner geschickt, die den Aufstand niederschlugen. Bis heute sind die Leute im nördlichen Latium sehr kirchenfeindlich eingestellt und misstrauisch gegenüber Fremden.

In den Jahren der vatikanischen Herrschaft wurden ein paar neue Kirchen und befestigte Burgen gebaut, aber diese trugen nur wenig zum Wohlergehen der Menschen bei, und selbst noch im neunzehnten Jahrhundert beklagte der hier durchreisende schottische Aquarellmaler James Skene, die Leute seien so arm, dass es ihnen kaum gelänge, ein paar Samenkörner in die trockene und unfruchtbare Erde zu bringen. Wenn die Bauern pflügten, so schrieb er, stiegen sie auf ihre von ausgehungerten Ochsen gezogenen Holzpflüge, um nicht laufen zu müssen. Der Dichter Shelley war einer der wenigen Reisenden, der ein gutes Wort für die Gegend fand. In einem Brief an einen Freund schrieb er 1818: »Wir sind durch die so oft verunglimpfte ›Campagna di Roma‹ hier in Rom angekommen, eine Gegend, die, ich gestehe es, so ganz nach meinem Geschmack ist.«

Es ist wirklich eigenartig, dass ein so nahe bei Rom gelegener Landstrich derart vernachlässigt wurde, aber in Wahrheit ist das häufig das Schicksal von Gebieten, die im Schatten einer großen Hauptstadt liegen. Die Fürsten der Stadt zogen es vor, innerhalb der schützenden Mauern ihrer herrlichen Paläste zu leben, und wenn sie sich zu Wildschweinjagden oder Turnieren an Wochenenden aufs Land wagten, dann immer schwer bewaffnet und auf alle möglichen Schwierigkeiten gefasst. Ihr Ziel war es, die Landbevölkerung so arm und unwissend wie möglich zu halten, damit sie auch künftig nur die niedrigste Arbeit erledigte. Die Bewohner begriffen sehr rasch, dass sie, während sie weiterhin auf der Hut sein sollten, um sich Eindringlingen aus dem Norden zu widersetzen, ihre Gesichter mit einem gewinnenden Lächeln nach Süden wenden und die Hände in der Hoffnung auf einige der Wohltaten der Stadt ausstrecken sollten. Dieser zweifache Zwang, sich einerseits gegen die Herrschaft aufzulehnen, sich aber andererseits um ihre Wohltaten zu bemühen, hat aus den Bewohnern des südlichen Etruriens unzugängliche, um nicht zu sagen gespaltene Persönlichkeiten gemacht. Die Bewohner anderer Regionen betrachten sie als schwierig und ein wenig abweisend.

Zu ihren Problemen kam hinzu, dass die Malaria in dem Gebiet rund um die mittelitalienischen Seen ständig auftrat, und noch heute halten viele vorsichtige Italiener diese Seen für ungesund. Erst in den vierziger und fünfziger Jahren, als die Malaria durch den großzügigen Einsatz von DDT besiegt wurde, begannen ein paar Fremde, zumeist Deutsche und Engländer, sich an den Seeufern anzusiedeln. Die Italiener selbst ziehen es noch immer vor, ihre Ferien am Meer zu verbringen, wo, wie sie behaupten, die salz- und jodhaltige Luft (zusammen mit unerwähnten Wolken Kohlenmonoxids) ihre Lungen erfrischt und ihre Leber gesunden lässt. Damit ist der ganze Ruhm der Region Lazio umschrieben, und die Touristenbusse brausen auf ihrem Weg von Assisi oder Florenz nach Rom durch Etrurien, ohne anzuhalten.

Wenn man Nichtitalienern erzählt, dass man in Lazio lebt, sehen sie einen meist perplex an und fragen: »Lazio? Wo in aller Welt ist das? Gehört es zur Toskana?«

Genau genommen sind jene von uns, die das südliche Etrurien lieben, recht glücklich über diese Unklarheit. Wir beneiden die Bewohner von Florenz wahrlich nicht, die sich aufgrund der Touristenmassen durch das Zentrum ihrer Stadt kämpfen müssen. Noch möchten wir mit den leidgeprüften Venezianern tauschen, deren hübsche Piazzas von Tagestouristen verstopft sind, die Salamisandwiches essen und Eistüten in die Kanäle werfen.

Wie die Prinzessin, die erriet, dass ihr Frosch in Wahrheit ein schöner Prinz war, wussten wir, dass unsere Ecke Etruriens in Wirklichkeit ein Juwel von seltener Schönheit ist und etwas Mystisches sie mit ihren alten, etruskischen Wurzeln verbindet. Wir empfinden diese Schönheit jedes Mal, wenn wir durch die großen Eichenwälder wandern, die sich bis zu den Hügeln von Tolfa hin erstrecken, oder wenn wir durch kleine, aus Stein erbaute Dörfer oberhalb von offenen Schluchten kommen, deren Wände von etruskischen Felsgräbern durchlöchert sind. Wir spüren sie auch, wenn wir auf die Berge jenseits dieser Dörfer blicken und Herden weißer Rinder mit langen Hörnern sehen – die gleiche Rinderrasse, die auf die Wände der prähistorischen Höhlen von Lascaux gemalt wurden. Und wir fühlen sie, wenn wir die Schweine sehen, die auf der Suche nach Eicheln in den herbstlichen Wäldern herumwühlen.

Ich werde immer glücklich sein, dass wir damals, 1964, diese Gegend entdeckten, als sie noch immer eine unbekannte, rückständige Region war, weil wir dadurch – kurz bevor sie zu verschwinden begann – eine Lebensweise kennen lernen konnten, die seit dem finsteren Mittelalter und zum Teil seit noch früheren Zeiten praktisch unverändert beibehalten wurde.

Es war, das sollte ich hinzufügen, kein besonderes Insiderwissen, das uns nach Etrurien führte. Wir wollten einen Garten mit einem Pfingstrosenstrauch und ein paar Olivenbäumen haben, und da wir Autostradas nicht mögen, beschlossen wir, nach etwas Ausschau zu halten, was ziemlich nahe an der Hauptstadt gelegen war. Deshalb zogen wir um Rom einen Kreis, um alles in Betracht zu ziehen, was innerhalb der Fünfzig-Kilometer-Zone lag. Die Auswahl fiel nicht allzu schwer. Der Süden und Südosten von Rom, wo auch die beliebten Ferienorte Frascati und Albano in den Albaner Bergen liegen, waren uns schon zu überlaufen. Das Einzugsgebiet im Westen, das sich zum Flughafen und dem römischen Hafen Ostia erstreckt, war zu ungepflegten Schlafstädten Roms verkommen. Im Osten lagen Tivoli und die Zufahrten in Richtung Apennin, aber die Landschaft kam uns trostlos vor. So blieb also nur das Gebiet im Norden Roms mit seinen großen vulkanischen Seen und verfallenen etruskischen Ruinen. Und nachdem wir im Winter den Umzug in Campagnano gesehen hatten, kamen wir zu dem Schluss, dass wir uns hier tatsächlich zu Hause fühlen könnten.

Grundstücksmakler waren zur damaligen Zeit nicht üblich, aber als wir uns umhörten, erfuhren wir, dass es in der Stadt Bracciano einen sehr handfesten Makler gebe. Er stammte aus Sardinien und sein Name war Puddu. Sein Büro am Hauptplatz von Bracciano bestand aus einem Zimmer, und er konnte weder lesen noch schreiben, doch er hatte eine Teilzeitsekretärin, die es beherrschte. Er war äußerlich wenig beeindruckend, ein kleiner Mann, der Samtanzüge aus *pelle del diavolo* (Teufelshaut) trug, einer Art Kordsamt, nur ohne Streifen. Er hatte einen kleinen, stets mit einem Hut bedeckten Kopf und schielte stark, was wahrscheinlich daher rührte, dass er lange auf ferne Horizonte oder weit entfernte Wasserläufe geblickt hatte. An seiner rechten Hand fehlten mehrere Fingerglieder, angeblich das Resultat irgendeiner Unstimmigkeit in Sardinien, und er hatte einen lockeren Zahn, der ihn lispeln ließ und dazu führte, dass er »l« immer wie »r« aussprach.

Immer wenn er uns in seinem alten roten Renault durch die Gegend fuhr, hatte Puddu einen dicken Holzstock dabei, der, wie uns mit der Zeit klar wurde, kein Spazierstock, sondern sein offizielles Dienstzeichen war. Im ländlichen Italien ist ein Mann mit einem Stab sofort als der *mediatore* erkennbar, als der Mann, der die Macht hat, jeden Handel zu organisieren und zu überwachen, gleich, ob es sich um Pferde und Esel oder Häuser und Land handelt. Nach Aussage von Kennern der Folklore geht der Stab auf den Krummstab der etruskischen Priester zurück und wurde später von der christlichen Kirche als Symbol der den Bischöfen übertragenen Macht, ihre Herden zu führen, übernommen.

Puddu hörte uns ziemlich ungeduldig zu, als wir ihm erklärten, dass wir den Wunsch hätten, eine alte *casa colonica* (Landhaus) zu finden, möglichst mit Blick auf den See und mit einem offenen Kamin.

Ein altes Haus zu finden, sei »*morto difficire*«, warnte uns Puddu. Einen Augenblick lang dachte ich, er würde uns vor einem schmerzlichen Tod warnen. Was er jedoch wirklich sagen wollte, war, dass es *molto difficile* (sehr schwierig) sei, in Lazio ein auf freiem Gelände erbautes altes Landhaus zu finden, und er hatte Recht.

Die Bauern in Etrurien waren es nicht gewöhnt, Häuser auf offenem Gelände zu bauen. Das war zu gefährlich. Sie zogen es vor, ihre Bauten an die hohen Mauern einer befestigten Burg oder Kirche zu drängen und so die Wärme und den Schutz des reichen Grundbesitzers zu genießen. Diese Vorgehensweise war so weit verbreitet, dass sie einen eigenen Namen erhielt, *incastellazione* (die Leute in die Burg bringen), doch das Ergebnis war, dass die Bauern, wenn sie ein winziges Stück Land außerhalb der Stadt besaßen oder pachteten, jeden Tag auf einem Esel hinausreiten mussten, um sich um ihre Rebstöcke zu kümmern und ihre Oliven zu pflücken, wobei sie einen Großteil ihrer Geräte jeweils mitnahmen.

In der Toskana war das anders. Dort ging es auf dem Lande geregelter zu; die Bauern waren reicher als in Lazio, und sie wurden durch ein Netz von Förstern, Wildhütern und Dorfpolizisten beschützt, sodass sie lange, bevor die Bauern rund um Rom auch nur Hühnerställe bauten, Häuser auf dem Land errichten konnten. Diese als *casali* bezeichneten toskanischen Bauernhäuser mit ihren massiven Mauern und großen Giebeldächern mit von Hand hergestellten Ziegeln geben der Landschaft ein entwickelteres und wohlhabenderes Aussehen. Und die Besitzer waren oft weitsichtig genug, lange, zu ihren Häusern führende Zypressenreihen zu pflanzen, die Weinberge zu terrassieren und Schatten spendende Bäume um ihre Hofgebäude zu pflanzen. Lazio dagegen ist weniger vom Menschen gezähmt; die Wälder, die Schluchten und *garrigue* (raue, heideähnliche Landschaft) sind so geblieben, wie die Natur sie geschaffen hat.

»Vergessen Sie das mit der *casa coronica*«, sagte Puddu. »Ich werde für Sie ein Stück Land finden, das *morto berro* ist, und dann können Sie für ein paar hunderttausend Lire Ihre eigene *casa coronica* bauen.«

Bald lernten wir, Puddus Zahlen zu misstrauen; seine Schätzungen, was es kosten würde, ein kleines Haus zu bauen, waren um etwa 200 Prozent zu niedrig, während seine Voraussagen, was das Anwesen bald wert sein würde, um genauso viel zu hoch angesetzt waren. Außerdem hatte er eine forsch-fröhliche Art, uns zu versichern, dass alle wesentlichen Dinge vorhanden seien. Einmal besichtigten wir einen Streifen eines Olivenhains mit Blick auf den See, und ich fragte ihn, ob wir hier wohl Schwierigkeiten haben könnten, nach Wasser zu bohren.

»Sie brauchen hier keinen Brunnen bohren«, sagte er leichthin. »Dort drüben verläuft ein Aquädukt, Sie können Ihr ganzes Wasser also kostenlos bekommen.«

Jahre später fand ich heraus, dass der Aquädukt eine besondere Wasserleitung von Bracciano zum Hafen von Civitavecchia war, und dass wir uns da genauso wenig hätten einklinken können, wie wir die Gaspipeline von Russland hätten anzapfen können.

Eines Tages, als wir ein anderes Grundstück an der Straße nach Tolfa besichtigten, äußerte ich, dass es schwierig sein könnte, die ENEL (die Nationale Elektrizitätsgesellschaft) dazu zu bringen, die Stromkabel über eine so weite Strecke zu verlegen.

»Das ist kein Problem, dort an der Hauptstraße verläuft ein Stromversorgungskabel und Sie können sich da gegen eine kleine Gebühr ankoppeln.«

Wir stellten bald fest, dass die elektrische Leitung fast zwei Kilometer entfernt war, und ein Anschluss, wenn er denn genehmigt würde, ein Vermögen gekostet hätte. Außerdem war in der Gegend Korruption so weit verbreitet, dass die ENEL-Angestellten Strom nur ihren nahen Verwandten oder aber Spekulanten lieferten, die bereit waren, saftige Schmiergelder zu bezahlen.

Puddu hatte noch weitere Eigenarten, die wir entnervend fanden. Er schien davon auszugehen, dass jedes erbärmliche Stück Land, das er uns zeigte, für unsere Bedürfnisse absolut perfekt sei. Anstatt bei uns zu bleiben und uns alles zu erklären, hatte er die Angewohnheit, uns auf dem Grundstück abzusetzen und dann über die Felder und durch die Schluchten davonzuspazieren, um mit den Bauern zu reden.

Mit der Zeit wurde uns klar, dass es zu Puddus Geschäftstaktik gehörte, durch Lavendelfelder zu schlendern und über Zäune zu klettern. Er nutzte die Stunden, die er mit Klienten unterwegs war, um sich nach weiteren Grundstücken umzusehen, genau wie ein Sperber in der Luft kreist, um nach weiteren Sperlingen Ausschau zu halten. Manche Bauern grüßten Puddu mit einer leicht widerwilligen Nachsicht, aber viele wichen vor ihm zurück, als würde ihm ein Hornissenschwarm folgen.

»Halten Sie sich von diesem lispelnden Sarden fern«, gelang es einem Bauern, mir zuzuraunen. »Wo immer er aufkreuzt, verliert jeder Geld – außer ihm.«

Ein anderer Bewohner von Bracciano versicherte mir, dass Sarden in Lazio keinen guten Ruf besäßen.

»Sie bekommen kostenlos Fahrscheine für die Fähre, um im Sommer mit ihren Schafen von Sardinien herüberzukommen, weil es auf der Insel nichts gibt außer Felsen und Disteln. In Civitavecchia strömen sie von der Fähre und verbreiten sich von dort über die Maremma wie eine Heuschreckenplage, und überall, wo sie hinkommen, enden brave Christen schließlich mit einem Messer im Bauch.« (Der Name Maremma, ursprünglich eine Bezeichnung für das Küstensumpfgebiet, wird heute für einen größeren Landstrich auch im Landesinneren gebraucht.)

Ich wandte ein, dass Puddu für mich gar nicht wie ein Verbrecher aussehen würde, aber mein Freund verdrehte die Augen.

»Du hättest seinen Vater sehen sollen«, sagte er. »Eines Tages im Juni ist er mit dreißig Schafen von Sardinien herübergekommen, sie hinkten alle und waren krank, und bis zum Ende des Sommers hatte er sechzig gesunde Schafe, acht Schweine und drei Maremma-Pferde. Er trug einen alten schwarzen Anzug, einen schwarzen Hut und selbstgeschneiderte Gamaschen, und alles, was er bei sich trug, war ein großer weißer Schirm und ein Schaffell. Er war so hässlich, dass die kleinen Kinder schreiend davonliefen, wenn sie ihn sahen.«

Jedes Mal, wenn Puddu von seinen Erkundungsstreifzügen durch die ländliche Gegend des Lazio zurückfuhr, war sein Gesicht zu einem breiten, falschen Lächeln verzogen.

»Alles entschieden?«, fragte er uns dann. »Sollen wir zurückfahren und die Papiere unterzeichnen?«

Aber wenn wir ihm sagten, dass wir das Grundstück nicht kaufen wollten, verschwand das Lächeln von seinem Gesicht und machte tiefer Verzweiflung Platz.

Dann sagte er, er könne wirklich nicht mehr tun, er habe uns das beste Grundstück in ganz Lazio gezeigt, und wir besäßen nicht einmal die Freundlichkeit, das zu würdigen. Nirgends gäbe es etwas Vergleichbares, nicht einmal zum doppelten Preis. Es sei sinnlos, weiterhin seine und unsere Zeit zu vergeuden, da wir offenkundig keine genaue Vorstellung hätten, was wir eigentlich wollten.

Das hat für uns den Ausschlag gegeben. Wir hatten genug von Puddu. Wir würden selbst herumfahren und unser Land ohne einen Makler suchen.

Wie wir unser Grundstück fanden

Wir brauchten nicht lange, bis uns klar wurde, warum Puddu so viele Fahrten um den Lago di Bracciano unternahm. Die Landbevölkerung hängt fast krankhaft an ihrem *terreno*, und ihr Land zu verkaufen, ist, als würden sie eine Rente auf Lebenszeit aufgeben oder ein Leck in einem Tausend-Liter-Weinfass finden. Sie sind, möglicherweise zu Recht, davon überzeugt, dass sie nie wieder etwas so Wertvolles besitzen werden, und wenn sie durch irgendeine Katastrophe gezwungen werden, einen Weinberg oder Olivenhain zu verkaufen, dann versuchen sie, diesen verhängnisvollen Tag so lange wie möglich hinauszuzögern.

Sie zum Verkauf zu drängen, ist deshalb nur dann effektiv, wenn dies von einer besonderen Form der Überredungskunst begleitet ist, und auf diesem Gebiet war Puddu einsame Spitze. Jedes Mal gab er vor, sein Hauptziel bestünde darin, einen Käufer für das Land eines armen Bauern zu finden und damit den Verkäufer reich zu machen. Aber die eigentliche unterschwellige Botschaft war, dass Puddu als der einzige Grundstücksmakler der Region eine Monopolstellung innehatte und rund um den Lago di Bracciano keine Grundstücksverkäufe ohne seinen Segen abgewickelt werden konnten.

Ohne einen Vermittler nach einem Grundstück zu suchen, war deshalb eine ziemlich hoffnungslose Angelegenheit, weil die Ortsansässigen einen wahren Widerwillen dagegen hatten, einen Preis zu nennen. Ihre Überlegung ging dahin, dass man, wenn die Katze erst einmal aus dem Sack ist, sie nie wieder hineinbekommt.

Aber wenn man, als ungehobelter Ausländer, darauf bestand, die magische Zahl zu hören, dann streckte der Landbesitzer vielleicht verstohlen zwei oder drei Finger der rechten Hand aus, die er auf Höhe der Hosentasche hielt. Mit dieser Zeichensprache wurde einem zu verstehen gegeben, dass der Preis für das Grundstück irgendwo zwischen zwei Millionen und zweihundert Millionen Lire lag; selbst wenn man die Zahl niederschrieb, konnte man ganz sicher sein, dass der Preis am Ende bedeutend höher liegen würde, als man anfänglich verstanden hatte. Wenn man protestierte, wurde man mit einem Schwall freundlicher Erklärungen überschüttet, warum man es nicht richtig verstanden habe, weil man armer Dummkopf eben Ausländer war. Aber man würde den höheren Betrag so oder so bezahlen.

Und dann gab es noch ein Problem beim Verhandeln mit den Einheimischen – nämlich ihre Frauen. In den Dörfern gibt es im Allgemeinen zwei Sorten von Frauen – der »Ich weiß von nichts«-Typ, zurückhaltende Damen, die sich unter einer mit großen Augen zum Ausdruck gebrachten Unschuld vor jeder Verantwortung drücken, und dann die willensstarken Frauen, die zu allem und jedem eine Meinung haben und diese auch nur zu gern zum Besten geben. Die meisten Frauen der zweiten Gruppe haben eine bessere Ausbildung als ihre Männer und sie halten sich über den Grundstücksmarkt mit einer geradezu einschüchternden Hartnäckigkeit auf dem Laufenden. Wenn also ein Mann nach einem langen Tag auf den Feldern nach Hause kommt und seiner Frau erzählt, dass er eine Million Lire für ein Stück Land verlangt habe, zögert sie nicht lange, ihm ihren Widerspruch vorzutragen.

Verflucht sei der Tag, an dem sie einen solchen Idioten geheiratet habe – einen Mann, der seinen eigenen Namen nicht schreiben, geschweige denn ein paar Zahlen addieren könne! Weiß er denn nicht, dass die Preise durch die Inflation und all die anderen Plagen dieser Erde in Italien jedes Jahr um 30, ja sogar um 40 Prozent steigen?

Dann wirft sie sich einen Schal um die Schultern und stürmt in die Nacht hinaus, um zu ihrer Schwester und dem Sohn ihrer Schwester, Baldissero, zu gehen, der die Oberschule besucht hat und mehr über Grundstückswerte weiß als jeder einfache, dreckige Bauer. Und die Schwester und Baldissero stimmen der verzweifelten Frau zu, dass ihr Mann wohl den Verstand verloren habe. Die von ihm genannte Summe sei mindestens 50 Prozent zu niedrig, und jeder wisse doch, dass die Preise in der Gegend von Bracciano in die Höhe schössen.

In ihrer Ansicht bestätigt, hastet die Dame nach Hause, um ihren armen Mann in einem Vibrato auszuschimpfen, das die Callas in Verlegenheit brächte, und wenn wir ihn das nächste Mal treffen, blickt der Mann stur auf seine Stiefel und teilt uns mit, dass wir den Preis aufgrund unserer mangelnden Italienischkenntnisse nicht richtig verstanden hätten. In Wahrheit würde das von uns ins Auge gefasste Grundstück fast doppelt so viel kosten, als wir fälschlicherweise dächten.

Wir hatten es gleich mehrere Male mit diesem Phänomen der Besserwisserin zu tun. Einmal fanden wir ein Stück Land in der Nähe des Lago di Bracciano, das uns trotz der Tatsache, dass es im Winter vier Monate zum Teil unter Wasser stand, sehr zusagte; aber jedes Mal, wenn wir uns danach erkundigten, hob der Besitzer den Preis um eine weitere Million Lire an. Die Theorie seiner Frau war, dass jeder, der so verrückt sei, dieses bestimmte Stück sumpfigen Seeufers haben zu wollen, auch verrückt genug sei, jeden Preis zu bezahlen.

Ein weiteres Hindernis, mit dem wir es zu tun hatten, waren die Eigentümergemeinschaften. Ein Vater war vor langer Zeit in Oriolo gestorben und hatte seinen Besitz seinen sechs Kindern hinterlassen, von denen zwei in Australien, drei in Italien und eines in Kanada lebten, und jenes in Kanada hatte aus einer sentimentalen Zuneigung zu dem Stück Land des *povero babbo* (armen Papa) kein Interesse, es zu verkaufen. Das ist in Italien als das *tre fratelli, tre castelli* (drei Brüder, drei Burgen)-Syndrom bekannt.

Von dieser Mauer des Schweigens und des Widerspruchs geschlagen, gaben wir schließlich klein bei und kehrten zu Puddu zurück, der nicht überrascht zu sein schien, uns wiederzusehen. Wie durch ein Wunder führte er uns auf unserer ersten Fahrt zu einem ziemlich hübschen Hanggrundstück außerhalb von Canale Monterano, einem alten Dorf, das auf halber Strecke zwischen Bracciano und der in den Bergen gelegenen Stadt Tolfa liegt.

Es war ein langes, schmales Stück mit Disteln bewachsenen Weidelands, das von einer unbefestigten Straße in etwa südlicher Richtung zum Rand einer recht steilen Schlucht führte, wie ein in einem Bogen über das offene Land geworfener strohfarbener Schal. Lediglich Weinstöcke, Olivenbäume und ein paar vereinzelte Feigenbäume unterbrachen die Monotonie der weiten *garrigue*-Landschaft. Erst als wir etwas genauer hinsahen, bemerkten wir, dass es viele weitere Grundstücksstreifen von etwa der gleichen Größe wie unseres gab, die alle zu der Schlucht hinunterführten, jeweils durch stachelige Hecken voneinander getrennt, dazwischen wilde Birnbäume, stachelbewehrte Weißdornbüsche, Misteln, Brombeeren und wilde Rosen. Es war zu verkaufen. Es war billig. Die Sonne schien. Wir hatten es uns lange genug angesehen.

Wir baten Puddu, uns so bald wie möglich mit dem Besitzer zusammenzubringen.

»Das ist nicht nötig«, sagte er mit seinem üblichen schiefen Lächeln. »Ich bin der Besitzer.«

Das war nicht ganz korrekt. Als wir uns eine Woche später bei einem Notar in Bracciano trafen, überreichte uns Puddus Nichte (die gekommen war, um zu unterschreiben) die Papiere, aus denen hervorging, dass ein Bauer namens Pasquale Puddu das Recht eingeräumt hatte, sein Land zu verkaufen. Unser Mann war also nicht so sehr Grundstücksmakler als vielmehr Monopolist, der das Vorkaufsrecht auf alle verkäuflichen Stücke Land in der Gegend übernahm, und er stimmte einem Verkauf nur dann zu, wenn für ihn ein ordentlicher Profit heraussprang. Der Bauer erhielt einen (niedrigen) Preis, und Puddu bekam den (höheren) Preis, so viel eben, wie er aus dem Käufer herausholen konnte. Bei seinen Geschäften riskierte er keinerlei eigenes Geld; kein Wunder also, dass die Einheimischen ihn wie einen Aussätzigen behandelten!

Wir waren davon ausgegangen, dass Puddu mit seinem kleinen Spiel einen Wucherprofit von 10 oder 20 Prozent einstreichen würde, aber wir hatten den Mann völlig unterschätzt. Als wir Pasquale etwa ein Jahr nach Abschluss des Handels trafen, fanden wir heraus, dass er für das Land nur 650 000 Lire bekommen hatte, während Puddu sich mit einem schönen Honorar von 850 000 Lire belohnt hatte. Darüber hinaus hatte er eine

Maklerprovision von 4 Prozent berechnet. Man darf die Fähigkeiten eines des Lesens und Schreibens unkundigen Sarden nie unterschätzen!

Eigentlich sollte die Sache hier enden, aber es gab noch ein Nachspiel. Während wir die Dokumente für den Notar unterzeichneten (der uns eine weitere halbe Million Lire nur dafür berechnete, dass er Papiere umschichtete), wurde uns ein letzter Papierbogen vorgelegt, auf dem stand, dass wir nur 900 000 Lire für das Land bezahlt hätten. Wir fragten ihn so diskret wie möglich, ob er sicher sei, dass diese Zahl stimme. Der Notar sah uns besorgt an und sagte, dass diese Zahl aus technischen Gründen korrekt sei. Er murmelte etwas von einem »Ausländerrabatt«, eine Vereinbarung, die uns rätselhaft vorkam.

Monate später erhielten wir eine unheimliche graue Postkarte, die uns in das Büro des Steuerprüfers in Prati zitierte, um »die Angelegenheit des Grundstücksverkaufs zu besprechen«. Nach drei Nächten, in denen wir schlecht träumten, saßen wir schließlich mit feuchten Händen im Vorzimmer des Finanzamtes in der Via Cola di Rienzo. Es war eine typische Amtsstube, in der alte Männer in speckigen schwarzen Anzügen saßen, die mit schwieligen Händen versuchten, alte, auf Pergament geschriebene Testamente glatt zu streichen, während Rechtsanwälte herumstanden und sich bemühten, Dokumente falsch herum oder über die Schultern der Leute zu lesen.

Schließlich erschien der Steuerprüfer, eine magere Gestalt mit einem Falkenblick und einer goldenen Uhr von Cartier. Sein Blick wanderte aufmerksam über die Menge. Als er uns sah, nickte er kurz, was bedeutete, dass wir ihm in sein Zimmer folgen sollten. Es wurde uns signalisiert, auf zwei unbequemen Holzstühlen Platz zu nehmen, und eine Hand voll unserer Grundstücksdokumente wurde in unsere Richtung geschoben.

»Ich habe mir diese Papiere angesehen, und ich bin nicht so dumm zu glauben, dass Sie nur neunhunderttausend Lire für dieses Grundstück bezahlt haben.« Seine Stimme war sehr laut.

Geduckt saßen wir auf der andere Seite des Schreibtischs und fragten uns, ob wir es wohl noch rechtzeitig zum Flughafen schaffen würden.

»Sie sind Cook Roberto, der amerikanische Bildhauer mit dem Atelier in der Via Margutta, nicht wahr? Ich weiß alles über Sie.«

Wir sackten auf unseren Stühlen noch tiefer zusammen. O Dio! Er wusste alles über uns, den abgelaufenen Permesso di Soggiorno (Aufenthaltserlaubnis), die nicht bezahlte Gebühr für die Müllabfuhr, die offene Rechnung der Fernsehgebühr und die rechtlich unzureichende Fotokopie unserer Führerscheine.

»Mir gefallen Ihre Statuen«, fuhr er kühl wie ein Eispickel fort. »Ich bin bereit, für eine Ihrer Statuen diese unerfreuliche Gesetzesübertretung, die mit sechs Monaten Haft geahndet wird, zu vergessen.«

Wir brauchten einen Augenblick, bis wir begriffen, dass der Mann uns nicht ins Gefängnis schickte, sondern lediglich bestochen werden wollte. Wir hätten empört, erschüttert und konsterniert sein sollen, aber ich gestehe, dass unsere Reaktion feige Erleichterung war. Am nächsten Morgen brachte Robert dem Steuerprüfer zwei hübsche Bronzestatuen und meinte, er dürfe sich eine von beiden aussuchen.

Er blinzelte nicht einmal.

»Ich nehme beide«, sagte er und verstaute die zwei Figuren schnell in der großen obersten Schublade seines Schreibtischs. Dann sprach er laut. (Wenn sich Italiener schuldig oder unbehaglich fühlen, werden sie immer laut.)

»Was ich nicht verstehen kann, ist, warum kluge Amerikaner wie Sie sich freiwillig eine so gottverlassene Ecke von Italien aussuchen. Warum gehen Sie mit Ihrem vielen Geld nicht nach San Remo oder Monte Carlo?«

Wir versuchten erst gar nicht, es ihm zu erklären, weil er es sowieso niemals verstanden hätte, aber in Wahrheit waren wir in unseren Flecken Etruriens bereits völlig vernarrt und gratulierten uns zu unserem Glück, es gefunden zu haben. Im Nachhinein erschaudere ich, wenn ich daran denke, wie wenig wir uns über den Ort informiert hatten, den wir zu unserem Zuhause machen wollten. Wir wussten vage, dass er früher zum Besitz der Kirchenfürsten Odescalchi gehört hatte, die ihn als Weideland für ihre Schafherden und Rinder mit den langen Hörnern genutzt hatten, aber wir wussten nicht, warum es für die Bauern von Canale in Landstreifen aufgeteilt worden war.

Außerdem wussten wir nicht, dass am Fuße der Schlucht ein schmaler, von großen Pappeln gesäumter Fluss verlief und dass es zur Überquerung des Flusses eine herrliche Brücke aus der Römerzeit gab, aus deren Bogen eine Steineiche wuchs. Die Brücke war Teil eines alten Straßensystems, das den Hafen Cerveteri mit den anderen Orten im südlichen Etrurien verband. Genauso wenig wussten wir, dass die dunkle grüne Baummasse jenseits der Schlucht die berühmte *macchia* (Wald) von Manzania war, einer der ältesten Gemeindewälder Italiens, der sich einst von Manzania bis zum Lago di Bolsena erstreckt hatte. Wir wussten nichts über den Mond, der im Sommer hinter diesem Wald wie eine orangene Kugel aus einem dunklen Meer aufsteigt, nichts über die Nachtigallen und Kuckucke, Nebelkrähen und sogar ein paar Wiedehopfe, die im Frühling kamen und den Wald bevölkerten.

Wir wussten nichts über die winterlichen Regenfälle, die wie Gewehrkugeln herniederprasseln, oder über Blitz und Donner, die häufig mit diesen Regengüssen einhergehen, oder über den Wind, der in sternenlosen Nächten durch die Dachsparren pfeift und an den Schornsteintöpfen rüttelt, während die Füchse bellen und Waldkäuze aus der Tiefe der Wälder schreien. Uns war auch der heiße Schirokko aus Afrika unbekannt, der manchmal Wolken roten Sands aus der Sahara mitbringt. Noch wussten wir etwas über den kühlenden Westwind (den *ponente*), der im Sommer jeden Nachmittag auffrischt, gerade wenn die Zikaden eine Oktave höher zu zirpen beginnen.

Wir besichtigten das Grundstück, es sah geeignet aus, und bevor wir richtig wussten, was geschah, gehörte es schon uns.

Ein Freund schrieb uns einen prophetischen Brief aus Verona: »Ihr werdet es lieben und schätzen, weil es euch gehört, und es wird euch alle sehr glücklich machen.«

Und noch etwas war uns nicht klar: dass wir die ersten modernen Siedler in dieser rauen und unwirtlichen Gegend sein würden. Seit Jahrzehnten, vielleicht sogar seit Jahrhunderten hatte niemand unterhalb von Canale auf dem freien Land gelebt, und so gab es keinerlei Einrichtungen wie Wasser-, Strom- und Fernsehanschlüsse, keine Postzustellung, Müllabfuhr und Schutz durch die Polizei.

»Warum haben Sie sich bloß entschlossen, sich so weit vom Ort niederzulassen?«, fragten uns die Einheimischen. »Wo Sie doch so viel Geld haben, wo Sie doch mit dem amerikanischen Botschafter befreundet sind, warum haben Sie sich auf so einem erbärmlichen Distelflecken niedergelassen?« (Unser angeblich so großer Reichtum und unsere guten Beziehungen sorgten für ständigen Gesprächsstoff.)

Wir versuchten zu erklären, dass wir nicht reich seien,

dass wir keinerlei großartige Beziehungen besäßen; wir würden einfach Frieden und Einsamkeit lieben. Aber sie starrten uns mit offenem Mund an und wollten uns nicht glauben. Wie würden wir an Wasser kommen? Wir würden einen Brunnen graben. Und wie würden wir das Wasser heraufpumpen? Mit einer Handpumpe. Und was war mit der Beleuchtung? Wir würden Gaslampen verwenden. Sie konnten es einfach nicht glauben. Sie hatten ihr ganzes Leben damit zugebracht, dem primitiven Leben mit dem Eisenherd, der Handpumpe und dem Klo außerhalb des Hauses zu entkommen, und sie konnten nicht verstehen, wie irgendjemand, insbesondere eine reiche amerikanische Familie, sich bewusst für solche Entbehrungen entscheiden konnte.

Unsere Exzentrizität erregte große Neugier, und die Canalesi fingen an, zu uns herunterzukommen. Die ersten Besucher kamen zu zweit und unter dem Vorwand, dass sie als Zimmerer, Klempner oder Maurer arbeiten wollten. Aber dann, mit der Zeit, begannen unsere Nachbarn, die einheimischen Bauern, die jeden Tag auf ihren Eseln zur Arbeit herunterritten, uns Besuche abzustatten.

Diese ungeschliffenen Menschen bemühten sich, freundlich zu sein, während sie unsere ernsthaften Anstrengungen mit dem Hausbau und dem Pflanzen begutachteten, aber natürlich konnten sie es sich nicht verkneifen, uns zu allem, was wir falsch machten, Ratschläge zu erteilen. Wir bauten das Haus in die falsche Richtung, pflanzten die falschen Bäume, suchten an den falschen Stellen nach Wasser. Unsere neuen Olivenbäume seien eine minderwertige Sorte und würden niemals Früchte tragen, und die jungen Pflaumenbäume seien zu dünn und würden den Winter gewiss nicht überstehen.

»Wie schade, dass Jack fort ist«, sagten sie dann zumeist. »Er besucht seine Tochter in Viterbo. Wenn er zurück ist, wird er Ihnen helfen, den von Ihnen angerichteten Schlamassel wieder in Ordnung zu bringen.«

Es stellte sich heraus, dass Jack ein alter Bauer war, der ein schmales, im Osten direkt an unser Land angrenzendes Grundstück mit Rebstöcken und Olivenbäumen besaß, und der ein perfekter Führer und Berater für uns sein müsse, da er im Laufe der Jahre, die er an einem Ort, den sie »Pennis-vannia« aussprachen, verbracht hatte, unsere Sprache erlernt habe. Jack, *l'americano*, wie er überall genannt wurde, würde uns schon klar machen, was wir mit unseren schlecht geschnittenen Olivenbäumen und unserem erbärmlichen Weideland anzustellen hätten. Er würde uns ein paar neue Feigenstecklinge geben und uns beibringen, wie man Bäume veredelt. Mit der Zeit nahm dieser abwesende Nachbar in unserer Vorstellung mythische Dimensionen an, und wir dachten uns kühn, bei ihm sei das robuste Äußere von Sylvester Stallone mit der südländischen Schläue von Inspektor Columbo kombiniert.

Deshalb waren wir mehr als nur ein bisschen überrascht, als der echte Jack an einem warmen Morgen im Mai auftauchte. Er war ein kleiner Mann in abgetragenen braunen Kordsamthosen und schweren Stiefeln, der einen verbeulten schwarzen Hut trug und einen Esel an einem Hanfstrick führte. Auf den ersten Blick sah er mit seiner scharfen Nase und dem spitzen Kinn wie ein Falke aus, aber sobald er mit einem sprach, wurde dieser Eindruck durch freundliche blaue Augen und ein fast zahnloses Lächeln abgemildert.

»Ich möchte Sie willkommen heißen«, sagte der neue Besucher. »Ich bin Ihr Nachbar, Jack.« (Er redete Italienisch und sprach seinen Namen »Jeck« aus.) Während er das sagte, führte er seinen Esel zu einem Feigenbaum und band ihn sorgfältig fest, dann zog er aus einer abgewetzten Satteltasche eine Flasche hellen Rotwein heraus und stellte sie neben unseren Picknickkorb auf den Boden. »Das ist Wein von meinen Reben«, verkündete er.

Wir nahmen alle einen Schluck aus der Flasche und rangen nach Atem. Es war, als würde man Essig trinken.

»*Wonderful!*«, stießen wir hervor.

Jack blickte verständnislos drein, und wir bemerkten, dass seine Englischkenntnisse doch nicht so umfangreich waren, wie seine Freunde behauptet hatten. In all den Jahren, die wir mit ihm zu tun hatten, brachte er nur drei englische Sätze hervor: »How are you today?«, »That's all right« und »No problem«.

Wir wechselten zum Italienischen.

»*Il vino è una meraviglia.*« (»Der Wein ist wunderbar«.)

Er kratzte sich am Ohr und gluckste.

»*È casareccio*«, sagte er mit wachsender Bescheidenheit, *»ma almeno è sincero.*« (Er ist selbstgemacht, aber wenigstens ist er nicht gepanscht.) Wir konnten an seinem Blick erkennen, dass nicht einmal er davon überzeugt war, einen Pinot Grigio zu erzeugen. Wir nahmen noch einen Schluck von dem scheußlichen Gesöff und versuchten dabei zu lächeln, und genau in diesem Moment waren wir in eine neue Welt vorgestoßen. Wir waren nicht mehr nur die fremden Amerikaner, die in die Gegend zogen, wir waren soeben in das große Geheimnis von Canale eingeweiht worden –, dass nämlich der hiesige Wein grauenvoll ist.

Die Zugehörigkeit zur Gruppe der Insider brachte uns mehr als nur sauren Wein ein. Von dem Augenblick an, als der gute alte Jack durch unsere dornige Brombeerhecke kam, hatten wir nicht nur einen Freund gewonnen, sondern auch ein Stück lebende Geschichte von Canale gefunden, die nicht nur siebzig, sondern vierhundert Jahre zurückreichte. Jacks Lebenserfahrung wurzelte in Sitten und Gebräuchen, an die sich die Leute seit mehreren Jahrhunderten hielten. Er war 1890 in die langsame, von Ochsen gezogene Welt des Bauern hineingeboren worden, eines Vasallen des gleichgültigen Kirchenstaates, und sein ganzes Leben lang hatte er sich abgemüht, seine achtköpfige Familie zu ernähren, wobei er einen Spaten benutzte, um seine Rebstöcke und Oliven zu pflanzen, und zur Bekämpfung des Unkrauts eine spitze, schmale *zappa* (Hacke) – das Werkzeug, das schon die etruskischen Bauern um 500 v. Chr. verwendeten. Wenn er abends erschöpft war, trank er einen Liter sauren Wein und ließ sich von seinem Esel nach Hause tragen, wo er ins Bett fiel.

Wie uns Jack während unserer langen Picknicks unter dem Kirschbaum erzählte, wurde er zu einer Zeit geboren, als Canale noch immer damit zu kämpfen hatte, sich von der jahrhundertelangen Vernachlässigung durch den Vatikan zu erholen. Sein Haus im Ort, das schon seinen Eltern gehört hatte, war aus unbehauenen hiesigen Steinen und Mörtel erbaut worden und bestand aus einer Küche, wo sich die Familie um einen Herd versammelte, in dem Holz verfeuert wurde (die einzige Heizquelle im Haus), und zwei Schlafräumen, einen für die Eltern und einen für die sechs Kinder. Anfangs gab es kein fließendes Wasser, keine Elektrizität und kein Badezimmer, doch in den Jahren nach dem Krieg wurden diese Annehmlichkeiten allmählich eingeführt. Unter dem Haus befand sich eine *cantina*, mit Kette und Vorhängeschloss fest gesichert, wo Schweine, Hühner und der Esel (der Familien-Volkswagen) gehalten und so wertvolle Vorräte wie Holz, Olivenöl und Wein gelagert wurden. Die ganze Wäsche wurde am zehn Minuten vom Haus entfernt stehenden Dorfbrunnen erledigt und auch das Wasser für den Haushalt kam von diesem Brunnen.

Die Bauern hatten in jener Zeit keine große Wahl, wie sie ihren Lebensunterhalt verdienen konnten. Die Nähe zu den Wäldern von Manziana bedeutete, dass viele von ihnen für Großgrundbesitzer entweder als Holzfäller (*boscaroli*) oder als Köhler (*carbonari*) arbeiteten. Die *boscaroli* fällten die Bäume mit Handsägen und luden sie auf Wagen für den Markt. Die *carbonari* schnitten die kleineren Äste auf gleiche Länge, stapelten sie zu ordentlichen Pyramiden auf und bedeckten den Haufen dann mit einer Mischung aus Erde und Mörtel, damit eine Art luftdichter Ofen entstand. Das Holz wurde in diesem Ofen dann langsam verbrannt, bis es zu Holzkohle wurde, die als Heizmaterial oder in Gießereien Verwendung fand. Da sich die Wälder und die Holzkohlenindustrie auf dem Territorium des Vatikans befanden, flossen die Gewinne größtenteils den Kirchenfürsten zu. Fürst Odescalchi von Bracciano machte den größten Profit von allen, weil er zusätzlich zur Kohle auch einige Eisenminen auf der Insel Elba besaß, und die Kombination von Eisenerz und Kohle machte ihn zu einer Art frühen Ölscheich.

Jene, die nicht als Holzfäller oder *carbonari* arbeiteten, hatten wenig berufliche Wahlmöglichkeiten. Sie konnten sich als Rinderhirten (*butteri*) verdingen, ihre Tage auf Pferderücken verbringen und dabei große, dem Fürsten gehörende Rinder- und Pferdeherden hüten, oder sie konnten sich dem Clan armer Hirten anschließen, die unentwegt zu Fuß durch die *macchia* zogen und Schaf- oder Schweineherden bewachten.

Die niedrigsten Arbeiten verrichteten jene armen Bauern, die sich während der Vegetationszeit als Saisonarbeiter auf den Feldern der Fürsten verdingten. Jack war einer der vielen jungen Männer, die jedes Jahr ab dem Frühling den Angestellten des Fürsten unterstanden, groben Gesellen in Uniform, *caporali* genannt, die ihm irgendwelche entfernt gelegene Felder zuwiesen. Jack kaufte seinen Samen, gewöhnlich Gerste oder Mais, zum jeweils aktuellen Preis und ritt dann auf seinem Esel davon, um von Montagmorgen bis Samstagabend seine Felder zu bestellen. Er nahm einen Laib hausgebackenes Brot, ein paar Würste (falls vorhanden), eine kleine Flasche Olivenöl und eine oder zwei Flaschen Wein mit. Diese mageren Vorräte, ergänzt durch das, was er auf dem Land ergattern konnte, mussten für eine Woche ausreichen. Wenn das Wetter schlecht war, schlief er in einer Höhle oder einer hastig aufgestellten Strohhütte.

Der Lohn für diese Art Frondienst war Mitleid erregend. Jack musste dem Fürsten als Pacht für die Felder ein Fünftel des Getreides abgeben und dann weiteres Getreide verkaufen, um Geld für seine Familie zu haben. Unglücklicherweise war der einzige Käufer dieses Getreides der Fürst selbst und die Leute des Fürsten bezahlten nur niedrige Preise. Einige hatten sogar die Angewohnheit, ihre Waagen zu manipulieren, sodass 100 Kilogramm nur magere 90 wogen. So kam es vor, dass der Fürst in schlechten Jahren Geld einnahm, während der Bauer mit leeren Händen dastand.

Dieses Leben war so hart, dass Jack 1912 beschloss, in die Vereinigten Staaten auszuwandern. Er landete bei einer Tante und einem Onkel in Scranton, Pennsylvania, wo er eine Anstellung in einem der dortigen Kohlebergwerke fand. Unglücklicherweise streikten die Minenarbeiter einen Großteil von Jacks erstem Jahr hindurch, und als er schließlich regelmäßig zu arbeiten begann, brach der Erste Weltkrieg aus, und er war gezwungen, nach Italien zurückzukehren und in der italienischen Armee zu dienen. Am Ende des Krieges kehrte er nach Canale zurück, um ein Mädchen aus dem Ort zu heiraten und sein schwieriges Leben als Bauer aufzunehmen. Es war ein Glück für Jack, dass sich die Aussichten für junge Bauern seit dem Kriegsende verbessert hatten. In Canale wurden einige Maßnahmen zur Landreform durchgeführt, und heimkehrenden Kriegsveteranen wies man Landparzellen zu – jedem etwa 15 000 Quadratmeter –, um ihnen zur Selbstständigkeit zu verhelfen.

Diese Parzellen waren keine tolle Sache. Sie lagen mindestens drei Kilometer außerhalb des Ortes, eine Strecke, die jeden Tag auf dem Rücken eines Esels zurückgelegt werden musste. Außerdem gab es auf dem Land kein Wasser (und nicht genügend Geld, um einen Brunnen zu graben oder ein Haus darauf zu bauen), deshalb konnten die neuen Bauern nur Feldfrüchte anpflanzen, die wenig Bewässerung brauchten – Oliven und Weintrauben, die traditionellen Erzeugnisse der Armen. Das Wasser zur Herstellung einer Bordeauxbrühe, mit der die Trauben gegen die Reblaus besprüht werden mussten, war ebenfalls auf Eselrücken heranzuschaffen.

Es war ein hartes Leben, aber irgendwie war es Jack unter Mithilfe seiner Frau Nina gelungen, eine Familie mit sechs Kindern zu ernähren. Das Geheimnis bestand darin, in der warmen Jahreszeit so viele Lebensmittel wie möglich anzupflanzen und dafür zu sorgen, dass sie den Winter hindurch reichten. Die wichtigsten Produkte waren Wein und Olivenöl, das im Haushalt verwendet wurde und zum Tauschhandel genutzt werden konnte. Aber Jack pflanzte auch so viele Obstbäume und Beerensträucher an, wie auf seiner Parzelle nur Platz finden konnten, und achtete darauf, solche Früchte zu nehmen, die sich über den Winter lagern ließen wie beispielsweise feste Birnen und Äpfel. Darüber hinaus pflanzte er mehrere Feigensorten an, von denen eine drei Ernten im Jahr hervorbrachte. Einige der im September geernteten Feigen trocknete er in der Sonne und wickelte sie dann in Lorbeerblätter, sodass sie noch an

Weihnachten gut waren. Als weiteren Beitrag zum Weihnachtsschmaus setzte er verschiedene Nussbäume, darunter zwei Mandel- und zwei Walnussbäume, dazu sechs Haselbüsche, die in der Gegend von Viterbo besonders gut gedeihen.

Auf einem Stück Land neben seinem Weinberg pflanzte Jack auch einige der anspruchsloseren Gemüsesorten an, die den Sommer mit nur sehr wenig Wasser überstehen: Zucchini, die außerdem essbare Blüten lieferten, drei Tomatensorten, darunter eine gelbe, deren Wurzelstock ausgegraben und den Winter über aufbewahrt werden konnte, und alle möglichen Bohnensorten – dünne grüne Bohnen, die man im Juli essen konnte, dickere schwarze Bohnen für den August und die widerstandsfähigeren *borlotti*-Bohnen, die man trocknen und so das ganze Jahr über essen konnte.

Eines Nachmittags brachte mir Jack einen Korb *borlotti*-Bohnen, die er gerade mit einem Stock geschlagen hatte, um sie aus ihren trockenen Hülsen zu befreien.

»Die ganze Arbeit bloß für ein paar *pernacchie* (Fürze)«, kicherte er.

Zu den weiteren Feldfrüchten, die seine Familie brauchte, gehörten Zwiebeln, Kartoffeln und Knoblauch, die im Winter angepflanzt und im Frühling geerntet wurden; und Grüngemüse wie Kraut, Grünkohl, Brokkoli, Spinat und Mangold, die im Spätsommer gepflanzt wurden und im Spätherbst geerntet werden konnten.

In seiner Kindheit hatte Jack auch gelernt, die essbaren Pflanzen, die wild auf den Feldern und in den Hecken rund um den Ort wuchsen, zu erkennen. Er wusste, wo er im Frühjahr den wilden Spargel finden konnte, der eigentlich kein Spargel war, sondern eine Art wildes Gras, das mit einer gewellten Knospe aus der Erde herauskam. Er wusste auch alles über die hiesigen Pilze, und im September und Oktober ging er hinunter zum Waldrand und suchte nach *ovoli*, nach *porcini* und *galletti*, den köstlichen kleinen gelben Pfifferlingen, die so schmackhaft sind wie Trüffel. Immer war er auf der Suche nach wilder Zichorie, die gekocht ein würziges Gemüse ist, und nach anderen eigenartigen grünen Pflanzen, die in den Hecken wuchsen und einen Mischsalat lieferten, der auf der Zunge kratzte. Gelegentlich wurden auch wilde Mispeln und Brombeeren gesammelt.

Jack verstand es, im Fluss, der unterhalb unseres Grundstücks verlief, Aale zu fangen, und jedes Mal, wenn es im Sommer regnete, hatte er eine besondere Tasche parat, in die er die Schnecken steckte, die unweigerlich herauskamen, um an den feuchten, jungen Blättern zu knabbern. Bevor sie gedämpft wurden, mussten die Schnecken drei Tage lang mit einer Grasdiät innerlich gereinigt werden.

Fast alle Hausfrauen von Canale verstanden sich gut darauf, Lebensmittel haltbar zu machen. Eine der größten Aufgaben war es, im August Tomaten in Flaschen einzumachen. Eine Durchschnittsfamilie füllte etwa zwei- bis dreihundert Flaschen. Die Tomaten wurden zuerst gekocht, in die Flaschen gefüllt und dann wieder gekocht. Die Flaschen wurden vorher in Zeitungspapier gewickelt, damit das Glas im kochenden Wasser nicht zersprang.

Die Frauen von Canale wussten auch, wie man Tomaten, *melanzane* (Auberginen), Pilze und Feigen trocknet und wie man andere Erzeugnisse, wie zum Beispiel Artischockenherzen, Paprikaschoten, Zucchinischeiben und Waldpilze, dadurch haltbar macht, dass man sie kocht und in Öl einlegt. Lebensmittel in Essig einzulegen, war eine weitere Methode der Haltbarmachung, aber Öl wurde als Einmachflüssigkeit vorgezogen. Die Canalesi überließen es den Leuten im Norden, Essiggemüse herzustellen.

Manche der erfindungsreicheren Bauern schafften es auch, ihre Lebensmittelproduktion dadurch zu steigern, dass sie ein paar Kühe, Pferde oder Schweine auf ihrem Grund hielten. Selbst jenen, die sich die größeren Tiere nicht leisten konnten, gelang es, ein oder zwei Schweine in der *cantina* zu halten. Das Schwein wurde ein Jahr lang mit den schmackhaften Küchenabfällen gemästet und dann geschlachtet, zumeist kurz vor Weihnachten, um frische Würste, *strutto* (Schweineschmalz) zum Kochen, gekochten Schinken, geräuchertes Fleisch sowie Leber und Schinken zu liefern, die für die Zubereitung einer guten Spaghettisauce notwendig sind. Bei manchen Familien von Canale kam den ganzen Winter über nur das Fleisch von diesem Schwein auf den Tisch. Viele Hausfrauen hielten neben dem Schwein ein paar Hühner in der *cantina*, um so frische Eier und gelegentlich ein gut genährtes Hühnchen für das Sonntagsessen zu haben.

Und schließlich tat Jack, was alle Bauern tun, wenn das Geld knapp ist. Er wurde zum Profi im heiklen Tauschhandel – tauschte ein paar zusätzliche Liter Öl und Wein gegen Milch, Honig oder Rindfleisch ein. Sein Vater hatte ihm auch beigebracht, wie man aus der Milch der hiesigen Schafe Käse macht, sodass er mit den Schafhirten von Canale einen Handel abschloss. Sie gaben ihm die Schafsmilch, und er lieferte ihnen dafür eine Art Frischkäse, aus dem nach langer Trockenzeit *pecorino* wurde. Außerdem erhielt er immer kurz vor Ostern ein junges Lamm als Gegenleistung dafür, dass er den Hirten im Herbst und Winter erlaubte, ihre Schafe auf seinen Weiden grasen zu lassen.

In Lazio existierte in den Dörfern eine Art zweiter Arbeitsmarkt. Wenn Jack Hilfe brauchte, um sein Dach neu zu decken, rief er einen Freund oder Verwandten, und es war selbstverständlich, dass er seinerseits bereit war zu helfen, wenn das Dach des Verwandten davonflog. Außerdem hatte er einen Dauervertrag mit dem Friseur von Canale, der ihn für acht Eier pro Woche wöchentlich einmal rasierte und ihm einmal monatlich die Haare schnitt, und der Schneider von Canale war bereit, ihm als Gegenleistung für eine Fünfzig-Liter-Korbflasche sauren Wein einen Anzug aus Kordsamt zu nähen.

Bargeld brauchte Jack nur für wenige Dinge, wie zum Beispiel Salz, Zucker, Kaffee, Seife und Schuhe, und es gelang ihm in der Regel, genügend Wein zu verkaufen, um die nötige Summe aufzutreiben. Der genossenschaftliche Einsatz einiger der größten Landwirtschaftsmaschinen stellte ein weiteres System dar, das es den Familien aus Canale ermöglichte, die Gerätschaften zu nutzen, die sie brauchten. Die Olivenpresse der Stadt wurde von den Olivenanbauern selbst gebaut und ihr Unterhalt durch Gebühren finanziert, die von Nichtmitgliedern für das Pressen erhoben wurden. Die Bauern, die Weizen anpflanzten, waren auch Anteilseigner einer riesigen alten Dreschmaschine, *trebbiatrice* genannt, die von einem Traktor gezogen wurde, welcher immer im Juni auf die Kornfelder hinaus knatterte und dabei eine große Wolke Rauch und Stroh ausstieß.

Abwechselnd nutzten die Bauern die Maschine und stülpten sich dann Leinensäcke über Kopf und Schultern, um sich so vor dem Staub des Strohs zu schützen. Zu ihrer Arbeit gehörte es, die frisch geschnittenen Ähren mit Heugabeln in die Maschine zu stecken, einen Sack ausgeworfenen Korns nach dem anderen zu den wartenden Wagen zu schleppen und große Strohballen aufzustapeln, die zusammengebündelt wurden, während der Weizen von der Spreu getrennt wurde. Die jährliche Ankunft der Maschine war Anlass für eine Art Dorffest, und die Canalesi strömten zahlreich herbei, um bei der Prozedur zuzusehen und zusammen mit ihren

Nachbarn ein Picknick abzuhalten. Gegen Mittag, zu einer Zeit, wenn die Maschine meist ihren Geist aufgab, war es durchaus möglich, dass bis zu sechzig Einheimische zugegen waren, darunter die Weizenbauern selbst, die ihr frisch geschnittenes Korn mitgebracht hatten, damit es verarbeitet würde, ihre Frauen, die für das Picknick vom Dorf heruntergekommen waren, und zahlreiche Kinder (und ihre Hunde), die zu Fuß oder per Fahrrad aufkreuzten, um sich den Spaß nicht entgehen zu lassen.

Am ersten Tag der *trebbiatura* lernte ich endlich Jacks Frau, La Signora Nina, kennen. Sie war eine stämmige, kleine Frau, die ein formloses schwarzes Kleid und eine blaue Schürze trug. Sie hatte ein blaues Kopftuch umgebunden, unter dem ich nur eine kleine, spitze Nase und ein Paar durchdringende schwarze Augen erkennen konnte.

Sie kam direkt auf mich zu, streckte eine von der vielen Arbeit schwielige Hand zu einem Händedruck aus und rief: »Ich bin die Frau Ihres Nachbarn Jack und ich habe Ihnen Ihr Mittagessen mitgebracht.«

Ich versuchte, ihr zu erklären, dass wir ihr keine Umstände machen wollten, aber Sora Nina war eine Frau, bei der alles nach ihrem Kopf gehen musste.

»Sie sind die neuen Nachbarn, deshalb ist es meine Pflicht, Sie einzuladen. Ich habe hier in meinen Taschen alles mitgebracht.« Dann begann sie ihre Picknicksachen auszupacken, die eher für eine Expedition auf den Everest zu passen schienen als für eine *scampagnata* im ländlichen Italien. Da waren eine fast volle Flasche Olivenöl, zwei Flaschen sauren Rotwein, zwei große Laibe hausgebackenes Brot von der Größe einer Kesselpauke, eine Büchse in Öl eingelegte Sardellen, sechs Blechteller, viele Blechbecher, die nicht sonderlich sauber aussahen, zwei Zwiebeln, eine Kanne Kaffee, ein Glas in Öl eingelegte Artischockenherzen, ein großes Stück hausgemachter Speck, sieben Tomaten, Zucker und Salz, jeweils in ein Stück Zeitungspapier gewickelt, sowie ein halber Laib blassgelber *pecorino*-Käse.

Sora Nina holte zwei Messer aus ihrem Sack und machte sich eiligen Schritts in Richtung Feld davon.

»Jetzt muss ich noch ein bisschen Grünzeug für die *panzanella* (belegte Brote) suchen«, trompetete sie. Da wurde mir klar, dass diese Trompete Sora Ninas normale Stimme war. Genau wie die Giraffen lange Hälse bekommen haben, um die Baumwipfel zu erreichen, so haben die Frauen von Canale im Laufe der Jahrhunderte Stimmen entwickelt, die laut genug sind, dass sie von ihren Männern auf den Feldern gehört werden.

Sie kam mit den Taschen ihrer Schürze voller Zichorie und anderem Grünzeug zurück, das sie in einer flachen Pfanne voll Wasser abwusch. Dann holte sie einen Laib altes Brot heraus, drückte ihn sich gegen die Brust und begann, dicke Scheiben abzuschneiden, wobei sie das Messer gefährlich gegen ihren Busen führte.

Jede Brotscheibe wurde in Wasser und Wein getaucht und mit der Hand sorgfältig ausgedrückt. Das feuchte Brot wanderte dann auf einen Blechteller, wo es mit Olivenöl beträufelt, mit einer Handvoll gemischter Kräuter und einem Belag aus gekochter Salami, gehackten Oliven und in Öl eingelegten Pilzen bedeckt wurde – fertig war die »*panzanella*«!

Sie war köstlich.

Während wir aßen, ging unsere Gastgeberin herum und warf uns immer wieder etwas auf unsere Teller – ein Stück eingemachte Zichorie, eine Scheibe in Öl eingelegte Aubergine und dünne Scheiben eingemachte Zucchini.

»Essen Sie, essen Sie!«, forderte uns die Signora laut auf. »Seien Sie nicht schüchtern! Bei Sora Nina ist das Essen vielleicht einfach, aber zumindest naturrein.«

Dann wandte sie sich einer Gruppe Freundinnen zu, die in der Nähe saß.

»Diese Leute könnten in der amerikanischen Botschaft oder mit dem Präsidenten der Republik wie die Fürsten speisen; aber sie haben sich für Sora Ninas *panzanella* entschieden.«

FEBRUAR

Der erste Blumentopf

Rückblickend kann ich das Ereignis genau benennen, das am Ende zu unserem Garten auf dem Land führte. Es war das Geschenk von blassrosa Geranien.

Etwa drei Jahre, bevor wir daran zu denken begannen, uns außerhalb der Stadt ein Stück Land zu kaufen, zogen wir in eine Dachgeschosswohnung in der Nähe der Fontana di Trevi in Rom. Hier nun waren wir zum ersten Mal stolze Besitzer eines kleinen Balkons mit Blick auf die imposanten Renaissancetürme des Quirinalpalastes, die von hohen Palmen und Zypressen gesäumt werden. Der Balkon war gerade groß genug, dass wir einen kleinen Tisch darauf stellen, dort essen und dabei den Schlägen der Palastglocken lauschen konnten, die alle Viertelstunde ertönten.

Die *portiera* (Concierge) hatte unserer Tochter Jenny, die damals sieben Jahre alt war, gesagt, dass sich immer, wenn eine blaue Fahne am Turm wehte, der Präsident der Republik dort aufhalte. Deshalb hielt sie jeden Abend, wenn wir uns zum Abendessen hinsetzten, nach der blauen Fahne Ausschau, und wenn sie wehte, dann rief sie immer: »*Buon appetito, Presidente Gronchi.*«

Einer unserer ersten Besucher in unserem Ausguck im vierten Stockwerk war ein Maler aus Venedig, der mir einen Topf mit rosafarbenen Geranien schenkte, und als ich ihn draußen an die Wand des Balkons stellte, bemerkte ich, um wie viel schöner der Quirinalpalast mit Blumen im Vordergrund aussah. Mir war jedoch nicht klar, dass dieser eine Blumentopf ein rezessives Gärtner-

49

Gen in mir wecken sollte, das schließlich zu einem Haus auf dem Lande, einem kühlen Gewächshaus und einer umfangreichen Sammlung von Iris und China-Rosen führen würde.

Aber zu Beginn ließ ich es langsam angehen. Ich kaufte eine rote Geranie und dann eine weiße, die zu der rosaroten passte, und schließlich erstand ich kühn eine lavendelfarbene Glyzine in voller Blüte. Als ich die Glyzine hinausstellte, bemerkte ich, dass ich in dieser Schornsteinwelt nicht alleine war; unser Balkon blickte auf eine kleine Gemeinschaft anderer Balkone und Dächer, die sich über die Altstadt Roms erstreckten. Und dort entdeckte ich die geheime Armee der römischen Terrassengärtner. Jeden Morgen kamen sie in Schlafanzügen und Morgenmänteln heraus und werkelten dann immer mit einer Sorgfalt und Hingabe zwischen den Töpfen herum, wie man sie nur bei echten Liebhabern findet. Sie pflanzten beispielsweise einen Kaktus um, stellten eine Fresie an eine schattigere Stelle und zupften die verwelkten Blüten ihrer Geranien ab. Oft nahmen sie genau wie wir noch spät ihr Mittag- oder Abendessen draußen auf der Terrasse ein und standen hin und wieder auf, um einen Topf zurechtzurücken oder ein paar abgefallene Blätter aufzuheben. Am späten Abend sah man sie dann wieder in ihren Bademänteln draußen, wo sie ihre Pflanzen sorgfältig gossen, manchmal mit Eimern voll Wasser, die sie aus der Küche herausschleppten, gewöhnlich aber mit Gartenschläuchen oder improvisierten Leitungen, die an behelfsmäßigen Wasserhähnen angeschlossen waren. Der Großstadttumult spielte sich vier Etagen tiefer ab.

In mancher Hinsicht ist die Topfgärtnerei die befriedigendste Art des Gärtnerns – und für viele Stadtbewohner ist sie die einzige Möglichkeit überhaupt, sich Blumen zu halten. Wenn man die zu erzielenden Ergebnisse mit der eingesetzten Arbeit vergleicht, ist sie erstaunlich effizient. Man braucht bloß acht oder zehn Pflanzen in Töpfe zu setzen, sie blühen zu lassen, wie sie wollen, und wenn sie sich nicht gut entwickeln, kann man sie einfach nach hinten stellen. Man kann die Töpfe umstellen und damit verschiedene Farbkombinationen schaffen und völlig neue Effekte erzielen, wenn man einen blühenden Strauch oder eine kleine Statue hinzufügt.

Ein Topfgarten kann auch für den Geldbeutel günstig sein, denn die meisten Pflanzen, die auf Terrassen besonders gut gedeihen, sind leicht zu züchten oder können für sehr wenig Geld gekauft werden. Die am weitesten verbreitete Balkonpflanze, die Geranie, ist eine Pflanze, die ganz besonders leicht zu vermehren ist. Man braucht bloß einen austreibenden Schößling abzuschneiden, egal zu welcher Jahreszeit, und kann sicher sein, innerhalb von einem oder zwei Monaten eine neue Blume zu haben.

Pflanzen kauft man günstig auf Gemüsemärkten unter freiem Himmel. Häufig wird man feststellen, dass die Frau, die Melonen verkauft, auch ein paar Pflanzen anbietet, die sie hastig aus der Erde gezogen und bündelweise in feuchtes Zeitungspapier eingeschlagen hat. Vielleicht weiß sie den Namen der Blume nicht einmal, aber sie kann einem in der Regel sagen, ob sie Sonne oder Schatten braucht und wie viel Wasser sie verlangt.

Viele Jahre lang pflegte der Blumengroßmarkt von Rom großzügig seine Türen jeweils am Dienstagmorgen für »normale« Pflanzenliebhaber zu öffnen. Dieser Markt befand sich in einer Reihe von Katakomben auf der anderen Seite der Piazza der Basilika Santa Maria Maggiore und war genauso exotisch wie der Markt in Papeete auf Tahiti. Es herrschte dieselbe schwere Schwüle eines tropischen Regenwalds, vermischt mit einem fast greifbaren Duft von Moschus, Rosen und Veilchen, und der

Duft verstärkte sich im Laufe des Vormittags, weil es dort keine Fenster gab. Immer stand ein Dominikanermönch in einer braunen Kutte und Sandalen mit seiner Tasse in der Tür und bat um eine Spende für die Mission, und hinter ihm erstreckte sich ein langer Tunnel voller blühender Rosen.

Wenn man den rechten Tunnel entlangging, kam man an Wänden voller geschnittener Nelken, Dahlien, Astern, Pfingstrosen, Mimosen und tropischen Blumen vorbei, und ganz am Ende erreichte man einen Bereich, in dem blühende Topfpflanzen angeboten wurden. Dort konnte man für ein paar hundert Lire Töpfe mit Kapuzinerkresse, Azaleen, Bougainvilleen und Bleiwurz erstehen, und zwischen den Töpfen lagen Bündel von ballenlosen Pflanzen – Astern, Zinnien, Petunien, Veilchen und Rittersporn.

Ich habe dann immer die römischen Hausfrauen beim Einkaufen beobachtet und mich gefragt, welch mysteriöser Drang sie wohl jeden Dienstagmorgen hierher führte. Dabei handelte es sich um eine bunt zusammengewürfelte Gruppe: schicke römische Hausfrauen mit gut geschnittenem Haar und gut geschnittenen Kostümen (die Schere ist ein wesentliches Element des italienischen Schicks) und eine noch größere Zahl stämmiger Damen mittleren Alters – zu jenem Typ Frauen gehörend, die den gleichen Wintermantel zehn Jahre lang tragen und große, abgenützte Taschen bei sich haben, in denen sich Hausschuhe, Buskarten, ein Ersatzpullover, ein Knirps und zwei Tüten Fruchtdrops für die Enkelkinder befinden. Es schien unwahrscheinlich, dass diese Frauen der Frivolität oder Phantasie erliegen würden, und doch konnte ich sehen, dass sie zum Blumenmarkt kamen, weil in ihrem Leben Blumen einfach wichtig waren. Mit geübter Hand zupften sie die Blätter einer Petunie ab und untersuchten den Wurzelballen einer Pflanze, bevor sie sie kauften, und wenn sie davongingen, war ein neues, hoffnungsfrohes Leuchten in ihren Augen. Sie hatten etwas gefunden, was sie liebten, und sie konnten es kaum erwarten, bis sie zu Hause waren und sahen, wie sich die neue Pflanze auf der Terrasse machte.

Zu meinem Bedauern schloss der Blumenmarkt in den Katakomben, und ein neuer Markt wurde in einem hygienischen modernen Gebäude, das wie ein Krankenhaus wirkte, im Stadtviertel Trionfale unterhalb des Monte Mario eröffnet. Die Romantik und der Duft des alten Blumenmarkts waren dahin, aber die Bauern und Gärtner, die nach Trionfale gegangen waren, empfingen ihre treuen Kunden mit einer besseren Auswahl an Blumen als zuvor. Mein Balkongarten wuchs von einem Topf auf dreißig an. Ich besaß fünf blühende Geranienarten und zwei Zitronenbäume, ein paar Töpfe mit Frühlingsblumenzwiebeln und einen Topf mit dem Weihnachtsbaum, der in etwa fünf Jahren von einem 60 Zentimeter hohen Baby zu einem 1,80 großen dünnen Jugendlichen heranwuchs. Das ganze Jahr über erfreute mich dieser winzige Garten, und bei schönem Wetter kam es durchaus vor, dass ich im Schatten des Präsidentenpalastes jeden Tag eine Stunde mit Eintopfen, Umtopfen, der Pflege und dem Saubermachen zubrachte.

Eines Tages kam ein Freund zum Mittagessen, und ich war immer noch mit den Pflanzen beschäftigt, obwohl ich mich schon längst um das Mittagessen hätte kümmern sollen.

»Ist schon in Ordnung«, sagte er. »Du brauchst dich nicht zu entschuldigen, das ist eine Therapie.«

1959, als unsere Tochter Jenny sieben Jahre alt war, wurde Henry geboren, und wir fanden, unsere Wohnung an der Piazza Scanderbeg sei zu klein für uns vier. Wir mussten in eine größere Wohnung umziehen. Das Problem war, dass wir, nachdem wir nun so lange die Freuden eines sonnigen Balkons genossen hatten, es nicht ertragen konnten, ohne Balkon in Rom zu leben, und im Zentrum der Stadt war an so etwas nicht leicht heranzukommen. Am Ende fanden wir eine Wohnung an der Piazza Borghese nahe der Spanischen Treppe, die unseren Bedürfnissen entsprach. Der Balkon war ein bisschen größer als der an der Piazza Scanderbeg, aber er lag tiefer, sodass er keinen so weiten Ausblick bot. Dennoch, er lag Richtung Süden, war gut geschützt vor den mörderischen Nordwinden und bot einen reizenden Blick auf die kleine Kirche Divino Amore, deren elektrisch beleuchtetes Kreuz jeden Abend nach Sonnenuntergang angeschaltet wurde.

Wir hatten mit der Möbelspedition einen Vertrag abgeschlossen, aber als die Männer am Umzugstag schließlich kamen, warfen sie einen Blick auf unseren Balkon und verkündeten: »Keine Blumentöpfe.« Wir tauschten vielsagende Blicke aus. Ich sagte, wenn sie die Pflanzen nicht mitnehmen würden, bräuchten sie gar nichts zu transportieren. Sie behaupteten, Topfpflanzen gehörten bei Umzugsverträgen nie dazu, und unsere Forderung, dass sie Zitronenbäume schleppen sollten, stelle einen Vertragsbruch, wenn nicht gar einen glatten Betrug dar. Wir argumentierten, dass die kleineren Töpfe nicht größer oder schwerer seien als eine Kiste Geschirr, und so willigten sie ein, ein paar davon zu transportieren. Dann machte ich mich daran, die Zitronenbäume aus ihren Töpfen zu reißen und sie mitsamt Wurzeln, Zitronen und allem in große Plastiktüten zu wickeln. Diese stellten wir dann in die Ecken einiger unserer größeren *armadii* (Schränke), und die Möbelpacker schleppten sie die vier Stockwerke hinunter, ohne zu merken, was sich darin befand. Das drastische Entwurzeln hat den Zitronen keineswegs geschadet; im Gegenteil, es hat ihnen gut getan.

Es ist viel dummes Zeug über die Schwierigkeiten des Topfgärtnerns geschrieben worden, aber die Schwarzseher haben in der Regel Unrecht. Der beste Balkongärtner, den ich in Rom kennen lernte, war Eugene Walter, unser aus Mobile, Alabama, stammender Freund, der Schauspieler, Maler und Schriftsteller. Ein führender Iris-Experte hatte ihm einmal gesagt, es sei unmöglich, Iris in Töpfen zu halten. Eugene setzte sein bestes etruskisches Lächeln auf und innerhalb eines Jahres besaß er an der Piazza del Gesù riesige Gruppen von *Iris germanica*, *Iris sibirica* und sogar *Iris kaempferi* in kleinen Terrakottatöpfen. Das Geheimnis sei, so sagte er, Guanodünger aus Feuerland zu verwenden.

Aber Eugene wusste, dass die Möglichkeiten, was man in ein paar Quadratmetern Erde bewerkstelligen kann, begrenzt waren. Deshalb stellte er sich eine Reihe von Regeln auf.

Die erste war, nicht zu viel Energie auf eine einzelne Pflanze zu verwenden.

»Wenn sie im ersten Jahr nicht blüht, stell sie an einen anderen Platz und gib ihr ein bisschen mehr Kompost. Wenn sie im zweiten nicht blüht, wirf sie auf den Müll. Man hat schließlich keine Zeit zu verschwenden«, sagte er. Die Fußnote zu dieser Regel lautete, dass man, wenn man zu Weihnachten, Ostern oder dem Valentinstag Pflanzen geschenkt bekommt, diese am besten gleich nach den Feiertagen fortwirft.

»Die sind eigens für das Fest absolut künstlich hochgepäppelt worden«, sagte Eugene, »deshalb werden sie nie ein natürliches Leben führen können.«

Seine zweite Regel schien der ersten zunächst zu widersprechen: Wenn eine Pflanze, die man aus einem Steckling gezogen hat, plötzlich kränkelt, versuche man herauszufinden, was ihr zusetzt. Man sehe sich die Blätter und Blüten an, um festzustellen, ob irgendwelche

Schädlinge oder Krankheiten zu erkennen sind. Dann untersuche man die Wurzeln. Meine große chinesische *Glyzine*, die so viele Jahre auf dem Balkon geblüht hatte, begann eines Frühlings plötzlich kränklich auszusehen. Ich untersuchte sie genauer, um herauszufinden, was mit ihr nicht in Ordnung war, und stellte schließlich fest, dass in ihrem Topf nach schweren Regengüssen für den Rest des Tages Wasser stand. Meine *Glyzine* hatte also häufig nasse Füße. Eugene kam vorbei, und wir haben die Pflanze gemeinsam aus ihrem Topf gezogen – ein Unterfangen, zu dem ein Küchenmesser, ein Schraubenzieher und ein Hammer nötig waren – und fanden heraus, dass der Wurzelballen der *Glyzine* so groß geworden war, dass er das Ablaufloch vollständig verstopfte. Die Wurzeln waren vom Wasser angegriffen. Deshalb verordneten wir der Pflanze den Wurzelschnitt ihres Lebens, füllten unten in den Topf Tonstücke, eine Schicht frische Erde, und Eugene gab ihr darüber hinaus als Glücksbringer zwei Tassen voll Reispudding, was, wie er sagte, für Kletterpflanzen Muttermilch sei. Im folgenden Frühling blühte unsere Pflanze nicht nur auf unserem Balkon, sondern auch auf dem über uns gelegenen Stockwerk.

Stehendes Wasser mag ja ein absolutes Tabu sein, aber Eugene meinte, und das war seine dritte Regel, dass man, solange der Wasserablauf gesichert sei, einer Pflanze bei heißem Wetter eigentlich gar nicht zu viel Wasser geben könne. Einen brütend heißen Sommer über hatte er sich nicht nur um seine eigene Terrasse, sondern auch um die seiner Nachbarin, der Schauspielerin Anna Magnani, auf der anderen Straßenseite zu kümmern. Er machte sich einen Zeitplan, wonach er zuerst seine eigene Terrasse, dann, um die Mittagszeit, die von Anna goss, und abends kümmerte er sich dann wieder um seine eigene. Das bedeutete, dass Annas Terrasse einmal, seine eigene zweimal am Tag Wasser bekam, und seine Terrasse kam weit besser durch den Sommer als Annas.

Seine vierte Regel war, nicht nur dem Standort jedes Topfes große Aufmerksamkeit zu schenken, sondern auch der Größe. Ich hatte mir eine gute Sammlung rosa und roter Geranien zugelegt, aber ich hatte Schwierigkeiten, die weißen zum Wachsen zu bringen. Meine aus Positano mitgebrachte weiße Geranie blieb ziemlich schwachwüchsig, bis ein starker Wind aus Afrika den Topf eines Tages umwarf und ihn zerbrach. Ich schaufelte die Pflanze einfach in eine Ecke des Glyzinentopfes, der der größte auf der Terrasse war und auch Eugenes Reispudding enthielt. Die weiße Geranie war so dankbar, diesen Platz und die Spezialnahrung erhalten zu haben, dass sie zu einem 90 Zentimeter hohen Busch heranwuchs und bis Mitte des Sommers fast achtzig Blüten hervorbrachte. Manche Gäste hielten sie gar für eine Hortensie.

Aus all dem sollte klar geworden sein, wohin mich meine erste Geranie geführt hatte. Ich war von ein paar Blumen zu einer ganzen Terrasse übergegangen, und ich hatte sogar gelernt, eine Wachsblume und eine herrliche Nachtviole gedeihen zu lassen.

Als ich eines Tages mit der asiatischen Grippe darniederlag, erkannte ich, dass ich verfallen, zu einem echten Mitglied des Blumen-Clans geworden war. In einem feuchten November bekam ich Kopfschmerzen, hatte Fieber, lag völlig niedergeschlagen im Bett und versuchte mich mit einem Krimi zu unterhalten. Aber ich konnte mich nicht darauf konzentrieren. Ich war missmutig.

»Kann ich dir nicht etwas anderes zum Lesen holen?«, fragte Robert.

»Weißt du, was ich wirklich gerne hätte?«, fragte ich. »Ich hätte gern die Garten-Enzyklopädie und den Katalog von Thompson and Morgan.« Er holte mir beides, und ich verbrachte den Abend zufrieden, las und erstellte Listen.

Ein paar Tage später war der Drang deutlich geworden.

»Liebling«, sagte ich, »eine Terrasse ist ja gut und schön, aber was wir wirklich brauchen, ist ein Haus auf dem Land.«

Brunnen und Haus

Als wir unser Stück Land erst einmal gefunden hatten, kam uns die Idee, ein einfaches, kleines Haus zu bauen, das so in die Landschaft passen sollte, als würde es schon immer dort stehen. In Wahrheit sollte es eine Art Hütte sein, in der wir die Wochenenden und die Sommer verbringen konnten, und wir wollten ohne Strom und Telefon auskommen, genau wie es die Einwohner jahrhundertelang getan hatten. Als Ersatz für die Elektrizität konnten wir ja einen mit Gas betriebenen Kühlschrank und Gaslampen verwenden. Heizung und Heißwasser würde uns das Verbrennen von Holz liefern. (Wir brauchten eine ganze Weile, bis uns klar wurde, dass das einfache Leben äußerst kompliziert sein kann.)

Aber eine Sache brauchten wir in jedem Fall und das war Wasser; deshalb machten wir uns als Erstes daran, herauszufinden, ob es auf dem Gelände Wasser gab. Wir fragten herum und erhielten die Information, die einzige Möglichkeit, Wasser aufzuspüren, sei, einen *rabdomante* (Wünschelrutengänger) zu bemühen. Ein paar Leute rieten uns, wir sollten zu einem gewissen Fra Ubaldo gehen, einem alten Franziskanermönch, der jetzt in einem kleinen Kloster in der Gegend von Oriolo lebe. Anscheinend war Fra Ubaldo, der in Rom eine richtige Karriere als Wünschelrutengänger gemacht hatte, aus unbekannten Gründen aufs Land versetzt worden.

Das Kloster, ganz versteckt hinter einem Kastanienwald oberhalb von Oriolo gelegen, entpuppte sich, als wir es schließlich fanden, als ein imposantes Steingebäude mit einem Glockenturm. Auf den ersten Blick wirkte es unbewohnt. Schließlich erschienen zwei kleine Männer in braunen Gewändern an der Hauptpforte, und es stellte sich heraus, dass der ältere der beiden Fra Ubaldo persönlich war. Er wirkte wie eine Gestalt auf einem Fresko von Giotto, war klein und rundlich, hatte einen gepflegten weißen Bart und einen Gesichtsausdruck bewusster Feierlichkeit. Er trug die Franziskanerkutte aus brauner Wolle, umgürtet mit einer weißen Kordel, an der ein Rosenkranz hing. Seine Füße in dicken braunen Wollsocken steckten in traditionellen Franziskanersandalen.

Wir erklärten ihm den Anlass unseres Erscheinens, und er antwortete, er würde sehr gerne kommen, um für uns nach Wasser zu suchen, aber da er kein Fahrzeug habe, würden wir ihn am folgenden Tag abholen müssen, nachdem er seine morgendlichen Pflichten erledigt habe. Er begleitete uns sogar bis zu unserem Auto und sagte mit etwas leiserer Stimme, er habe es sich, wann immer er hinausgehe, um nach Wasser zu suchen, zur Gewohnheit gemacht, um eine Spende für die Missionskasse zu bitten. Wir sagten, das sei kein Problem. Dann fügte er hinzu, als wäre es ihm erst jetzt verspätet eingefallen, dass er als Hilfsmittel für das Auffinden des Wassers einen gegabelten Weidenzweig und eine Flasche Grappa bräuchte, das starke, schnapsähnliche Destillat aus der bei der Weinherstellung übrigbleibenden Traubenmaische. Er erklärte, er sei es gewöhnt, eine Tasse Kaffee zu trinken, da dieser ihm beim Wünschelrutengehen helfe, aber schwarzer Kaffee sei so stark, dass er ihn mit

dem milderen Geschmack von Grappa ein wenig ver-
dünnen müsse.

Zur vereinbarten Zeit holten wir ihn ab. Die Kinder
kamen mit, da der Gedanke, dass ein Franziskanermönch
mit einem Stock nach Wasser suchen würde, sie gewaltig faszinierte. Henry, der erst fünf Jahre alt war, glaub-
te, es sei eine Art Spiel; aber Jenny mit ihren zwölf Jahren entwickelte wissenschaftliches Interesse und hatte
vor, darüber für ihren Physikunterricht etwas zu schreiben.

Da wir unser Haus noch nicht gebaut hatten und bei
Freunden in Quadrone wohnten, hatten wir einen Picknickkorb für das Mittagessen mitgebracht, in dem sich
ein paar *suppli* (Reiskroketten), Schinken- und Käsesand-
wiches, eine Thermoskanne voll heißem Kaffee, ein paar
Flaschen Coca-Cola, Wein und Grappa befanden. Fra
Ubaldo schlug vor, es wäre, da es fast Mittagessenszeit
sei, besser, zuerst zu picknicken und sich danach an die
anstrengende Arbeit des Wassersuchens zu machen.

Wir breiteten unser Mittagessen neben dem Mandelbaum aus und reichten Sandwiches, dann die Geträn-
ke in Pappbechern herum. Obwohl Fra Ubaldo nur ein
Sandwich aß, kam er dreimal, um sich Wein nachschen-
ken zu lassen, wobei er jedes Mal bemerkte, wie ausge-
zeichnet der Tropfen sei. Als das Essen vorbei war, boten
wir ihm den mit Grappa verstärkten Kaffee an, den er
mit Freude annahm, und dann erklärte er, er müsse nun
ein Weilchen meditieren, bevor er sich an die anstrengende Arbeit des Wassersuchens mache. Damit setzte er
sich mit dem Rücken gegen den Mandelbaum, und bald
darauf stellten wir fest, dass er tief und fest schlief. Die
erste Stunde verging und er schlief immer noch, aber
etwa um halb vier gelang es den Kindern, die ein wenig
Fußball gespielt hatten, den Ball direkt auf den schlafen-
den Mönch zu schießen. Erschreckt fuhr er hoch, brach-

te sein Erstaunen über die vorgerückte Stunde zum Ausdruck und ging mit den Kindern davon, um nach Weidenstöcken zu suchen.

Zehn Minuten später kamen sie im Gänsemarsch zurück, der Mönch voraus, der einen kleinen, gegabelten Stock waagrecht vor sich hielt, und Jenny und Henry hinterher, ebensolche gegabelten Stöcke schwingend. Die drei gingen sehr langsam, liefen über den Hang hin und her, und gelegentlich zögerte Fra Ubaldo und senkte seinen Weidenstock, sodass er deutlicher nach unten zeigte. Dann, nach einer Pause, schüttelte er den Kopf und setzte sich wieder in Bewegung. Nach etwa fünfzig Minuten hatten die drei den Hügel erklommen und den Mandelbaum beinahe erreicht, als Fra Ubaldo plötzlich einen leisen Pfiff ausstieß, abrupt stehen blieb und der Weidenzweig in seiner Hand sich sehr schnell zu drehen begann. Obwohl ich die Prozedur mit einiger Skepsis beobachtete, war ich überzeugt, dass sich der Zweig wirklich aus eigenem Antrieb drehte; und zu meiner Überraschung tat das auch Jennys Stock. (Fra Ubaldo hat auch für Freunde von uns in Trevignano nach Wasser gesucht, und alle drei Familienmitglieder schwören, das leichte Kernholz in seinem Weidenzweig habe sich so schnell gedreht, dass eine Wolke weißen Rauchs aufgestiegen sei.) Als er schließlich sicher war, auf Wasser gestoßen zu sein, begann er feierlich laut zu zählen: »… *venticinque, trenta, trentacinque.*« Dann verkündete er: »Sie werden Wasser, eine große Wasserader, in genau fünfunddreißig Metern Tiefe finden.« Er griff in seine Tasche und zog einen kurzen, angespitzten Holzpflock heraus, den Robert auf seine Anweisung hin in die Erde rammte, um die Stelle zu markieren, wo der Brunnen gegraben werden sollte.

»Fünfunddreißig Meter«, sagte er. »Die Madonna hat mir beigestanden.«

Er schlug vor, diesen Triumph mit einer weiteren Runde Grappa zu feiern. Als alles ausgetrunken war, gab Robert ihm einen Umschlag, in dem sich eine großzügige Spende für die Mission befand, und dann fuhren wir ihn zum Kloster zurück.

Ein paar Tage später nahmen wir Kontakt zu einem Brunnenbauer aus Cesano auf, und bald kam er mit seinem Laster, beladen mit der Ausrüstung zum Brunnengraben, zu der auch ein großer Generator gehörte, drei Holzpfähle wie kleine Telefonmasten, die zusammen einen Dreifuß bilden würden, und eine Menge Eisenrohre, Rohrverbindungen, Seile und Drähte.

Der Brunnenbauer war ein großer, knochiger Mann namens Antonio, der sofort seine Missbilligung darüber äußerte, dass wir einen Franziskanermönch gerufen hatten, um die Wasserader zu suchen.

»Diese Kirchenleute sollten sich aus dem Wassergeschäft heraushalten«, sagte er uns ein wenig missmutig. »Woher wollen die wissen, wo Wasser ist? Sie hätten das Profis wie mir überlassen sollen.«

Um sich vor den möglicherweise katastrophalen Ergebnissen der Einmischung des Mönchs zu schützen, bestand Antonio darauf, dass wir, bevor er mit den Bohrungen begann, einen umfangreichen Vertrag unterzeichneten. Dieser schrieb vor, dass wir verpflichtet seien, ihm 700 000 Lire im Voraus für die Bohrung unseres Brunnens zu bezahlen und er fünfundvierzig Meter tief graben würde – uns aber kein Geld zurückerstatten würde, sollte er nicht auf Wasser stoßen. Bei der üblichen Vorgehensweise bei Brunnenbohrungen, wenn der Brunnenbauer zugleich auch der *rabdomante* ist, sei er bereit zu garantieren, dass dort, wo seiner Meinung nach Wasser zu finden sei, auch tatsächlich Wasser ist, und um diese Garantie zu untermauern, erstatte er ein Viertel des Geldes zurück, wenn sich der Brunnen als trocken erweise. Wenn er aber nicht der *rabdomante* ist, übernimmt er natürlich die Verantwortung für die Wahl der Stelle nicht und trägt keine Verluste, wenn sich der Brunnen als trocken erweist.

Als der Vertrag unterschrieben war, machte sich Antonio an die Arbeit und stellte den hölzernen Dreifuß auf, der die Ausrüstung zum Brunnenbohren tragen sollte. Ich hatte mir vorgestellt, er würde irgendeinen superschnellen Bohrer verwenden, der sehr rasch hinuntergraben würde – so wie bei den Ölbohrungen im Film. Stattdessen holte Antonio ein großes Stück Zement in Form eines Torpedos hervor, das er an einer Kette befestigte und wie einen Rammbock in die Erde stieß.

Am Ende des Torpedos befand sich ein Metalldreieck, das nahe der Spitze einen Hohlraum hatte, und dieser füllte sich offenkundig jedes Mal mit Erde, wenn der Rammbock in den Boden krachte. Dann wurde er wieder an die Oberfläche gezogen und das hohle Dreieck beziehungsweise die Schaufel wurde ausgeleert. Mir schien es, als sei die herausgeschaffte Menge Erde jämmerlich gering, jeweils nicht mehr als eine Schuhschachtel voll. Ich fing an, mir Sorgen zu machen, dass man mit diesem System mindestens sechs Monate brauchen würde, bis man fünfunddreißig Meter tief gegraben hätte. Es war, als versuche man, einen Ozeandampfer mit ein paar Teetassen auszuschöpfen.

Tatsächlich brauchte Antonio jedoch nur zehn Tage, bis er sich seinen Weg in fünfunddreißig Meter Tiefe gerammt hatte, aber die schlechte Nachricht war, dass er auf nichts anderes als harten Fels stieß. Kein Wasser. Leise Flüche ausstoßend, rammte Antonio immer weiter, und der verräterische Lärm des Rammbocks hallte dumpf über den Hügeln von Canale wider – knall, bumm, Stille (während der Torpedo heraufgezogen wurde), dann knall, bumm und wieder Stille. In dieser Phase gingen wir jeden Tag hinaus und sahen sorgenvoll zu, wie unser Brunnen vorankam, und ein paar einheimische Bauern gesellten sich mit der Feststellung zu uns, sie hätten schon lange befürchtet, dass in dieser Gegend kein Wasser sei. (Der Grund für ihr Interesse war keineswegs Schadenfreude, sondern echte Besorgnis. Sie wussten, dass der Wert ihres nahe gelegenen Lands, sollte es kein Wasser geben, rasch fallen würde, während sie, sollten wir auf Wasser stoßen, ihre eigenen Brunnen zu einem weit günstigeren Preis als wir würden graben können, da die Absicherung gegen ein Scheitern dann ja nicht mehr nötig wäre.) Na ja, wir gingen auf vierzig Meter Tiefe, dann auf zweiundvierzig und dreiundvierzig, und alles, worauf Antonio stieß, war harter Fels. Antonio starrte den Torpedo wütend an und gab ihm einen Tritt. Die Gemüter waren erhitzt. Und dann, an einem grauen Spätnachmittag donnerte der Torpedo wieder hinunter und kam unglaublicherweise tropfend wieder herauf. Es war kein klares Wasser, sondern bräunliches, kiesvermengtes. Das nächste Mal war es mehr Wasser und weniger Kies, und jedes Mal, wenn der Torpedo heraufgezogen wurde, war es klarer und kühler. Es war offenkundig, dass es da unten in fünfundvierzig Metern Tiefe jede Menge Wasser gab. Antonio versicherte, er sei auf einen sehr tiefen *faldo* (Wasserader) gestoßen.

Er begann die Rohre auszuladen, um den Brunnen damit auszukleiden, aber als er seine Messstange hinabließ, um zu sehen, wie lang die Rohre sein müssten, geschah etwas Lustiges. Der Wasserspiegel war auf fünfunddreißig Meter angestiegen! Als Antonio nämlich den Fels erst einmal durchstoßen hatte, war das Wasser, das darunter eingeschlossen gewesen war, rasch auf seine natürliche Höhe von fünfunddreißig Metern angestiegen. Ein Hoch auf den *rabdomante* Fra Ubaldo aus Oriolo!

Nachdem das Problem des Brunnens mit mehr Glück als Verstand gelöst war, stürzten wir uns voller Schwung auf den Entwurf des Hauses. Ursprünglich hatten wir den genialen Plan eines U-förmigen Hauses mit der offenen Seite nach Süden entworfen, wie einst die Villen von Herkulaneum. Der Grundgedanke war, dass der zentrale Innenhof, vor unwirtlichen Winden aus dem Norden und Osten geschützt, ein idealer Ort sein würde, um zarte, empfindliche Pflanzen zu beherbergen, und außerdem ein sonniges Eckchen bieten würde, damit wir selbst bei kühlem Wetter im Freien essen könnten.

Aber so sollte es nicht kommen. Ein freundlicher, mit uns befreundeter Architekt wies uns darauf hin, dass ein niedriges U-förmiges Haus von über 250 Quadratmetern ein weit größeres Dach erforderte als ein kompaktes zweistöckiges Haus, wo man die gleiche Wohnfläche mit nur 175 Quadratmetern Dachfläche bedecken kann. In fast allen Ländern ist das Dach eine unbedeutende Sache, da man es mit Blech, Schindeln, Wellblech oder sogar mit Stroh decken kann, aber in Italien, wo es kein billiges Holz gibt, ist das Dach das Teuerste an einem Haus. Holz ist in Italien schon seit der Zeit, als die Römer für den Bau ihrer Mittelmeerflotte die Wälder abholzten, rar, sodass die modernen italienischen Bauherren gezwungen sind, Lehm aus der Erde zu graben und aus Terrakotta einen Ersatz für Holzbalken herzustellen. Die untere Schicht eines jeden Dachs besteht aus flachen Hohlziegeln von etwa der Größe eines dünnen Buches, die von runden, durch ihre hohle Mitte gestoßene Eisenhülsen zusammengehalten werden. Dies ergibt das Terrakotta-Gegenstück zu einem hölzernen Brett von sechzig Zentimetern Breite und drei Metern Länge – und wiegt sage und schreibe eine Tonne. Auf diese Dachschicht kommen die normalen Dachziegel, *coppe* (Tassen) genannt, die traditionellen gewölbten Ziegel (wie halbierte Weinflaschen). Zum Befestigen der *coppe* wird kein Zement verwendet; ihr Gewicht reicht (theoretisch) aus, um sie an Ort und Stelle zu halten. Selbstverständlich verschlingt all das Terrakotta viel Geld, vom Gewicht ganz zu schweigen. (Und dieses hohe Gewicht erklärt, warum so viele Italiener erdrückt werden, wenn ihre Dächer bei einem Erdbeben einstürzen.)

Angesichts dieser Probleme waren wir gezwungen, uns mit einem kompakten, zweistöckigen, rechteckigen Haus von acht Metern Breite und elf Metern Länge zufrieden zu geben, und mit einem Dach, das genau halb so groß war als ursprünglich geplant. Wie Robert es ausdrückte, eine Streichholzschachtel mit einem Balkon.

Bevor wir mit dem Bau des Hauses begannen, mussten wir uns die Baugenehmigung beschaffen, und um eine Baugenehmigung zu erhalten, mussten wir einen einheimischen *geometra* (Bauzeichner) anstellen, der uns auch als *direttore di lavoro* (Bauleiter) dienen würde. Das war der Auftritt von Signor Romano Fiorello, einem *geometra* aus Manziana. Signor Fiorello war ein großer, gut aussehender Mann von etwa achtunddreißig, der alle notwendigen Voraussetzungen besaß. Er war ein hervorragender Bauzeichner; er wusste, wie die Bauarbeiter arbeiteten, er wusste, was Zement bröselig macht (zu viel Sand und zu wenig Zement), und er hatte ein Talent, bürokratische Hemmnisse zu überwinden. Seine Technik bestand darin, eine Menge Zigarettenqualm in Bürokratengesichter zu blasen und körbeweise Papier auf ihre bereits überladenen Schreibtische zu türmen.

Wenn Signor Fiorello einen Fehler hatte, dann war es seine gelegentliche Schwermut, die, wie wir bald herausfanden, durch sein unglückliches Familienleben begründet war. Wir haben die Einzelheiten nie erfahren, aber seine Frau war anscheinend wild entschlossen, ihre Unabhängigkeit auszukosten. Jeden Morgen joggte sie ab sechs Uhr zwei Stunden durch die Wälder von Manziana, eine damals für die Frauen von Manziana unerhörte Sache. Außerdem war sie eine begeisterte Yoga-Schülerin und pendelte regelmäßig nach Rom, um im Chor von Santa Cecilia die Altstimme zu singen. All diese Aktivitäten ließen ihr sehr wenig Zeit für die Familie. Nach Aussage von Signor Fiorello war er, wenn er zum Mittagessen nach Hause ging, nie sicher, ob überhaupt ein Mittagessen vorbereitet war. Darüber hinaus tat sie etwas, was für eine italienische Hausfrau auf dem Land außergewöhnlich war – sie gab die Wäsche der Familie zum Waschen und Bügeln außer Haus.

Trotz dieser Vernachlässigung, aufgrund deren der schöne Herr Fiorello zwar mit scharfen Bügelfalten in den Hosen, aber nicht dazu passenden Socken und einem Fünftagebart herumlief, erledigte er all seine Aufgaben für uns auf bewundernswerte Weise. Er erstellte eine Reihe hervorragender Zeichnungen von unserem rechteckigen Haus, einschließlich der Pfeile, die anzeigen, in welche Richtung sich die Türen öffneten (in Italien gehen alle Türen nach innen auf, um Dieben ein Schnippchen zu schlagen, die andernfalls nämlich einfach die Türangeln abschrauben würden), und er verschaffte uns eine ausgezeichnete Mannschaft von fünf Steinmetzen aus Tolfa, die versprachen, das Haus in drei Monaten hochzuziehen, und ihr Wort erstaunlicherweise auch tatsächlich hielten.

Ihre Baumethoden waren, gelinde ausgedrückt, vorsintflutlich. Die Steinmetze (genauer gesagt waren es zwei Steinmetze und drei *manovali*, Steinmetzgehilfen) hatten nur sehr notdürftiges Werkzeug. Jeder Mann brachte einen *male-peggio* mit – wörtlich »von schlecht zu noch schlechter«, ein scharfes Gerät zum Schneiden von Steinen, halb Hammer, halb Axt, mit dem man große Steinblöcke in die zum Hausbau passende Größe zerbrechen kann. Die älteren Steinmetze brachten in den Gesäßtaschen ihrer Overalls außerdem eine flache Kelle zum Mörteln mit, einen zusammenklappbaren Zollstock, mit dem die Größe der Steine gemessen werden konnte, eine Fadenrolle mit einem Bleigewicht am Ende, das als Lot genutzt wurde, und eine Wasserwaage. Die jüngeren Männer mussten, da sie weniger spezialisiert waren, mit einem Plastikeimer zum Tragen des Mörtels und starken Schultern auskommen. Und wir stellten fest, dass es in fast jeder Bauarbeitermannschaft einen jungen Mann gab, der das scharfe Profil und die muskulösen Beine jener Figuren auf etruskischen Vasen besaß.

Um das Material für diese Mannschaft zu liefern, kam regelmäßig ein Lastwagen aus Tolfa, der zum Beispiel so antiquierte Geräte brachte wie einen benzingetriebenen Zementmischer, der dadurch gestartet wurde, dass man, wie bei einem Außenbordmotor, an einer Schnur zog. Der Laster brachte auch eine Ladung über und über mit altem Zement bespritzter Holzbretter und -planken, die als Verschalung für neuen Zement oder aber als behelfsmäßiges Baugerüst genutzt werden konnten. Der grobe graue und braune *peperino*-Stein wurde aus einem in der Nähe des Flusses Mignone gelegenen Steinbruch angeliefert, und der Laster brachte auch große Ladungen *pozzolana*, den grauen vulkanischen Sand, der mit Kalk zu Mörtel vermischt wurde. Der Vorarbeiter, ein stämmiger Mann namens Vincenzo, hatte den Bau des Hauses auf etwa drei Millionen Lire geschätzt (1964 etwa 5 500 DM), und das war auch tatsächlich der Endpreis!

Zweifelsohne haben Robert und ich, beide sparsame Yankees aus Boston, dadurch eine Menge Geld gespart, dass wir die italienischen Geheimnisse des Bauens *in economia* – durch Eigenleistung – erforschten. Unsere größte Entdeckung war eine Reihe von Abbruchlagern entlang der alten Via Appia am südlichen Rand Roms.

Dort lagen in der brennenden Sonne viele Hektar voll mit Baumaterialien, die aus dem bereits fünfzig oder fünfundsiebzig Jahre zurückliegenden Abbruch schöner alter römischer Villen und öffentlicher Gebäude stammten.

Reihen von Fenstern und Fensterrahmen aus Kastanienholz, die einst von Regierungsbauten auf die Stadt geblickt hatten, waren dort aufgestellt, Walnusstüren aus vergessenen Botschaftsgebäuden, kleine, rustikale Türen aus Landvillen und sogar ein paar blechbeschlagene Türen mit winzigen, sich nach außen öffnenden Fensterchen, die aus einem abgerissenen Gefängnis stammten.

Dort gab es Wendeltreppen, Badewannen und Duschbecken in allen Größen und Formen und Kilometer von Kupferrohren, große Haufen schöner Eichentäfelung für Bibliotheken und Unmengen gebrauchter Terrakottaziegel, die man *cotto* nennt, weil sie im Sonnenschein wie altes Leder glänzen. Es gab gusseiserne Tore, Gitter und Terrassengeländer, Dachziegel, Gartenlampen und schöne alte Kamine, die nur darauf warteten, neue Häuser zu erwärmen.

Wir verbrachten zwei Tage mit Maßbändern und Notizblöcken auf dem Gelände der Demolizione Appia und mühten uns mit der Zusammenstellung all der Dinge, die wir gebrauchen könnten, und schließlich war unsere Ladung nach ausgiebigem Feilschen mit dem stoppelbärtigen Schrottplatzbesitzer zum Abtransport fertig. Sie hatte uns eine schöne Stange Geld gekostet – ein Zehntel der Kosten für unser Haus –, aber der Besitzer war über den Handel so erfreut, dass er einwilligte, das Ganze in seinem eigenen Lastwagen kostenlos auf unsere Baustelle zu transportieren.

So wurde also gleich am nächsten Tag zum Erstaunen unserer Arbeiter eine wilde Sammlung von Abbruchgegenständen in Canale angeliefert. Zu der Ladung gehörten fünf riesige Holztüren, eine kleine Gefängnistür für unseren Keller, fünfzig flache *peperino*-Ziegel für Gartenwege, sechs von Hand gefertigte Terrassengitter, zwei gusseiserne Gartenlampen, zwei Spülbecken aus Porzellan, eine steinerne Vogeltränke, sechs gusseiserne Kerzenständer und fünfzehn große Fenster aus Kastanienholz. Die Fenster waren die wahren Schmuckstücke der Sammlung, da es sich um hübsche Bogenflügelfenster aus einer kultivierteren Epoche handelte, und viele davon hatten noch immer die Original-Glasscheiben, die handgemacht und voller Bläschen waren wie alte Flaschen. Jedes dieser Fensterpaare besaß seinen Rahmen plus die beweglichen inneren Holzplatten, die *contraluci* (gegen das Licht) genannt werden und die man zuziehen konnte, um die Sonne auszuschließen. Darüber hinaus waren sie mit schönen *persiane*-Fensterläden versehen, sorgfältig in Rahmen eingepasste schmale Holzstreifen, die man zuziehen und verschließen konnte und die einen vor Dieben sicherten. (Der Preis jedes dieser Fensterpaare betrug genau 10 000 Lire, und jetzt, dreißig Jahre später, wurde mir gesagt, dass es heute pro Stück eine Million Lire kosten würde, sie von einem Schreiner nachbauen zu lassen. Aber wir haben nicht vor, unsere heiß geliebten Fenster zu erneuern; wann immer wir es für nötig halten, kratzen wir einfach den alten Lack ab und versehen sie mit einer dicken Schicht Farbe und Schiffslack. Und wenn wir zu viel zu tun haben, um es selbst zu erledigen, lassen wir einen Maler kommen, der bloß für das Streichen eines Fensters mehr als 100 000 Lire verlangt.)

Als die Fenster erst einmal geliefert waren, wurde das Bauen einfacher; wir stellten die Türen und Fenster einfach an der Stelle auf, wo wir sie haben wollten, und wiesen die Steinmetze an, um sie herum zu bauen. Langsam, aber sicher wurden die Steine zugeschnitten und um die Fenster und Türen eingesetzt, und allmählich wurden die Mauern höher und höher, bis wir so weit waren, das Dach darauf zu setzen, wobei wir eine Kombination aus schweren Kastanienstämmen und Terrakottaziegeln verwendeten.

Das so entstandene Steinhaus war in gewisser Weise eher eine Scheune als ein Haus. Es gab keinerlei Innenisolierung, was bedeutete, dass es einem, wenn im Winter der Wind blies, den Hut vom Kopf wehen konnte. Auch die Fensterbänke waren primitiv, aus grobem Stein gemacht, sodass man, wenn man sich aus dem Fenster lehnte, wunde Ellenbogen bekam, und die Fensterbänke im Bad und in der Küche waren aus unebenem *peperino*, sodass Töpfe und Flaschen umzufallen pflegten. Aber wir waren mit unserem rustikalen Paradies sehr zufrieden. Wir hatten uns etwas Ursprüngliches gewünscht und es auch bekommen. Jetzt konnten wir uns an das machen, was uns in Wirklichkeit am allerwichtigsten war – den Garten.

MÄRZ

Planung mit einem Bulldozer

Ein großes Stück unebener italienischer Hügellandschaft mit duftenden Blumen und Büschen zu bepflanzen, die Schmetterlinge anlocken, ist gar nicht so einfach, wie man es sich vielleicht vorstellt.

Zum einen neigt die Erde, nachdem sie jahrhundertelang von grasenden Schafherden niedergetrampelt wurde, dazu, hart und nicht federnd zu sein. So musste ich beispielsweise eine schwere Spitzhacke benutzen, um eine Azalee einpflanzen zu können, die mir jemand zu Weihnachten geschenkt hatte. Außerdem waren die grasenden Schafe erstaunlich wählerisch gewesen; während sie alles liebten, was grün und zart war, weigerten sie sich entschieden, stachelige Gewächse zu fressen. So waren die einzigen Pflanzen, die über die Jahrhunderte gut gediehen, diejenigen, die die Schafe verschmähten, wie zum Beispiel riesengroße Disteln und dornige Brombeeren, die einen ordentlich an den Knöcheln kratzen und Baumwollhemden in Fetzen reißen können.

Jeder, den wir fragten, hatte eine andere Idee, wie wir unseren Grund und Boden verbessern und ihn zu der Art lockerer schwarzer Erde verwandeln könnten, über die man in Büchern über das Kompostieren so viel liest. Manche Bauern aus Canale rieten uns, das ganze Grundstück mit rotem Klee zu bepflanzen, der etwa sechs Monate brauchen würde, um zu reifen, und sobald er erst einmal gereift sei, sollte er untergepflügt werden, um – in weiteren sechs oder sieben Monaten – zu natürlichem Dünger zu werden.

Auch die Theorie wurde aufgestellt, dass wir die Erde dadurch auflockern könnten, indem wir sie dreißig Zentimeter hoch mit Kompostmaterial bedeckten, aber da wir keinen Komposthaufen hatten (das sollte erst später kommen), hielten wir das für nicht durchführbar. Es war davon die Rede, das ganze Gelände mit Alfalfagras bewachsen zu lassen, das angeblich durch irgendeinen mysteriösen Prozess Stickstoff im Boden speichert. Aber das hätte den Einsatz großer Maschinen bedeutet, die auf der Erde hin und her fahren würden, und einige der biologisch anbauenden Leute warnten uns, dass die schweren Maschinen die Erde, wenn wir sie stark pflügten oder gar mit Rotoren umgruben, noch mehr verdichten würden, als sie es ohnehin schon war. Und wieder jemand anderes brachte die Idee zur Sprache, Bakterien in die Erde zu injizieren oder eine besondere neue Kornart auszuprobieren, die damals gerade die Landwirtschaft in Uganda revolutionierte.

Ich ging zur Bibliothek des British Council in Rom und schlug in einer Broschüre über »Bodenarten in der Umgebung Roms« nach, um lediglich zu erfahren, dass die Erde im Norden Roms vulkanisch, eigentlich fruchtbar, aber schon von jeher überweidet ist und stur alle möglichen Mineralien speichert und dass sie nur »vorsichtig mit der Hand umgegraben und mit einer Mischung aus Dünger und Grünschnitt aufgefrischt« werden muss. O mein Gott! In dem Artikel wurde hinzugefügt – anscheinend in der Hoffnung, den Leser aufzumuntern –, dass unsere Erde, da sie aus dem heißen Erdinneren in Form von geschmolzener Lava und Asche ausgespien worden war, eine körnige Beschaffenheit ohne jegliche Steine hat. Dass keine Steine darin waren, war natürlich wunderbar, aber nicht gar so wichtig, wenn man bedachte, dass das ganze Gelände zunächst einmal ein einziger harter Felsen war.

Um den Mut nicht zu verlieren, zeichnete ich weiterhin Pläne auf gelb kariertes Papier und markierte die Stellen, wo die Randrabatten verlaufen und die Pflanzeninseln liegen sollten. Mit weiten Schleifen kennzeichnete ich die Blumengruppen, mit großen Kreisen die Sträucher und mit Quadraten die blühenden Kletterpflanzen.

Aber es gibt eine alte amerikanische Redensart: »Leben ist das, was sich ereignet, wenn man gerade andere Pläne macht«, und eines Tages, als ich ein paar neue Ideen skizzierte, wurde mir plötzlich klar, dass die Pläne für meinen Garten wohl nichts mit dem tatsächlichen Endergebnis zu tun haben würden. Häufig wird man von den Ereignissen einfach überrumpelt. Gerade an diesem Morgen war ein Lastwagen mit Eisenrohren hereingetuckert und hatte meine erst vor kurzem gepflanzten Fliederbüsche umgefahren. Ein paar Tage zuvor war Sora Nina, die Frau unseres Nachbarn Jack, herübergekommen, als wir gerade fort waren, und hatte eine große Gruppe mexikanischer Yuccas direkt auf meine Salbeisämlinge gepflanzt. (Dort war die Erde natürlich lockerer.)

Am Ende wird einem klar, dass man nicht alles wirklich in der Hand hat. Es wird eben kommen, wie es kommen muss, und es wird zweifellos zu schrecklich sein, um es sich anzusehen. Deshalb zerriss ich all die Ausschnitte aus *Maison & Jardin*, kippte den Schalter auf Autopilot um und beschloss, mich von der Strömung treiben zu lassen.

Zu einem wunderbaren Beispiel für die Sinnlosigkeit des Planens kam es, als wir plötzlich aufgefordert wurden, uns über die Einfahrt klar zu werden, die von der Hauptstraße zum Haus führen sollte. Da dies eine Entfernung von fünfhundert Metern ist, hatte ich versuchsweise eine U-förmige Einfahrt skizziert, die es Besuchern erlauben würde, auf der einen Seite auf das Grundstück zu fahren und es auf der anderen wieder zu verlassen, sodass sie beim Fortfahren die Pfingstrosen und Obstbäume bewundern könnten.

Aber keiner der Bauleute wusste meinen elegant geschwungenen Plan zu würdigen. Eine solche Einfahrt war zu prunkvoll; sie würde zu viel gutes Land ruinieren, das man besser mit Alfalfa bepflanzte. Das Mähen im Frühling würde erschwert und das Heubündeln unmöglich gemacht werden. Zudem würde sie motorisierten Dieben oder durchgebrannten Pferden einen idealen Fluchtweg bieten.

Und dann griff wieder das Schicksal in Form eines sehr großen Lastwagens ein, der durch den Regen angetuckert kam und mindestens fünfzig Zentner neu gebrochene *peperino*-Steine für unsere Seitenmauern und die Vorderterrasse brachte. Da der Regen noch nicht eingesetzt hatte, als die ersten Fuhren Steine geliefert wurden, war es kein Problem gewesen, über die steinharten Felder von der Straße zum Haus zu fahren.

Aber jetzt hatte es zwei Tage geregnet, und die Felder waren aufgeweicht, was den Lastwagenfahrer sichtlich nervös machte. Er stieg aus seinem Fahrzeug aus, ein stämmiger Kerl mit rotem Gesicht, der einen Joggingpullover trug, auf dem »Massachusetts Institute of Technology« stand, und stampfte mit seinem Stiefel in die weiche Erde. Dann begann er ganz bedächtig die schwarze Plane seines Lasters aufzumachen, die Vorbereitung darauf, die Steine auf der noch festen Straße abzuladen – was für die Bauarbeiter bedeutet hätte, die Steine in Schubkarren von der Straße zum Haus transportieren zu müssen. Durch diese bedrohliche Aussicht elektrisiert, kamen sie über das Feld gerannt und brüllten dem Fahrer zu, er solle seine Ladeklappe wieder schließen und nicht ausrasten; es bestünde doch absolut keine Gefahr, dass er in dem Feld *piantato* (eingepflanzt) würde. Vincenzo kam als Erster bei ihm an und versicherte ihm, dass er es in weniger als einer Minute bis zum Haus schaffen würde, wenn er oben, direkt am äußersten Rand des Grundstücks, entlangführe.

Der Fahrer kletterte also wieder in sein Fahrerhäuschen und schüttelte Böses ahnend den Kopf. Sehr behutsam drehte er das Lenkrad ganz nach rechts und steuerte direkt auf das halb fertige Haus zu. Der Lastwagen schob sich langsam auf das Feld und fuhr gemächlich in Richtung Süden, bis die Reifen durchzudrehen begannen –, und genau in diesem Moment warf er in der Hoffnung, zur festen Straße zurückzugelangen, verzweifelt den Rückwärtsgang ein. Aber es war zu spät; je stärker er aufs Gas drückte, um rückwärts zu fahren, umso tiefer sanken die Räder ein, und nachdem er mehrmals vorwärts und rückwärts geruckt war, steckte er bis zu den Radkappen im Schlamm – und war wütend. Dann spielten sich chaotische Szenen ab. Vincenzo wies seine Männer an, eine Art Spur zu bauen, indem sie Bretter und Bahnen von Teerpappe (eigentlich für das Dach geplant) auslegten, aber das Ergebnis war bloß, dass die Bretter und die schwitzenden Arbeiter am Ende mit einer dünnen Schlammschicht bedeckt waren.

Dann versuchten es die Männer mit dem Ausstreuen von Zement auf den Boden, in der Hoffnung, dass dieser ein wenig härten und etwas von der Feuchtigkeit aufsaugen würde, um den Rädern Griff zu geben. Aber trotz ihrer Bemühungen weigerte sich der große Laster, sich von der Stelle zu bewegen.

Außer sich vor Wut stieg der Fahrer aus und stapfte auf Vincenzo zu, und einen Augenblick lang dachten wir, er würde auf ihn einschlagen. Stattdessen brüllte er: »Verdammt sei die Mutter Gottes und alle ihre Kinder. Du hast meinen Laster in diesen verdammten Schweinepfuhl gebracht, und ich stecke hier womöglich bis Juni fest, bis es aufhört zu regnen.«

Dann schwang er sich in einem Wutanfall wieder in sein Fahrerhäuschen, startete den Motor, bediente einen Hebel, und die Ladefläche des Laster hob sich, bis die Steine über die Ladeklappe herunterzupurzeln begannen, wobei ein Drittel der Ladung auf unser aufgeweichtes Feld verstreut wurde. Die Schnellbauweise von Stonehenge.

Er dachte offenkundig, dass sein Laster, sobald er genug Steine abgeladen hatte, leichter würde und er so frei käme, aber nach wiederholten Versuchen wurde ihm klar, dass er herausgezogen werden musste. Deshalb requirierte er das Motorrad eines der Arbeiter und donnerte nach Canale davon, um Massimo, den Mechaniker und Fahrer der Kooperative (Università Agraria) von Canale, zu holen, der den größten Bulldozer der ganzen Gegend besaß. Als der Lastwagenfahrer zurückkam, berichtete er, Massimo sei gerade dabei, eine neue, unbefestigte Straße zu den Bädern in Stigliano anzulegen, dass er aber um sieben Uhr am nächsten Morgen zu uns geschickt würde.

Um Viertel vor sieben versammelten wir uns alle auf dem Hügel. Gnädigerweise hatte es zu regnen aufgehört, aber der schmutzbedeckte Laster, umgeben von Bergen von *peperino*-Steinen und schmutzig weißem Zement, ließ unser Grundstück wie einen Autofriedhof aussehen.

Kurz darauf hörten wir unten auf der Straße ein gewaltiges Klirren und Krachen von Metall und der Bulldozer des Dorfes kam in Sicht. Es war eine riesige Maschine, viel größer als der feststeckende Lastwagen, und bewegte sich auf Ketten vorwärts wie ein Panzer. Als Massimo so dahergerumpelt kam, wurde er von einem solchen Rattern und Pfeifen begleitet, dass es sich wie

Rommels Afrikakorps beim Vormarsch auf Tobruk an-
hörte.

Massimo war ein großer Mann von gut und gerne einem Meter neunzig mit schwarzem Haar und tiefschwar-
zen Augen, und er hatte einen großen Sombrero auf, der
ihm eine Ähnlichkeit mit Pancho Villa verlieh. Der große
Mann besah sich die Szene, starrte voller Abscheu auf
den Lastwagen und den Haufen verstreuter Steine. Es
gab keinerlei Begrüßung, keine Scherze über das Wetter.

»*Porca Matosca*«, murmelte er.

Das ist ein ziemlich blasphemischer Ausdruck, bei dem
zwar mit dem Namen der Mutter Gottes gelästert, aber
versucht wird, die Blasphemie dadurch abzuschwächen,
dass der Name falsch ausgesprochen wird – etwa wie
wenn man bei uns »bescheiden« statt »beschissen« sagt.

Ohne weiteres Aufhebens legte er bei seiner Maschine den ersten Gang ein und manövrierte sie vor den
Lastwagen, dann warf er Vincenzo zwei lange Eisenketten zu und befahl ihm, sie an dem feststeckenden Laster
einzuhaken. Als sie erst einmal befestigt waren, ruckel-
te er vorwärts, bis die Ketten gespannt waren. Einen
grauenhaften Augenblick lang sah es so aus, als würden
die Ketten reißen, aber dann begann der Lastwagen zu
zittern, als sei er gerade aus einem bösen Traum erwacht,
und langsam setzten sich die Räder in Bewegung. Gedämpfter Jubel brandete auf, während sich die beiden
Dinosaurier stockend über das Feld auf das Haus zu be-
wegten, der Bulldozer voraus, der Laster hinterher. Sobald der Konvoi angekommen war, sprang der Lastwagenfahrer heraus, machte sich von dem Bulldozer los
und fuhr dann ein Stück weiter, um den Rest seiner
Fracht nahe der Hintertür abzuladen. Die Krise war aus-
gestanden.

Wir boten der versammelten Zuschauerschaft Kaffee,

mit Grappa verstärkt, an, und erst als wir eine zweite Siegesrunde ausgaben, bemerkten wir, dass der Bulldozerfahrer fehlte.

Bald stellten wir fest, dass Massimo, der es mit der Ordnung immer sehr genau nahm, zum Ort der Katastrophe zurückgekehrt war, um aufzuräumen. Er war mit seiner Maschine mehrere Male, der Spur des Lastwagens folgend, von der öffentlichen Straße zum Haus vor und zurück gefahren. Als er zu der schwierigen Stelle mit den heruntergefallenen Steinen und den schlammigen Radspuren gekommen war, war er einfach mit seinem Planierschild darübergefahren – wie eine Großmutter, die den Zuckerguss auf einem Geburtstagskuchen verstreicht – und hatte all die zerbrochenen Steine, die Bretter und den Zement zur Seite geschoben, sodass sie entlang der neu planierten Einfahrt eine Mauer bildeten.

»Da«, sagte er und deutete stolz auf sein Werk, »Ihre Einfahrt ist jetzt fertig.«

Sie war wahrhaftig fertig! Und aus war es mit meiner U-förmigen, von blühenden Pfingstrosen gesäumten Einfahrt.

Als seine Arbeit erst einmal erledigt war, willigte der große Mann ein, hereinzukommen und mit uns Kaffee zu trinken. Er lehnte die Zugabe von Grappa jedoch ab und erklärte, dass er nie etwas Alkoholisches zu sich nehmen würde, bis am Horizont die Sonne Richtung Tolfa zur Hälfte verschwunden sei.

Als er auf die Terrasse trat, ließ er uns wissen, dass er, wenn wir Engländer wären, nicht gekommen wäre.

»Ich bin mit Engländern noch nie zurechtgekommen«, erklärte er uns und nahm einen großen Schluck Kaffee. »Ehrlich gesagt, als sie im Krieg hier waren, waren ihre Offiziere sehr *prepotenti* (überheblich). Sie weigerten sich, in den gleichen Restaurants zu essen wie die einfachen

Soldaten. Die Amerikaner waren demokratischer, aber auch sie wollten nicht auf das hören, was wir ihnen gesagt haben. Viele Amerikaner sind sehr dumm.«

Im Laufe der Unterhaltung erfuhren wir, dass Massimo Kommunist war, und obwohl er zu jung gewesen war, um während des Zweiten Weltkriegs in der italienischen Armee mitzukämpfen, war er in den letzten Kriegsmonaten in Aktivitäten der Partisanen verwickelt gewesen. Er und eine Gruppe Jugendlicher aus Canale hatten an einer scharfen Kurve auf der Straße nach Tolfa eine Landmine angebracht, die ein Auto des deutschen Stabes in die Luft gehen ließ, und er hatte auch freiwillig einer Gruppe von australischen Fliegern geholfen, die in der Nähe von Bracciano abgeschossen worden waren und sich in den Wäldern von Manziana versteckt hielten. Abwechselnd kümmerten sich die jungen Canalesi um die Australier und brachten ihnen etwas zu essen, und am Ende führte Massimo einige von ihnen nach Süden, wo sie sich direkt vor dem endgültigen Vorstoß auf Rom den Alliierten anschlossen.

Wir fühlten uns aufgerufen, ebenfalls irgendwelche Kriegsgeschichten zum Besten zu geben, die uns in den Augen dieses Freiheitskämpfers Respekt einbringen würden, aber uns fiel nichts Passendes ein. Um das zu kompensieren, bot Robert an, ihm einige seiner Wachsfiguren zu zeigen, die er bald in Bronze gießen würde. Massimo war sichtlich beeindruckt. Hier hatte er es mit einem Amerikaner zu tun, zweifellos einem reichen und vielleicht dummen Amerikaner, der aber immerhin seine Zeit nicht damit zubrachte, die Arbeiter auszubeuten. Er trug schmutzige Jeans und arbeitete mit den Händen, folgerichtig war er ein ehrbares Mitglied der Arbeiterklasse.

Er gab Robert einen ordentlichen Klaps auf die Schulter.

»Okay, Genosse«, sagte er. »Ich habe den Bulldozer den ganzen Morgen hier. Wir könnten also mal Ordnung auf diesem Gelände schaffen.«

Die beiden Männer gingen zu dem Bulldozer hinaus und arbeiteten den Rest des Vormittags in erstaunlicher Harmonie zusammen, um das Chaos zu bändigen. Ihre Strategie war einfach: Robert ging zu einem Abfallhaufen, der entfernt werden musste, und Massimo kam dröhnend mit seinem Planierschild an und schob das Ganze einfach zu einer Stelle am Rand, die sie zur offiziellen Müllhalde erklärt hatten. Ladung um Ladung zerbrochener Ziegeln und kaputter Fliesen, großer Papiersäcke, übriger Teerpapperollen, leerer Weinflaschen und zerknüllter Zigarettenpackungen wurden am anderen Ende des Olivenhains auf der Müllhalde zusammengehäuft, und als sie wieder auf das Haus zukamen, kratzte Massimo sorgfältig alle Disteln und Dornenbüsche zusammen, die ihm im Weg waren, und häufte sie zum Verbrennen auf. Es war eine Freude zuzusehen, wie er sein großes Ungetüm mit dem Feingefühl einer Stickerin, die einen Saumstich ausführt, manövrierte – ein Schubs mit dem Schild hier, ein Stoß da, und das Land war sauber wie ein Tischtuch.

Bis Mittag war der schlimmste Müll beseitigt, aber es blieben noch immer die drei großen Erdhaufen, die beim Ausheben des Kellers aufgeschüttet worden waren.

»Mit all der Erde kann man nur eines anfangen – sie terrassieren«, sagte Massimo, als er sich zu einem aus Spaghetti bestehenden Mittagessen zu uns gesellte. »Sie werden das nicht wissen, da Sie Amerikaner sind, aber die einzige Möglichkeit zu verhindern, dass Ihr Haus bei einem Regenguss den Hang hinunterrutscht, besteht darin, das Land in Terrassen abzustufen und Mauern zu bauen, die sie stützen. Auf einer Ebene können Sie Tomaten anpflanzen, auf der nächsten vielleicht ein paar

Obstbäume und darunter dann Feigenbäume. Wenn Sie sich irgendeinen guten italienischen Bauernhof ansehen, werden Sie bemerken, dass die Leute hier schon vor tausend Jahren Terrassen angelegt haben. Andernfalls werden Sie nämlich mit dem ersten starken Gewitter davongeschwemmt.«

Ich begann einzuwenden, dass ich bereits schöne Gartenentwürfe gemacht hätte. Ich wollte eine lange Doppelrabatte anlegen, die vom Pumpenhaus bis zum Haus führte; ich wollte einen Goldregen pflanzen, der sich Anfang Mai in pures Gold verwandeln würde, und ich wollte einige geschützte Gartenbereiche in der Nähe des Hauses anlegen, wo ich Gruppen empfindlicher Schmucklilien und Bleiwurz anpflanzen und vielleicht sogar Zitronenbäume an Spalieren halten könnte. Ich wollte auch eine weite, offene Stelle nahe des Hauses, wo wir einen Pool – einen kleinen, einer Pferdetränke ähnlichen Pool – bauen könnten, mit einer plätschernden Fontäne ausgestattet, die von unserer Wohnzimmerterrasse aus sichtbar sein würde.

Massimo sah mich an und schüttete dann sein drittes Glas Wein hinunter. (Er hatte erklärt, dass er sich, wenn er etwas zu Mittag aß, durchaus ein oder zwei Gläschen Wein gönnen könne.)

»Aber, Signora Giovanna«, protestierte er, »natürlich können Sie einen Pool haben. Ich werde Ihnen später einen ausheben. Wo Sie wollen. Aber Sie können keinen Swimmingpool an den Hang eines steilen Hügels bauen. Er muss terrassiert werden und braucht Mauern, die die Terrassen stützen. Dann erst können wir an den Pool denken.« Er sah über den Tisch und tauschte einen kurzen Blick mit Robert aus, und mir kam es so vor, als würde Robert ganz leicht nicken. Er ist ein Mann, der anstehende Dinge gern schnell erledigt hat, und er meinte, dass man, wenn man einen freundlichen Bulldozerfahrer dasitzen hatte, der bereit war, an die Arbeit zu gehen, schon verrückt sein müsse, wenn man ihn fortschickte.

Mir wurde klar, dass ich gegen diese beiden nicht ankommen würde, deshalb fuhr ich, sobald das Essen vorüber war, davon, um Anthea in Pisciarelli zu besuchen. Unsere Freunde Anthea und Luigi hatten bei ihrem Hausbau in etwa die gleiche Phase erreicht wie wir. Anthea und ich hatten uns bereits über die Geheimnisse der Umwandlung wilder Stoppelfelder in Gärten unterhalten.

Als ich in Pisciarelli die baumgesäumte Straße zu ihr hinauffuhr, konnte ich sehen, dass zwei kleine Traktoren auf dem Feld vor ihrem großartigen modernen Haus arbeiteten.

»Wir haben heute wohl unseren großen Maschinentag«, sagte ich. »Bei uns drüben in Canale ist ein Bulldozer am Werk und ihr habt zwei Traktoren.«

»Da bin ich mir nicht so sicher«, antwortete meine Freundin in etwas missmutigem Tonfall. »Irgendjemand hat Luigi gesagt, wir sollten das Feld umpflügen und dann Alfalfa anpflanzen.«

»Warum Alfalfa?«, fragte ich.

»Das weiß ich auch nicht«, sagte sie. »Ich vermute, es soll die Erde anreichern.«

»Und was macht ihr, wenn die Alfalfa gemäht ist?«

»Genau das macht mir Sorgen«, seufzte Anthea. »Ich fürchte, das Feld wird, wenn die Alfalfa fort ist, so angereichert sein, dass das Unkraut höher schießt als je zuvor.«

Wir zogen uns auf ihre halb fertige Terrasse zu einer Tasse Tee zurück und sie kam auf das Thema Swimmingpool zu sprechen. Luigi, von Beruf Bauingenieur, hatte Erkundigungen eingezogen.

»Luigi meint, dass ein Pool womöglich viel Arbeit macht. Seine Freunde sagen, dass sie mehr Zeit damit verbringen, ihre Pools zu säubern, als darin zu schwimmen. Natürlich machen sie sie immer weiß, was bedeutet, dass wirklich jeder Fleck zu sehen ist.«

Anthea legte eine bedeutungsvolle Pause ein. Sie verstand sich auf bedeutungsvolle Pausen, da sie Schauspielerin war.

»Ich habe noch etwas gegen Swimmingpools«, sagte ich. »Ich finde sie hässlich. Egal, wie sehr sich die Leute bemühen, sie mit blauen Fliesen und weißem Travertin hübsch zu gestalten, am Ende haben sie alle dieses knallige Türkis, das alle anderen Farben im Garten kaputt macht.«

Wir seufzten beide.

»Ich hatte in Genua eine Freundin, die eigens einen Landschaftsarchitekten kommen ließ, nur um sich von ihm einen Pool aus schwarzem Stein bauen zu lassen – Basalt, glaube ich –, um den Türkiseffekt zu vermeiden«, erzählte Anthea.

»Und, wie hat das ausgesehen?«, fragte ich.

»Grauenvoll, er war so dunkel, dass ich es nicht gewagt habe, einen Zeh hineinzuhalten, aus Angst, irgendetwas könnte mich beißen.«

Ich stellte fest, dass der einzige wirklich hübsche Pool auf dem Land, den ich in Italien je gesehen hatte, eine alte Pferdetränke aus einheimischem *peperino* mit Seerosen darin gewesen sei.

»Aber wenn du dir eine Pferdetränke zulegst, solltest du dir auch das dazugehörende Pferd anschaffen«, überlegte Anthea.

Mir war nicht klar, als wie prophetisch sich diese Bemerkung noch erweisen sollte.

Nach ein paar Jahren auf dem Land sollten Luigi und Anthea am Ende nämlich sechs Pferde, vier Hunde und dreiundachtzig Truthähne besitzen. Manche Leute stehen auf Tiere; andere auf Blumen und Obstbäume.

Ich kam an unserem Hang in Canale an, als Massimo gerade mit seinem Tagwerk fertig war. Ich fand meinen ganzen Garten in Terrassen angelegt vor. Bei der Haustür befand sich eine große, kreisförmige Terrasse und zwei kleinere daneben. Dann gab es, angeordnet wie die unteren Stufen des Turms von Babel, eine Terrasse mit Olivenbäumen, auf der man essen könnte, und eine zweite für Tomaten und Basilikum. Rings um diese Terrassen war alles kahl, blank geputzt wie ein hart gekochtes Ei.

»Ist er nicht wunderbar?«, fragte Robert. »Die Arbeiter werden ein paar Stützmauern bauen, um die Erde zu halten, und dann kannst du darauf Reben anpflanzen oder was du willst.«

Genau in diesem Moment bemerkte ich einen beachtlichen Krater drüben in der Mitte des Olivenhains, wo es aussah, als sei ein Meteorit eingeschlagen.

»Was ist denn das?«, fragte ich.

»Das ist die Überraschung«, erklärte Massimo. »Das wird der Swimmingpool. Ich habe einen Cousin, der drüben bei Trevignano einen Fliesenhandel hat. Er kann Ihnen ein paar blaue Fliesen zum Auskleiden des Pools besorgen und außenherum können Sie eine ordentlich breite Einfassung aus weißem Travertin legen.«

Ich muss wohl völlig niedergeschlagen ausgesehen haben, weil Robert zu mir kam und mir den Arm tätschelte.

»Mach dir keine Sorgen, Liebling, es wird alles wunderschön. Nächste Woche kommt Massimo wieder und hilft uns, die Bäume zu pflanzen und den Pool fertig zu machen. Er macht es zum Teil mit der *ruspa* (Bulldozer), zum Teil mit Dynamit.«

Tatsächlich kam Massimo in der folgenden Woche auf der *ruspa* in Begleitung seines Cousins Spartaco, dem

Sprengmeister, zurück. Sie zogen einen Anhänger hinter sich her, beladen mit Zypressen und Koniferen, deren Wurzelballen in Sackleinen eingeschlagen waren.

»Ich war gerade drüben bei den Waldarbeitern«, verkündete Massimo, »und sie haben mir die ganzen Bäume gegeben. Es sind an die hundert Zypressen. Die Hälfte davon sollte man an Ihre Einfahrt setzen, die andere als Windschutz an die Nordseite des Hauses. Der Rest sind große Fichten, die da unten an den Waldrand passen würden.«

Die beiden Männer koppelten den Anhänger ab und fuhren mit der *ruspa* in Richtung unteres Feld davon. Spartaco war das filmreife Paradebeispiel eines Sprengmeisters, ein muskulöser Mann in khakifarbenen Tarnshorts und einem ärmellosen grünen Unterhemd mit einem grünen Tuch um den Kopf geknotet. Er hatte eine Holzkiste mit einer roten Handflagge mitgebracht, die seine ganze Sprengausrüstung enthielt.

Sobald die beiden Männer am unteren Feld angekommen waren, entfernte Massimo den Planierschild des Bulldozers und brachte einen riesigen Eisenbohrer an, der vom Motor des Bulldozers angetrieben wurde. Dann begann er in großen Kreisen durch das Feld zu fahren, wobei er immer wieder anhielt, den Bohrer ansetzte und ein etwa zwei Meter tiefes Loch in die Erde grub. Als fünfzehn Löcher gegraben waren, fuhr Massimo klirrend davon, um den Swimmingpool (mit dem ich nicht einverstanden gewesen war) wieder zuzuschütten, während Spartaco zurückblieb und Elektrokabel, Zündschnüre und Dynamit in die vorgebohrten Löcher schob. Dann wurde die rote Flagge unweit der geplanten Explosionsstelle in die Erde gesteckt und Spartaco ging in die Hocke und zündete die Lunte.

Da wir alle auf der oberen Terrasse standen, bereit, uns die Ohren zuzuhalten, konnten wir sehen, wie sich Spartaco ganz gelassen von dem Loch entfernte. Eine Weile lang geschah nichts, und wir kamen schon zu dem Schluss, dass das Dynamit wohl ein Blindgänger sei, doch dann kam ein leichtes Grummeln tief in der Erde und eine Art Ausbeulung an der Erdoberfläche, und eine Schaufel voll Erde spritzte aus dem Loch heraus. Zwei Haubenkrähen, die in der Nähe herumpickten, flatterten aufgeregt kreischend davon.

Spartaco zog seine Drähte heraus und steckte die erste Fichte in das neue Loch, wie ein Junge, der einen Strohhalm in eine Colaflasche steckt. Dann nahm er seine rote Warnflagge, ging zum nächsten Loch, und die Sprengung wurde fortgesetzt.

Geräuschvoll schaufelte Massimo Erde in das Loch des abgelehnten Swimmingpools zurück und beschädigte dabei die Stämme einiger Olivenbäume, und als die Erde wieder eben war, rumpelte er nach Norden und begann, parallel zur Einfahrt, dort, wo die Zypressen gepflanzt werden sollten, zwei lange Gräben zu ziehen.

Um ehrlich zu sein, es war kein angenehmer Morgen. Während Spartaco seine Sprengladungen losgehen ließ, fuhr Massimo hin und her und füllte die Gräben auf, und in der Luft hallte abwechselnd das laute Donnern vom unteren Feld, dann das anhaltende Dröhnen des Bulldozers von oben wider. Gegen Mittag war ein unheilvolles Klirren des Bulldozers zu vernehmen. Nachdem Massimo den Motor untersucht hatte, verkündete er, dass eine Dichtung kaputt sei, deshalb machte er sich mit Spartaco nach Canale auf, um neue Motorenteile zu holen.

Am frühen Nachmittag gingen sie wieder ans Werk, zu der Zeit, als ich einen Liegestuhl unter einen Olivenbaum hinausgeschleppt hatte und dort ein Nickerchen machen wollte. Das Nächste, was ich mitbekam, war, dass Jenny mich am Ärmel zupfte.

»Mummy, du musst kommen, der Bulldozer hat etwas ganz Lustiges ausgegraben.«

Wir gingen um das Haus herum und dort stand der Bulldozer oberhalb eines langen, gebogenen Grabens abgestellt. Sein riesiger Planierschild war nach oben gerichtet, und davon hing, wie ein Fisch von einem gigantischen Fischnetz, ein Wirrwarr abstehender Stöcke, Rohre und Kabel. Mein erster Gedanke war, dass es sich um Baumwurzeln handelte, die dem Bulldozer irgendwie in den Weg geraten waren, oder vielleicht hatte der Planierschild irgendwelche eigenartigen etruskischen Überreste ausgegraben.

»Was ist das?«, fragte ich. »Sieht wie Spaghetti aus.«

»Spaghetti!«, donnerte Massimo. »Sie wissen genau, was das ist, das sind die Wasserrohre – die Wasserrohre, in denen das Wasser von der Pumpe zum Haus gelangt. Niemand hat mir gesagt, dass ich auf Wasserrohre aufpassen muss.«

Ich war sprachlos.

»Weißt du was, Mummy«, sagte Jenny in dem Versuch, mich zu trösten, »warum schicken wir nicht alle diese Maschinen nach Hause und graben unser Löcher von jetzt an lieber selbst?«

Die hohe Kunst des Säens

Nach dem Trauma, Löcher zum Pflanzen der Bäume durch Sprengung zu graben, freute ich mich auf das leisere Vergnügen, winzige Samenkörner auszusäen und zuzusehen, wie sie still als kleine grüne Sämlinge auftauchen.

Ich war schon immer eine zwanghafte Sammlerin von Samen. Wie eine Süchtige werde ich in Gärtnereien, Supermärkten und Blumenläden von Samenpackungen angezogen, und wie alle Süchtigen habe ich die Schubladen voll mit meinem »Stoff« – in diesem Fall also Samenkörner, deren Etiketten oder gar Tüten verloren gegangen sind.

Meine Sammelwut zeigt sich zumeist auf Reisen, wie ich annehme in der Hoffnung, meine Reisen mit nach Hause zu nehmen, und jedes Mal, wenn ich zurückkomme, packe ich meinen Koffer ganz vorsichtig aus, weil jede Socke, jeder Handschuh und jede Tasche voller Hoffnungen und Erinnerungen ist. Beim Auspacken höre ich dann die hohe Stimme eines kleinen indischen Jungen wieder, der auf der Hotelterrasse in Brindivan, nahe Mysore, mit seiner Mutter Tee trank.

»Aber Mama, was macht die Amerikanerin denn, die da unter dem Bananenbaum herumkriecht?«

Ich lege Wert darauf hervorzuheben, dass ich eine verantwortungsbewusste Samensammlerin bin. Ich nehme nur Samen, von denen es viele gibt und die sonst niemand haben möchte – Samen, die ich an brachliegenden Flecken, in vernachlässigten Durchgängen und aufgegebenen Gärten sammle.

Wenn ich erst einmal ausgepackt habe, breite ich meine Samen auf der Fensterbank zum Trocknen aus und warte auf die Iden des März, der Jahreszeit, in der man in Mittelitalien die meisten Samen aussät. So wie es Dutzende Rezepte gibt, wie umgekippte Mayonnaise gerettet werden kann oder wie man Tintenflecken aus weißen Leinenanzügen entfernt, so haben Samenhändler Dutzende Tipps auf Lager, wie man harte, kleine Samenkörnchen zum Leben erweckt und zu grünen Pflanzen heranwachsen lässt.

Thompson and Morgan, die englische Firma, bei der ich einen Großteil meiner Einkäufe bestelle, hat eine Extrabroschüre über das Keimen von Samen.

»Um mit vielen Samen Erfolge erzielen zu können«, behauptet der Katalog, »vor allem mit exotischen Sorten, ist ein spezieller Anzuchtkasten absolut unerlässlich.«

Die für die Samen zuständigen Leute des Greenwood Parks, South Carolina, bieten ein »biologisches« Aussaat-Set an, das aus dünnen braunen Kuchen komprimierten Pflanzmaterials, das heißt Torfquelltöpfen von etwa drei Zentimetern Durchmesser, besteht. Man steckt seine Samen oben hinein, feuchtet sie an, und sie gehen wie Schokoladesoufflés auf und enthalten schon alle Nährstoffe. Sobald die Samen im Inneren des Soufflés gekeimt haben, pflanzt man das Ganze einfach in den Garten aus.

Eine Gartenexpertin, die das Aussäen von Samen ganz sachlich betrachtet, ist Mrs. Josephine Nuese aus Lakeville in Connecticut. In *The Country Garden* stellt sie es folgendermaßen dar:

Über viele Jahre habe ich jeden Winter zahllose einjährige Pflanzen im Haus gezogen, ohne mich irgendwelcher modernen, luxuriösen Hilfsmittel zu bedienen, und normalerweise entwickelten sich die Sämlinge zu herrlichen Pflanzen, zu weit schöneren, als ich je hätte kaufen können. Ich säte die Samen in Keksdosen aus (den altmodischen, die es gab, bis die Folien aufkamen), in meiner eigenen Aussaaterde, sterilisierte den Samen dadurch, dass ich eine Prise Semesan in die Samenpackung tat, bewahrte die Dosen im Gästezimmer bei heruntergedrehter Heizung auf und schob sie – wann immer und wo immer die Sonne schien – ins Sonnenlicht.

Eine andere Denkschule beharrt darauf, dass Samen am besten keimen, wenn sie ständigem Sprühnebel ausgesetzt sind, wie zum Beispiel am Fuße der Niagarafälle. Eine englische Schriftstellerin, Deenagh Goold-Adams (Autorin von *The Cool Greenhouse Today*), setzt die Erde von dem Augenblick, in dem sie die Samen ausstreut, bis sich junge Pflänzchen zeigen, ständig einer Nebeldusche aus. Für diese Vorgehensweise braucht man selbstverständlich eine elektrische Ausrüstung, bestehend aus einer elektrischen Kontrollanlage, einem magnetisch gesteuerten Ventil, das das Wasser auf- und zudreht, und einem elektronischen »Blatt-Element«, das die Häufigkeit der Berieselung regelt. Falls man über das alles verfügt, kann man Anzuchtkompost, zum Beispiel von John Innes, ausstreuen und ihn dann befeuchten.

Mrs. Goold-Adams stellt fest: »Die Meinungen gehen auseinander, ob man nach dem Aussäen mit einer feinen Brause leicht angießen oder ob man entweder vor oder nach dem Aussäen von unten wässern soll. Jedenfalls muss die Erde feucht gehalten und eine warme Feuchtigkeit entweder in einem Anzuchtbehältnis beibehalten werden oder aber dadurch, dass man die Saatgefäße bis zur Keimung mit Glas oder einer Plastikfolie abdeckt.«

Meine Ansicht ist, dass Samen so keimen sollten, wie es die Natur vorsieht, aber selbst dort gibt es Probleme. So beginnt man beispielweise erst zu verstehen, welche Rolle Vögel und Tiere bei der Keimung von Samen spielen. Nehmen wir das Beispiel des Sapotillbaums, der auf der Insel Mauritius früher ein hohes Alter erreichte. Heute sind alle Sapotillbäume auf Mauritius alt und es wachsen keine jungen Bäume nach.

Botaniker fingen an, dieser Frage nachzugehen, und entdeckten, dass die Sapotillbäume zwar nach wie vor essbare Früchte hervorbringen, aber keine der einheimischen Vogel- oder Tierarten Geschmack daran zu haben scheinen. Aus einer Vorahnung heraus versuchten sie, Truthähne zwangsweise damit zu füttern. Und raten Sie mal, was geschah? Als die Samen erst einmal durch die Mägen der Truthähne hindurch waren, begannen sie genauso zu keimen, wie sie es vor zweihundert Jahren getan hatten.

Die Botaniker kratzten sich am Kopf und fragten sich, welcher große, heute ausgestorbene Pflanzenfresser wohl vor Jahrhunderten auf Mauritius umherwanderte und Sapotillfrüchte fraß. Sie brauchten nicht lange, bis sie darauf kamen. Der Dodo!

Die Sapotillbäume konnten offenbar erst keimen, wenn ihre Samenkörner den Magen-Darm-Trakt des Dodo passiert hatten. Als der Dodo ausstarb, begannen auch die Sapotillbäume auszusterben. Aber jetzt wird der gute alte Sapotillbaum auf der Insel dank der Hilfe hartnäckiger Menschen und widerstrebender Truthähne vielleicht wieder blühen.

Das war jedenfalls der Stand der Geschichte, als ich in einem Naturmagazin zum ersten Mal etwas darüber las. Inzwischen habe ich herausbekommen, dass sie eine Fortsetzung hatte. Der Biologe Stephen Jay Gould berichtet in seinem Buch *The Panda's Thumb*, dass ein Mitarbeiter des mauritischen Forstdienstes, ein gewisser Dr. Owadally, nachdem die ersten Erkenntnisse über diese »Gegenseitigkeit« von Baum und Dodo gewonnen waren, an die Zeitschrift *Science* schrieb und spielverderberisch die ganze Geschichte in Frage stellte. Dr. Owadally wies darauf hin, dass der Baum – der, wie sich herausstellte, ein Tambalacoque, kein Sapotillbaum war – in den höher gelegenen Regenwäldern der großen Insel wächst, nicht in den Ebenen, wo der Dodo herumzuwandern pflegte. Außerdem meint Dr. Owadally, dass einige dieser Bäume vielleicht erst fünfundsiebzig bis hundert Jahre alt sind. Und der Dodo starb bereits 1675 aus.

Mr. Gould weigert sich, ein abschließendes Urteil abzugeben. Er sagt, dass die Dodo-Theorie nicht zu halten sein wird, wenn der mauritische Botaniker Recht hat und es tatsächlich Bäume gibt, die weniger als hundert Jahre alt sind. Dennoch spricht er sich, ebenso wie ich, für die »Gegenseitigkeits-Theorie« aus. Wie sollte man anders erklären, warum es diesem Baum im zwanzigsten Jahrhundert nicht gelingt, sich zu vermehren?

Was meine eigene Samentheorie anbetrifft, so neige ich dazu, Samen in drei Gruppen einzuteilen.

Da gibt es die Samen, die gedeihen, egal, was man mit ihnen macht, solange man sie nicht gerade toastet. Dazu gehörten der einjährige Rittersporn, die einjährigen Mohnarten (früher als Schlafmohn bekannt) und so unproblematische Pflanzen wie Zinnien, Löwenmäulchen, Tagetes, Ringelblumen und Gartenwicken.

Die Löwenmäulchen haben zwei Probleme: Ihre Samen sind so winzig, dass sie Gefahr laufen, davongespült zu werden, und außerdem werden sie von Ameisen geliebt. Ich versuche sie ganz oberflächlich auszusäen und stelle ihren Topf in eine Schale mit Wasser, um die Ameisen fernzuhalten.

Rittersporn und Mohn sind absolut idiotensicher und liefern mir jedes Frühjahr hübsche Gruppen mit blauen und roten Blüten, und ich beachte die Ratgeber nicht mehr, die vorschlagen, sie im frühen Frühling auszupflanzen. Wenn sie im September gepflanzt werden, bevor die Kälte einsetzt, hat man im Mai nämlich weit gesündere Pflanzen.

Dann gibt es eine zweite Samengruppe, die schwieriger ist – zweijährige oder mehrjährige Pflanzen, die häufig sehr langsam keimen. Das liegt in der Regel daran, dass sie eine harte Hülle haben, die zuerst eingeweicht oder eingeritzt werden muss, damit sie die Feuchtigkeit aufnehmen. So muss man Lupinensamen beispielsweise köpfen und man sollte ihn über Nacht in Wasser einweichen. Ich habe die Erfahrung gemacht, dass es besser ist, es mit mehrjährigen Pflanzen dieser Art nicht allzu eilig zu haben. Einmal hatte ich im September Samen in einen Topf getan und ihn dann ganz vergessen. Im Frühjahr, als ich die Töpfe auf meiner Terrasse ausleerte, begann ich gerade einen umzudrehen, als ich ein paar kleine Sämlinge zwischen dem Unkraut entdeckte. Das waren die Lupinen, die endlich keimten. Sie hatten sechs Monate gebraucht, bis sie aufgingen.

Der Samen der Passionsblume ist ebenfalls ein hartes, kleines Ding, das zuerst mit einer Schere eingeritzt werden sollte, bevor man es in die Erde steckt. Ich hatte eine Tüte Passionsblumensamen, die zum Teil innerhalb von etwa zwanzig Tagen keimten, aber andere gingen erst im Laufe der nächsten acht Monate auf, gerade wie es ihnen gefiel. Die Moral der Geschichte ist, niemals die Erde aus Töpfen wegzuwerfen, in die man Samen getan hat. Notfalls kann man andere Sämlinge in den gleichen Topf pflanzen: Man sollte aber niemals davon ausgehen, dass ein Topf, bloß weil er leer aussieht, nicht vielleicht doch ein noch nicht gekeimtes kleines Schmuckstück für den Garten enthält.

So wie Lehrer ihre schwierigsten Schüler oft am meisten mögen, so gestehe ich, eine Schwäche für die dritte Samenkategorie, die heikelste von allen, zu haben. Das sind die Samen blühender Tropenbäume, und ich mag sie am liebsten, weil ihr Auftritt immer so prachtvoll ist.

Der Flammenbaum, beziehungsweise *Delonix regia*, ist ein in jeder Hinsicht meisterhaftes Werk. Die Samenhülse dieser scharlachroten Schönheit ist eine ledrige Schote von etwa dreißig Zentimetern Länge, und wenn man sie öffnen will, braucht man einen Schraubenzieher oder einen Hammer. Die Samenkörner darin sind etwa zwei Zentimeter lang und schwieriger zu knacken als Walnüsse.

Aber wenn sich dieser Riese zur Keimung entschließt,

merkt man sofort, dass sich da etwas Besonderes abspielt. Zuerst erscheint die gebogene große grüne Schulter des Keims wie eine Miniausgabe der Tower Bridge. Dann entrollt sich die Schlinge und bringt zwei Keimblätter hervor. Diese öffnen sich ganz allmählich, und bald brechen die feinen, federartigen Blätter des Baumes zwischen den Keimblättern hervor, und man weiß, dass man es geschafft hat.

Ich hatte auf meinen Reisen viele Flammenbaumsamen gesammelt, aber wenn es darum ging, sie zum Keimen zu überreden, war mir das Glück nur selten hold. Ich steckte sie in meine Saatschale, hielt sie gut feucht und war voller Hoffnung. Aber ich konnte schon von Glück sprechen, wenn ich aus einem Dutzend ausgesäter Samen einen Sämling erhielt. Dann grub ich mit Bedacht ein bisschen in der Erde und stellte bald fest, dass die meisten meiner Flammenbaumsamen nicht keimten, weil die Feuchtigkeit nicht in ihre harte Schale eingedrungen war.

Ich befragte Experten. Einige rieten, die Samen über Nacht in heißem Wasser einzuweichen. Andere empfahlen, sie mit Schmirgelpapier abzureiben. Wieder andere sprachen sich dafür aus, die Samen mit einem Nussknacker zu öffnen, damit die Feuchtigkeit eindringen konnte.

Dieser letzte Vorschlag erschien mir der nahe liegendste, deshalb entwickelte ich eine Methode, die Spitze meiner Flammenbaumsamen mit einer scharfen Gartenschere abzuschneiden und sie dann zum Keimen auf feuchte Watte zu legen. Eine alte Zigarrenkiste aus Blech oder eine Hustenbonbondose, mit feuchter Watte ausgelegt, waren eine gute Behausung für keimende Samen und hatten den Vorteil, leicht transportierbar zu sein. Ich konnte sie selbst bei Dinnerpartys im Auge behalten. Die meisten meiner so behandelten Samen fingen innerhalb von etwa zwei Tagen an zu keimen, und sobald ich sicher war, dass etwas wuchs, tat ich sie schnell in einen Topf mit gutem, feuchten Kompost.

Die Schwierigkeit bei dieser Methode bestand darin, dass sie nicht natürlich war und einiges schief gehen konnte. Das Schlimmste war, dass die Samenhülle, die künstlich durchstoßen worden war, sich nur gerade so weit öffnete, dass sie die Wurzel durchließ, aber den wachsenden Teil der Pflanze, nämlich die Keimblätter, in ihrer eisernen Umklammerung festhielt. Ich hatte häufig Sämlinge, die sehr gut keimten, aber sobald ihr Keim hervorkam, umklammerte die Samenkapsel die beiden Keimblätter so fest, dass sie sie abwürgte. Um dies zu verhindern, versuchte ich, die Samenkapsel zu entfernen, ohne die Pflanze darin zu verletzen. Wenn sie nicht abgehen wollte, schnitt oder schlitzte ich sie mit einer Rasierklinge ein, aber das war riskant. Schließlich entwickelte ich eine Technik, meine Samen auf den Seiten mit einer Rasierklinge einzuritzen, bevor ich sie auf die Watte legte.

Bei dieser Art künstlich eingeleiteter Geburtswehen gibt es noch ein weiteres Problem. Die Samen, deren Spitzen abgeschnitten wurden und keimen, verlieren manchmal, wenn sie in die Erde gepflanzt werden, die Orientierung und beginnen nach unten zu wachsen. Wenn ein Sämling nicht erscheint, nachdem er eine Woche in der Erde war, grabe ich ein wenig und sehe nach ihm, und wenn er in die falsche Richtung wächst, drehe ich ihn um. Robert meint, dass all diese Einmischung den Sämlingen nicht gut täte, aber ich entgegne, dass ich doch nur das mache, was jede gute Hebamme tun würde.

Ich wende diese ziemlich grobe Technik bei allen hartschaligen tropischen Samen an und glaube, dass meine durchschnittliche Erfolgsrate recht gut ist. Mein Problem besteht nicht darin, die Samen zum Keimen zu bringen, sondern darin, die Sämlinge zu ausgewachsenen blühenden Bäumen heranwachsen zu lassen. Ich habe es mit ihnen drinnen im sonnigen Esszimmer versucht. Dieser Standort ist jedoch alles andere als ideal, weil es im Esszimmer trocken ist und die Pflanzen die feuchte Wärme vermissen, die sie brauchen. Wenn ich Glück habe, bekomme ich ein Viertel meiner kleinen Exoten durch den Winter. Ich freue mich, dass ich immerhin ein paar Erfolgserlebnisse zu verzeichnen hatte. Ich habe mehrere *Cassia corymbosas* durchgebracht, und sie sind jetzt große Bäume, die uns im Hochsommer mit großartigen gelben Blüten erfreuen. Es ist mir auch gelungen, ein paar nicht identifizierte Cassias, die ich im Sarawak bekam, und einen kleinen Longanbaum aus einer Frucht, die ich in Yucatan gekauft habe, durchzubringen. Ich weiß allerdings nicht, ob dieser jemals Früchte tragen wird.

Trotzdem arbeite ich noch immer an einigen der glamouröseren Sorten. Ich habe es mindestens fünfmal mit der *Cassia grande* versucht, der herrlichen rosa Cassia aus Ceylon, und habe auch Bäumchen gehabt, die es bis zu vierzig Zentimeter Höhe geschafft, aber dann aufgegeben hatten. Und ich kämpfe noch immer, um eine große Pfauenblume, *Poinciana*, durchzubekommen. Ich habe eine durchgehätschelt, bis sie sechzig Zentimeter hoch war, was immerhin größer war als die Poinciana im Botanischen Garten von London, aber dann ist sie unerklärlicherweise eingegangen. Am weitesten habe ich es mit einer schönen, kleinen Verwandten von ihr gebracht, die noch ein wenig heikler ist, nämlich der *Cassia gilliesi*. Dieses Schmuckstück mit seinen fedrigen Blättern und seiner außergewöhnlichen Poinciana-Blüte mit gelben Blütenblättern und aggressiven, spitzen blutroten Staubgefäßen steht jetzt an einem gut sichtbaren Platz auf meiner Terrasse. Sie hat drei harte Winter überlebt, sodass ich annehme, dass wir das Gröbste überstanden haben.

Meine Freunde sagen mir, ich sei zu ängstlich mit meinen Samen, ich solle es gelassener sehen und die Natur ihren Lauf nehmen lassen. Aber ich werde bei meinen Kämpfen von manchen alten, erfahrenen Pflanzenexperten ermutigt, die ebenfalls Samen ausgraben, sie herumdrehen und sich sogar noch mehr einmischen als ich.

Ein Mann, dessen Fachkenntnisse ich bewundere, ist *die* Autorität für tropische Bäume, Edwin Menninger, dessen Buch *Flowering Trees of the World* eine Bibel für Baumpflanzer ist. Er hat mehr als dreißig Jahre damit verbracht, die Welt tropischer Bäume zu erforschen, und er hat mehr als hunderttausend Bäume aus Samen gezogen und sie an Gärtner in ganz Amerika verteilt. Seine Phantasie und sein Einfallsreichtum, Samen zum Keimen zu bringen, belegt die Hingabe eines wahren Wissenschaftlers. Er erzählt zum Beispiel von den grauenhaften Schwierigkeiten, die er hatte, als er einen Teakbaum zum Wachsen bringen wollte:

Vor ein paar Jahren erhielt der Autor aus Kalkutta ein Samenpäckchen des berühmten, Nutzholz liefernden Teakbaums (*Tectona grandis*). Die Samen haben in etwa die Größe von Gartenerbsen, aber jeder ist mit einer dicken, korkigen Rinde bedeckt, die das Ganze so groß wie eine Murmel macht. Die Samen waren trocken, deshalb habe ich sie in ein Glas mit Wasser getan, damit sie über Nacht einweichten, aber sie schwammen obenauf, sodass das Wasser nicht einmal ihre Oberfläche benetzte. Ein zweites, in das erste gestelltes Glas, hielt die Kügelchen dann unter Wasser, aber als ich sie am nächsten Morgen frei ließ, sprangen sie trotz des Tauchbads so trocken wie zuvor an die Oberfläche. Ein Messer und eine Feile kamen zum Einsatz und es wurde eine Menge korkiger Rinde weggeschnitten. Die Samen wurden erneut vierundzwanzig Stunden eingeweicht, dann eingepflanzt. Keine Keimung. Alle paar Tage zeigte ein erkundendes Graben, dass sich nichts tat. Beim Nachschlagen in einigen indischen Büchern stieß ich schließlich bei Cleghorn auf ein Kapitel mit der Überschrift »Wie man Teakbäume aus Samen zieht«. Das klang aufschlussreich und die achtzehn Seiten wurden gierig verschlungen; doch in dem Buch stand im Großen und Ganzen nichts anderes, als dass die Keimung schwierig sei. Aber ein Hoffnungsschimmer ergab sich aus einem Satz. Dort hieß es nämlich, Beobachter hätten festgestellt, dass nach den jährlichen Buschfeuern, die durch die Teakwälder von Burma fegen, ein sofortiges Aufkommen von Sämlingen zu verzeichnen sei. Oh! Oh! Der Autor ging in den Pflanzschuppen hinaus, grub zum x-ten Male die armen, kleinen Teaksamen aus, tat sie in den Popcorn-Topf der Familie und schüttelte sie über schwacher Hitze. Pop, pop machten die Samen – wie die kleineren Arten von Feuerwerkskörpern. Dann wurden sie in den Vermikulit zurückgetan und sie keimten zu 100 Prozent.

Ein zweiter Pflanzenexperte aus Florida, der auf eine langjährige Erfahrung in der Einführung tropischer Pflanzen zurückblicken konnte, war Dr. M. Simonson. Er schrieb über die Samenentwicklung:

Meine Erfahrung mit der Samenkeimung habe ich in erster Linie mit Einweichen in heißem Wasser oder Anfeilen, beziehungsweise beidem gemacht. Mir ist es gelungen, fünfzehn Jahre alte Akaziensamen nach dieser Behandlung zum Keimen zu bringen. Das Gleiche trifft auf viele Samen von Hülsengewächsen zu. Während ich hier sitze und schreibe, habe ich einen fünfzehn Meter hohen *Schizolobium excelsum* draußen vor dem Fenster stehen. Den Samen erhielt ich am 29. Januar 1950. Ich pflanzte ihn sofort ein und nichts geschah; ich vergaß ihn. Ein Jahr später, als ich alte Pflanzerde zusammenschlug, fand ich den wohlbekannten harten Samen unverändert vor. Ich hatte damals noch mehr Zeit und feilte ein kleines Stück am Rand ein, dann pflanzte ich den Samen wieder ein. Er keimte innerhalb von fünf Tagen mit dem heutigen Ergebnis. Erst letztes Jahr begann er sich etwa zwölf Meter vom Boden zu verzweigen und hat jetzt zwei schöne Kronen mit ein Meter achtzig langen Blättern.

Ein Mann ganz nach meinem Geschmack.

APRIL

Wie man die perfekten
Helfer findet

Eine der schönen Seiten des Lebens in Italien ist, dass sich, wenn man Glück hat, der Herbst so lange hinzieht, bis er schließlich nahtlos in den Frühling übergeht. Der Winter scheint dann einfach übersprungen zu werden. Wenn der Winter aber in Erscheinung tritt, dann in der Regel so flüchtig, dass er keine großen Schwierigkeiten bereitet. Eines Tages wacht man auf und es ist kalt und windig, aber zwei Tage später isst man schon wieder draußen auf der sonnigen Terrasse zu Mittag, und es wird einem so warm, dass man den Pullover ausziehen muss.

In unserer Gegend können wir bis Weihnachten Chrysanthemen und Rosen schneiden, und während sie noch immer in Blüte stehen, bemerken wir, dass neben ihnen blaue Blumen hervorbrechen. Das sind die algerischen Iris *(Iris unguicularis)*, die schon im November zu blühen beginnen, und während die Tage allmählich wärmer werden, taucht neben den Gartenwegen noch mehr Blau auf, bis es aussieht, als sei ein Stück Himmel auf die Erde gefallen. Die Blüte sieht zunächst wie ein winziger grüner pelziger Schirm inmitten der spitzen Blätter aus, und dann öffnet sie sich und zeigt ihre lavendelblauen Blütenblätter mit den gelben Kelchblättern in der Mitte.

Der buttergelbe Winterjasmin blüht zur gleichen Zeit und kann mit der blauen Iris zu einem hübschen Tischgesteck arrangiert werden. Diesem kann man noch die hellrosa Blüten der *Bergenia crassifolia* hinzufügen, die im März die Köpfe durch die hübschen runden, das ganze Jahr über die Erde bedeckenden Blätter bohren.

Die nächsten nennenswerten Ankömmlinge sind die Osterglocken, anmutige Schönheiten im Nebel. Zuerst erscheinen die ganz weißen, die wir in Boston gewöhnlich auf Kies als Zimmerpflanzen hielten, und dann kommen im Februar all die goldenen Narzissensorten. Meine Lieblinge sind die ganz kleinen mit den zurückgebogenen Blütenblättern, im Handel als Triandrus-Narzissen bezeichnet, die mich an die Ohren verängstigter Hasen oder sturer Maultiere erinnern.

Andere Zwiebelgewächse, die sich neben den Narzissen hübsch machen, sind die frühen Tulpen, vor allem Sorten wie die Wildtulpe *(Tulipa clusiana)*, die Anfang des Frühlings rosa mit weißem Rand aufwartet, und die zartrosa Candia-Tulpe *(Tulipa saxatilis)*. Meine Tulpen sind launenhaft; sie weigern sich, im zweiten Jahr wiederzukommen.

Der Rest des Gartens fängt Ende März an wieder zu erwachen. Große Gruppen bronzegelben Goldlacks machen ihrem Namen alle Ehre und klettern Kalktuffmauern und Steintreppen hinauf. Daneben erscheinen Büschel gelber Ringelblumen, *Calendulas*, die nach dem römischen »calendae« benannt wurden, dem ersten Tag des Monats, an dem die Mieten und Zinsen bezahlt wurden. Das scheint darauf hinzuweisen, dass die Calendulas in jedem Monat des Jahres blühen, was allerdings nicht ganz der Wahrheit entspricht. (Es stimmt auch nicht, dass jeden Monat Mieten und Zinsen bezahlt werden.)

Eine Freundin machte mich darauf aufmerksam, dass zu Frühlingsbeginn die dominierenden Farben in meinem Garten Gelb und Blau sind – die Osterfarben –, aber eigentlich zeigen sich zu dieser Zeit bereits auch andere

Töne, die leuchtend rosa Blüten der Mandelbäume und die kontrastierenden Kirschblüten, die aussehen, als sei verspätet Schnee gefallen.

Wenn der April ins Land zieht, kommen im oberen Feld die Apfelblüten hervor, so frisch und rosa wie Pfefferminzbonbons, während weiter unten an den tiefer gelegenen Hängen die Oliven ihre krausen graugrünen Blüten hervorbringen und damit eine gute Ernte im Herbst versprechen.

Schließlich wird einem bewusst, dass man für all dies verantwortlich ist; man muss Unkraut jäten, Löcher graben und Büsche pflanzen, und man braucht jemanden, der einem dabei hilft. Der hier wohnende Bildhauer wird sich, da er eine Vorliebe für Holz hat, gerne um die Obstbäume kümmern, weil er gerne sägt, zurechtstutzt, veredelt und Früchte pflückt. Aber er ist nicht gerade wild darauf, bei den Blumen zu helfen. Ja, in Wahrheit ist es eine schwierige Aufgabe, den perfekten Helfer für die Blumen zu finden.

Die Besitzer großer italienischer Gärten jammern ständig, dass es keine ausgebildeten Gartenarbeiter mehr gebe; und wenn man Leute brauche, die wirklich im Garten helfen könnten, dann müsse man sie selbst ausbilden. Der Landschaftsarchitekt, der beauftragt war, die vernachlässigten Boboli-Gärten in Florenz auf Vordermann zu bringen, erzählte mir, dass damals, als er den Auftrag annahm, sich die meisten der Gartenarbeiter, die er übernahm (allesamt städtische Angestellte), weigerten, mit Dünger umzugehen, weil sie behaupteten, das sei schlecht für ihre Gesundheit.

In Unkenntnis der Tatsache, dass das Problem in Lazio noch schwieriger zu lösen war, fragten wir herum, ob die Einheimischen jemanden kannten, der uns im Garten helfen könnte. Innerhalb von zwei Tagen hatten wir Beppe gefunden, den Schwiegervater von Bruno, unserem Automechaniker. Beppe war ein kleiner, stämmiger Mann mit dunklen Haaren, ziemlich gekrümmten Schultern und einem stets mürrischen Gesichtsausdruck, und obwohl er alles über die Pflege von Rebstöcken wusste, war er reichlich unbedarft, was die obskureren Einzelheiten im Umgang mit Blumen betraf.

Anfangs wies ich ihn an, in unserer neu gepflanzten Rabatte Unkraut zu jäten, aber es war offenkundig, dass er an gröbere Arbeiten gewöhnt war, deshalb schickten wir ihn hinunter, um unseren Keller auszugraben. Als unsere Bauleute mit dem Hausbau begannen, hatten sie nämlich den Keller auf die Mutmaßung hin, dass wir als Amerikaner (die weder Schweine noch Hühner hielten) nicht so viel Kellerraum benötigten, nur zur Hälfte ausgegraben. Erst viel später dämmerte es uns, dass die andere Hälfte des Kellers, der am tiefsten im Hang gelegene Teil, eine ideale Grotte für die kühle Lagerung unseres Weins sei. Deshalb bewaffneten wir Beppe mit Spitzhacke, Schaufel und Schubkarre, und die folgenden vier Monate arbeitete er unentwegt daran, rötlichen Lehm auszugraben, ihn auf die Schubkarre zu laden und unterhalb des Hauses zu großen Haufen aufzuschütten.

Als er den Keller erst einmal ausgegraben hatte, machte er sich an den halb verlassenen Weinberg, und es war sofort klar, dass das eine Arbeit war, für die sich Beppe erwärmen konnte. Er kam gewöhnlich jeden Werktag mit dem Bus aus Veiano, wobei er gegen acht Uhr ankam, und bevor er sich in den Weinberg aufmachte, holte er sich eine Flasche starken Landwein und lehnte sie gegen einen passenden Baumstamm, sodass er sie während der Arbeit griffbereit hatte. Maschinen laufen mit Benzin; Beppe brauchte Wein.

Seine Ansichten über die Pflege des Weinbergs waren so streng wie die eines hingebungsvollen Mechanikers, der sich um einen Rolls-Royce kümmert. Alle Weinstöcke mussten tief eingegraben und kräftig gedüngt werden. Wenn die ersten Blätter hervorsprossen, mussten sie an ihren Stützpfählen angebunden werden, und als sie weiterwuchsen, verbrachte er viele Stunden damit, all die kleinen *nipoti* (Neffen, das heißt Nebentriebe) abzuzwicken, um so die Kraft in die Trauben zu leiten. Allein diese Prozedur nahm mehr als zwei Wochen in Anspruch. Außerdem mussten die Weinstöcke immer, wenn es regnete oder wenn starker Morgentau lag, gegen die Reblaus gespritzt werden, und deshalb brachte Beppe viel Zeit damit zu, mit einem Kupfersprayer voller Bordeauxbrühe auf dem Rücken den Weinberg hinauf- und hinunterzugehen.

Da wir in der Regel um etwa die gleiche Zeit zu Mittag aßen wie er, kam es uns unhöflich vor, ihn unter einem Baum die von seiner Frau zubereitete kalte *pasta* aus einer Plastikbox essen zu lassen, deshalb luden wir ihn ein, mit uns heiße Spaghetti zu essen. Beppe wusste diese Einladung zu schätzen, mitunter, weil sie ihm Gelegenheit bot, seinen Weinvorrat aufzustocken, aber auch, weil er uns Geschichten aus seinem Leben an der russischen Front im Zweiten Weltkrieg erzählen konnte. Er war mitten im Winter in Russland angekommen, nachdem er von den Deutschen eingezogen worden war, und nach einem Monat einseitigen Kampfes wandte er der Front den Rücken zu und machte sich auf den Rückmarsch nach Italien. Das Problem war nur, dass Russland ein so großes Land war und er fast den ganzen Winter brauchte, bis er an die Grenze gelangte, und um zu überleben, hatte er seinen ganzen Grips zusammennehmen müssen, hatte nach Baumwurzeln gegraben, mit Fallen Hasen gefangen und aus Scheunen Lebensmittel gestohlen.

Die Geschichte, die wir am häufigsten zu hören bekamen, war die über einen Kampf mit einem russischen Bauern um einen Sack Kartoffeln, bei dem Beppe am Ende fast alle seine Schneidezähne verlor. Dies und der frühere Verlust von hinteren Backenzähnen hatten zur Folge, dass Beppe kein funktionierendes Gebiss mehr besaß und nicht einmal mehr eine kleine Wurst kauen konnte. Wir befürchteten, dass das bei ihm zu weiteren gesundheitlichen Problemen führen könnte. Deshalb gaben wir ihm etwas Geld und sagten ihm, er solle sich davon ein künstliches Gebiss kaufen. Ein paar Tage später kam er auf einer schwarzen Lambretta zu Arbeit gefahren. Ohne ein Zeichen von Verlegenheit erklärte er uns, dass er dringender ein Motorrad bräuchte, um zur Arbeit zu kommen, als falsche Zähne. Die Überlebenden der russischen Front wissen jedenfalls, ihre Prioritäten zu setzen.

Als die Weinlese bevorstand, schien Beppe neuen Schwung zu bekommen und stürzte sich mit ungewohntem Eifer auf die Weinherstellung, blieb sogar die ersten beiden Nächte hier, um sicherzustellen, dass der *cappello* (Hut) der fermentierenden Trauben hinuntergedrückt wurde, damit er nicht austrocknete und zu Essig wurde, ein Wort, das man in Winzerkreisen tunlichst vermeidet. Als wir den fertigen Wein aus dem *tino* (dem hölzernen Fermentierungsbottich) abließen und ihn in Fässer füllten, stießen wir alle einen Seufzer der Erleichterung aus.

Es stellte sich heraus, dass der Wein irgendwie eigenartig war. Der Wein aus dem ersten Fass, das wir öffneten, war zu süß. Er war genießbar, passte aber nicht gut zu Geflügel oder Fisch. Um einen etwas gehaltvolleren Wein zu bekommen, wie es in der Fernsehwerbung so schön heißt, füllten wir den Wein aus dem zweiten Fass direkt in Flaschen. Sie sahen auf ihren Regalen im Keller sehr professionell aufgestapelt aus. Als wir uns schließlich daran machten, sie zu öffnen, bemerkten wir, dass sich um die Korken kleine Bläschen gebildet hatten, und die Korken kamen mit einem lauten *Plop* heraus. Der Wein perlte, als wir ihn einschenkten, und wir stellten hocherfreut fest, dass es uns irgendwie gelungen war, einen höchst verführerischen Champagner herzustellen. Prickelnd und köstlich! Ich kaufte sechs Sektflöten, damit wir unseren Champagner zusammen mit unseren Freunden genießen konnten, und wir organisierten mehrere Festabende, um das Ereignis zu feiern.

Dann wurde es sehr heiß und eines Nachmittags im August hörten wir eine Reihe von Explosionen in unserem Keller. Bei näherer Untersuchung stellten wir fest, dass drei unserer Champagnerflaschen geborsten waren und überall Glas herumlag und Champagner verspritzt war. Nach Beppes Aussage war so viel Zucker in dem Wein, dass die Hitze ihn zu einer zweiten Fermentierung angeregt hatte. Der Druck der Gase war stark genug gewesen, die Flaschen zu sprengen. Wir versuchten, einen Teil des Weines in dickere Champagnerflaschen umzufüllen und sie mit Champagnerkorken mit Drahtkappen zu verschließen, aber auch sie explodierten. Den ganzen August über setzten sich diese Explosionen wie die Schläge einer Beerdigungstrommel fort und ließen dann allmählich nach. Wir stellten fest, dass unser herrlicher Champagner (beziehungsweise das, was von ihm noch übrig war) gelb geworden war und – na ja – wie Essig schmeckte.

Düsterer Stimmung setzte sich Robert hin und rechnete unsere Weinherstellungskosten zusammen, einschließlich Beppes Lohn. Für das Geld, das wir ausgegeben hatten, hätten wir uns jeden Tag exzellenten Sancerre gönnen können. Es blieb nur eine Lösung: unseren alternden Weinberg umzupflügen und das Ganze zu vergessen.

Wir fürchteten uns, Beppe die Nachricht beizubringen.

»Machen Sie sich darüber keine Sorgen«, sagte er, als wir es ihm schließlich mitteilten. »Zufällig habe ich einen Cousin in Barbarano, der mich für die Leitung seiner Mühle braucht. Mit dem Motorrad komme ich in einer Viertelstunde hin. Ich habe ihm gesagt, dass Sie mich hier brauchen, damit ich Ihnen mit den Weinstöcken helfe, aber wenn Sie den Weinberg umpflügen, dann brauchen Sie mich ja nicht mehr.«

Unser zweiter »Helfer«, Gino, lebte näher bei uns. Er war der pensionierte Straßenkehrer von Canale und er war hervorragend im Löchergraben und Unkrautjäten. Er konnte innerhalb einer halben Stunde ein riesiges Loch für einen Pfingstrosenstrauch ausheben, wobei er einen großen runden Pfahllochbohrer benutzte, und er jätete das Unkraut sehr gründlich mit einer kleinen Hacke, die er seitwärts unter all den Pflanzen durchzog und damit ihre Wurzeln entfernte.

Gino war ein recht kleiner Mann mit ziemlichen O-Beinen, deretwegen er immer mit Schlagseite nach Steuerbord ging. Nachdem er dreißig Jahre lang die Straßen von Canale gefegt hatte, wusste er alles, was in der Stadt vor sich ging, und diente inoffiziell als Ausrufer, Psychoanalytiker und Klatschbörse. Die Leute hielten Gino auf der Straße an und fragten ihn um seinen Rat, und er legte auf seiner Route regelmäßige Stopps ein, um mit alten Freunden einen Kaffee zu trinken oder etwas zu essen und ihnen zu erzählen, wer wen im Morgengrauen aus welchem Haus hatte kommen sehen. Obwohl er jetzt nicht mehr kehrte (sehr zu Ginos Empörung war, nachdem er das Ruhestandsalter erreicht hatte und in Rente gegangen war, die Aufgabe der Straßenreinigung einer Frau übertragen worden), machte er jeden Morgen als Erstes einen Rundgang entlang seiner alten Route, und das bedeutete, dass seine Arbeitszeit bei uns verkürzt werden musste. Er kam etwa gegen acht Uhr dreißig zu uns, aber da er zugleich der Küster der Kirchengemeinde war, musste er schon wieder um elf Uhr fünfundfünfzig zur Kirche davonsausen, damit er genau um zwölf die Kirchenglocken läuten konnte. Wenn im Ort jemand gestorben war, hieß das, zwei weitere Male hinaufzurennen, um die Glocken zu läuten, zuerst, um den Todesfall bekannt zu machen, und dann wieder bei der Beerdigung.

Nachdem er die Mittagsglocke geläutet hatte, war es für Gino selbstverständlich, dass er mit seiner Frau zusammen zu Mittag aß, und dann machte er einen zweiten Gang entlang der Hauptstraße; häufig kam er erst um drei Uhr dreißig wieder zu uns. Um etwa fünf Uhr war er wieder verschwunden. Uns wurde klar, dass wir, obwohl wir Gino tageweise bezahlten und einen Acht-Stunden-Tag vereinbart hatten, tatsächlich nur auf magere fünfeinhalb Stunden kamen. Wir besprachen dieses Problem mit unserem Nachbarn Jack, aber er meinte, daran sei nichts zu ändern; Gino habe sich diese schlechten Gewohnheiten in den Jahren zugelegt, als er für die Bürokratie arbeitete. Keine staatlichen oder städtischen Arbeiter würden je mehr als fünf oder sechs Stunden arbeiten, behauptete Jack.

Wir wussten aus eigener Erfahrung, dass die staatlichen Ämter in Rom zwar von acht bis zwei Uhr geöffnet waren, die Arbeiter aber schon lange vor eins herauszuströmen und zu ihren Autos zu eilen begannen. Das gab ihnen Zeit, zu einem warmen Mittagessen zu Hause zu sein und sich dann am Nachmittag an ihrem zweiten (nichtstaatlichen) Arbeitsplatz zu melden. Jedes Mal, wenn das Parlament androhte, sie zur Arbeit am Nachmittag zu zwingen, streikten die Bürokraten, und die Ver-

kehrsexperten warnten, dass das zusätzliche Verkehrs-
aufkommen durch die Arbeiter im öffentlichen Dienst zu
den normalen Stoßzeiten den Verkehr in Rom ganz zum
Erliegen bringen würde.

Wir versuchten nun, ein paar gelegentliche Helfer für
den Garten anzuheuern. Der eine war ein Philosophie-
student, der aus Rom gekommen war, um für seine Ma-
gisterarbeit Forschungen über Wittgenstein anzustellen. Er sagte uns, alles, was er wolle, sei ein Zimmer mit
einem Bett und einer Küche, damit er sich kleine Mahlzeiten zubereiten könne, und er würde sich drei Stunden
täglich der Gartenarbeit widmen. Als wir ihn nach zehn
Tagen besuchten, fanden wir den Studenten ganz depri-
miert vor. Unser Haus liege zu weit vom Dorf entfernt,
und er habe Schwierigkeiten, Lebensmittel einzukaufen;
nachts sei ihm kalt, und er habe die meiste Zeit damit zugebracht, Holz zu hacken und Feuer zu machen, und
deshalb keine Zeit für den Garten gehabt. Außerdem sei
er sehr einsam.

»Was ich wirklich brauche, ist, über Ideen zu reden.
Ich kann ohne intellektuelle Stimulation und menschli-
chen Austausch nicht funktionieren«, sagte er und sah
uns dabei anklagend an. Wir sagten ihm, dass er in Rom
besser dran wäre.

Unser zweiter (und letzter) helfender Amateur war
ein gut aussehender junger Schauspieler und begeister-
ter Zen-Anhänger, der aus Kuba stammte. Er wollte
zwei oder drei Tage pro Woche in unserem Haus bleiben,
»um zu meditieren« und nebenher ein wenig Gartenarbeit erledigen. Es stellte sich jedoch heraus, dass sein
Hauptziel war, eine schöne Bräune zu bekommen, und
so war die einzige Gartenarbeit, die er erledigte, das Unkrautjäten auf der Terrasse, wo er sich zugleich sonnen
konnte. Zum Jäten benützte er eine Gabel aus der Küche,
aber das ganze Unkraut kam innerhalb von ein oder zwei

Tagen wieder. Sein größtes Talent lag auf einem ganz anderen Gebiet. Er konnte eine ausgezeichnete Shrimp-Suppe nach kubanischer Art zubereiten und unvergessliche Cocktails mischen. Wir sagten ihm, er solle die Gartenarbeit sein lassen und sei uns jederzeit zum Abendessen willkommen.

Jetzt, viele Jahre später, haben wir die meisten unserer früheren Eingewöhnungsprobleme gelöst. Wir haben das Haus »winterfest« machen, das heißt isolieren lassen, haben angenehm heißes Wasser und ein recht wirkungsvolles Heizsystem. Und so betrachten wir im Grunde genommen Canale, obwohl wir unsere Zeit zwischen Canale, Rom, London und Städten in Amerika teilen, als unser »Zuhause«. Und obendrein scheinen wir bei unserer Suche nach den perfekten Helfern erfolgreich gewesen zu sein. Ich für meinen Teil habe meinen besten Gartenarbeiter jedenfalls gefunden. Sein Name ist Piero, und er ist als Wartungsarbeiter bei der italienischen Eisenbahn angestellt, was bedeutet, dass er mit dem Auto nach Rom pendelt – hundert Kilometer Fahrt täglich. Aber er wird dort so schlecht bezahlt, dass er Nebenjobs als Gärtner annehmen muss, damit er über die Runden kommt.

Piero ist ein unglaublich schneller Unkrautjäter; er kann in weniger als einer Stunde eine Gartenreihe hinunter- und hinaufgehen und dabei jedes vorhandene Unkraut entfernen, wobei er nur ein zweischneidiges Steinmetzwerkzeug benutzt. Mit seiner kleinen, gedrungenen Statur und den starken Schultern kann er zudem sehr schnell tiefe Löcher graben.

Aber Piero hat eine weitere Begabung, die mir noch mehr gefällt. Er ist ein erstklassiger Sozialkritiker, und es gibt nichts, worüber er lieber spricht als über die Betrügereien und Schwindeleien, die Listen und krummen Dinger der in Italien herrschenden Klassen. Zu seinen bevorzugten Buhmännern zählen die Politiker, aber er ist genauso verärgert über die Gewerkschaftsführer, die Bankdirektoren, die Bürgermeister der Großstädte wie der kleineren Ortschaften, die Fernsehkommentatoren, die Schönheitsköniginnen, die Männer von der Müllabfuhr, die Verkehrspolizei, die Schweizer Garde und den Papst höchstpersönlich. Er hat nebenbei auch Insider-Kenntnisse über die politischen Machenschaften in Canale gewonnen, einen Ort, der sich bemüht, mit den jeweils aktuellen politischen Strömungen in Rom mitzuhalten, während bei jeder Wahl der gleiche Bürgermeister wiedergewählt wird. Wenn die Wahlzettel ausgezählt werden, gelingt es dem Bürgermeister irgendwie immer, die Fahne zu wechseln, sodass er stets ein Mitglied der regierenden Partei ist. Kein Wunder, dass die Straßen, die von Rom nach Canale führen, immer in ausgezeichnetem Zustand sind.

Man könnte annehmen, dass ein notorisch Unzufriedener wie Piero Kommunist wäre, aber er war nie von der groben Verlockung durch Karl Marx und seinesgleichen auch nur in Versuchung geführt worden. Er zieht es vor, sich aus den Kämpfen herauszuhalten, ein Mann ohne Parteibuch oder Fahne zu bleiben – aus ganzem Herzen ein Kritiker des Establishments –, aber ein unterhaltsamer Gesprächspartner, den man gern an seiner Seite hat, wenn man versucht, die Wurzeln des Brombeerstrauchs herauszuziehen oder den Waldsauerklee in den Griff zu bekommen. Unterhaltungen bei Dinnerpartys sind selten einmal so anregend.

Da Robert Bildhauer und immer auf der Suche nach fähigen Metallarbeitern oder Werkzeugmachern ist, die elektrische Werkzeuge reparieren können, haben wir nach und nach eine Liste begabter Helfer aufgestellt, die wir rufen können, wenn wir Hilfe von einem Spezialisten brauchen.

Das Kino hat der Welt ein vollkommen verfälschtes Bild des italienischen Mannes geliefert. Auf der Leinwand erscheint er immer als schnell sprechender, großspuriger, durch und durch verkommener Schürzenjäger, der lediglich Sportzeitungen und Comics liest, stets die Steuern umgeht und die Erbschaft seiner Frau für den Einbau eines Funktelefons in seinen neuen Alfa Romeo verschwendet. Was die Filme uns selten mitteilen, ist, dass es in dem Land draußen eine ganz andere Welt italienischer Männer gibt, die klapprige Autos fahren, vergammelt angezogen sind, Steuern zahlen und sich leidenschaftlich ihrer Arbeit widmen, gleich, ob es sich nun um Tischlerei, Elektronik oder Philosophie handelt. Viele von ihnen haben sich entschlossen, auf dem Land zu leben, weil sie hier nicht zu viel Zeit für Unwichtiges vergeuden und ihren Interessen nachgehen können, ohne herumschnüffelnden Bürokraten oder anspruchsvollen Frauen allzu viel erklären zu müssen.

Armando ist dafür ein typisches Beispiel. Er wohnt in Canale, pendelt aber jeden Tag nach Rom, wo er als Busfahrer arbeitet. Dieser Job ernährt seine Familie, aber für Armando ist er in erster Linie deshalb wichtig, weil er ihm Zeit lässt, gründlich nachzudenken.

»Mein Fahrersitz ist mein Labor«, sagt Armando. »Ich stelle mir jeden Tag, wenn ich bei der Stazione Termini losfahre, ein Problem, und gewöhnlich habe ich es gelöst, bis ich in Trastevere ankomme.«

Armandos wahrer Beruf ist die Metallbearbeitung, und er hat sich in Canale eine Metaller-Werkstatt eingerichtet, die zu den Wundern des Lazio zählt. In dieser Werkstatt hat er Maschinen, die Eisenbänder von zweieinhalb Zentimetern Dicke und fast einem Meter Breite schneiden, und er besitzt andere Maschinen zum Ausstanzen von Metallringen, Dreiecken und Quadraten. Viele davon hat er selbst entworfen.

Er hat eine neue Art eines ökologischen Heizsystems erfunden, eine Eisenbox, in der Wasser unter den glühenden Holzscheiten einer gewöhnlichen Feuerstelle erhitzt wird und dann durch normale Rohre zirkuliert. In seiner Freizeit hat er achthundert dieser Heizanlagen gebaut, und so bleiben ihm, nach seiner Arbeit als Busfahrer und Heizungsmonteur, nur noch etwa acht Stunden zum Essen, Schlafen und den Fahrten nach Rom. Zudem hat er eine Wetterfahne entwickelt, die die Wettertendenzen voraussagt, und ein automatisches Bewässerungssystem, das anspringt, sobald das Thermometer über 21 Grad Celsius steigt.

Es ist aufgrund seines hektischen Tagesablaufs wohl kaum verwunderlich, dass Armando ein schwieriges Verhältnis zu Frauen hat. Nach seiner Heirat beschloss er, sich das größte Haus in Canale zu bauen, und entwarf Pläne für einen ländlichen Palazzo mit sechzehn Zimmern, einem Tanzsaal, einem Swimmingpool von olympischen Ausmaßen und einer Sauna. Nach dreißig Ehejahren hat er es geschafft, das Wohnzimmer, die Küche und zwei Schlafzimmer fertigzustellen. Der Rest des Hauses, für seine beiden Töchter gedacht, wurde unvollendet aufgegeben, weil Armando mit den jungen Männern nicht einverstanden war, die seine Töchter heiraten wollten. Seine Frau Immaculata war wegen seiner Sturheit so wütend auf ihn, dass sie zwei Monate lang nicht mehr mit ihm geredet hat, aber inzwischen ist wieder Friede eingekehrt und Armando schreibt mittlerweile in seiner Freizeit Gedichte und malt Vogelaquarelle in metallischen Grün- und Blautönen.

Mario ist ein weiterer jener Männer, die mit Begeisterung in Canale leben. Er ist ein großer, zerzauster Waldarbeiter, der den Wurzelstrunk eines Olivenbaums innerhalb von zwei Stunden so klein machen kann, dass er in eine Salatschüssel passt. Um sich etwas dazuzuverdienen, pendelt Mario jeden Abend nach Rom, wo er als Nachtwächter in der Villa Ada arbeitet, einer römischen Villa, in der einst der König von Ägypten residierte. Vor nicht allzu langer Zeit kamen Diebe über die Mauer geklettert, die ein paar antike Stücke stehlen wollten, und schossen Mario in die Kniescheiben, sodass er noch immer an einem Stock gehen muss. Ungeachtet seiner Behinderung und seiner allnächtlichen Verpflichtung arbeitet Mario ganztags als Drechsler.

Er hat für uns zehn flache Holzteller (zum Servieren von Artischocken und Spargel) und fünf Salatschüsseln hergestellt und er versorgt die ganze Gegend um Bracciano mit selbstgebauten Leitern und Holzgattern. Mario hält sechs Kühe und ein Dutzend Schafe, und er hat ein geniales System beweglicher Holzgatter entwickelt, die es den Schafen ermöglichen hindurchzukommen, während die Kühe zurückgehalten werden.

Der Reparateur unserer Fotoapparate, Buzzi, erschien zum ersten Mal auf der Bildfläche, als er nach unserem Staubsauger sehen sollte, und seitdem hat Buzzi unseren Ofen, unsere Fotoapparate, unsere Waschmaschine, unsere Nähmaschine und unseren Computer repariert. Buzzi kann jeden Fotoapparat auseinandernehmen und genau so, wie wir es wollen, wieder zusammensetzen, und er hat mehrere Motorräder aus zusammengewürfelten Schrott- und Ersatzteilen zusammengebaut. Buzzi lebt allein in einer Holzhütte, die er sich selbst in der *macchia* oberhalb von Sasso gebaut hat, und verbringt seine Zeit damit, fernzusehen und Bilder früherer Filmschauspielerinnen zu sammeln. Er hat seinen Fernseher so ausstaffiert, dass er ihn nur anschalten kann, nachdem er 50 Lire in eine Schachtel geworfen hat, und auf diese Weise spart er jedes Jahr seine Fernsehgebühr an. Wie all die anderen stellt Buzzi nur ungern eine Rechnung aus. Er zieht es vor, mit Kirschen oder Pflaumen oder – besser noch – mit alten Bildern von Irene Dunn und Jean Arthur entlohnt zu werden.

Unser Freund Paolo kam jedes Mal vorbei, wenn unsere Radios oder der Fernsehapparat den Geist aufgaben. Er begann seine Karriere übrigens während des Krieges als Funktechniker. Er war Mitglied einer Gruppe junger Sozialisten im mittleren Lazio, die britische und amerikanische Flieger aufspürten, die über deutschem Territorium abgeschossen worden waren. Seine Aufgabe war es, sie zu den Alliierten zurückzubringen.

Bei einer dieser Unternehmungen gelangte er in ein amerikanisches Camp nahe Salerno, wo der diensthabende Hauptmann gerade Schwierigkeiten mit seinen Funkgeräten hatte. Paolo, der sich in der Schule mit Radiotechnik beschäftigt hatte, bot an, sich die Sache mal anzusehen. Sobald die Amerikaner herausfanden, dass dieser hübsche Junge Funkgeräte reparieren konnte, stellten sie ihn als Chef der Funkreparatur- und Kommunikationseinheit an.

»Das war für mich eine große Überraschung«, sagte Paolo. »In Italien konnte man nur weiterkommen, wenn man jemanden kannte oder wenn die Eltern Beziehungen hatten. Aber die Amerikaner kümmerte es nicht, wer einen kannte; für sie war nur wichtig, was man wusste. Das hat mir sehr gefallen.«

Paolo arbeitete auch in den Jahren nach dem Krieg weiterhin für Amerikaner, zuerst in Aufnahmestudios, dann als Tontechniker beim Film. Er entwickelte Interesse für die Tonmechanik und baute eine Maschine, mit der man künstliche Töne synthetisieren konnte. Amerikanische Komponisten kamen nach Italien, um diese neuen Soundmaschinen von Paolo zu kaufen, und mehrere große amerikanische Musikgesellschaften boten ihm ein eigenes Labor mit unbegrenztem Budget an, wenn er nach Amerika käme.

Er beschloss, in Italien zu bleiben.

»Ich war glücklich in meiner eigenen Werkstatt in Bracciano, wo ich bei der Arbeit mein eigenes Tempo einschlagen konnte«, sagte Paolo. »Geld war nicht so wichtig.«

Bald darauf wurden die amerikanischen Firmen selbst aktiv und bauten ihre eigenen kommerziellen Synthesizer, mit denen sie sich eine goldene Nase verdienten.

Paolo arbeitete weiterhin daran, seinen Synthesizer zu perfektionieren. Dann interessierte er sich für eine Erfindung, die eine neue Art von »Rundumklang« erzeugte. Seine Maschine sah irgendwie aus wie ein Helm beim amerikanischen Football, voller Kabel und Halterungen, und manche Experten behaupteten, dies sei die größte Erfindung auf dem Unterhaltungssektor seit der Entwicklung des Breitwandkinos. Seine Arbeit war vielleicht wirklich ein Vorläufer der »virtuellen Welten« von heute.

Aber inzwischen hat sich Paolo anderen Projekten zugewandt. Wie viele echte Erfinder interessiert ihn nur die Idee, die Vorstellung; er hat kein Interesse daran, sie für die kommerzielle Nutzung entwickelt zu sehen. Jetzt hat er einen Plan, bei der Lösung der Energiekrise dadurch zu helfen, dass dem Meerwasser Wasserstoff entzogen und dieser dann (durch einen Prozess, der viel zu kompliziert ist, als dass ich ihn verstehen könnte) in eine Energiequelle verwandelt wird, wobei das Sonnenlicht als Auslöser der Reaktion genutzt werden soll.

Killerwespen, Bienenwachs
und Sir Isaac

Robert hätte damals, als wir unser Haus in Canale bauten, nie gedacht, dass ihm das Land eines Tages eine reiche Quelle neuer Materialien für seine Skulpturen liefern würde. Ein Bildhauer trägt sein Werkzeug immer bei sich wie ein Schlosser oder ein Krokodil, und egal, wie groß seine Sammlung schon ist, er ist immer auf der Suche nach mehr.

Er denkt stets an festes Material, das der Zerstörung durch die Zeit widersteht – Eisen oder Stein, Ebenholz oder Bronze, Alabaster oder Kupfer – und hat wie Vulcan oder Praxiteles Spaß daran, die Metalle zusammenzuhämmern, sodass sie noch in zweitausend Jahren sichtbar und bedeutungsvoll dastehen werden.

Aber bis zum Stadium des Bronzierens muss ein Bildhauer mehr Schritte vornehmen als ein Chefkoch, der eine Bouillabaisse zubereitet. Wenn er mit einer Tonstatue beginnt, macht er sich daran, eine Gipsform aus der Tonfigur herzustellen, dann einen Gipsabdruck in der Gipsform und aus dieser eine flexible Gussform. Kann man so weit noch folgen? Dann fügt er die flexible Gussform zusammen, schwenkt sie eine Weile mit heißem Wachs aus und lässt das Wachs genügend abkühlen, bis sich eine dünne Wachsschicht bildet. Die dünne Wachsstatue wird dann aus der flexiblen Form genommen und innen wie außen mit einer feuerbeständigen Masse umgeben, die in einem Ofen gebrannt wird. Das Wachs fließt heraus und wird schließlich durch Bronze ersetzt. Das ist eine uralte Methode, die als Wachsausschmelzverfahren bekannt ist und sowohl von den Chinesen als auch den Griechen, Leuten mit unendlicher Geduld, angewandt wurde. Aber Robert Cook, der Bildhauer, der es immer eilig hat, beschloss, die ersten Schritte mit der Tonfigur, der Gipsform und der flexiblen Form zu überspringen, um Zeit zu sparen und die Gießereikosten um die Hälfte zu reduzieren. Er entwickelte eine Methode, bei der er das Wachs in langen, bänderartigen Streifen mit einem heißen Werkzeug modellierte und das geformte Wachs dann über ein Gerüst aus Bambus strich, das durch Hitze gebogen worden war und mit Kupferdrähten zusammengehalten wurde. (Er erlernte die Methode des Bambusbiegens aus einem Lehrbuch, als er für Henry einen japanischen Drachen baute.)

Am Ende stellte er mit dieser Methode Statuen von neun Metern Höhe her. Robert verbrachte viele Stunden mit der Suche nach der perfekten Wachsmischung, fest und doch biegbar, tropffrei und doch stabil genug, um eine Wärme von 32 Grad und heiße Modellierwerkzeuge auszuhalten. Am Anfang lehnte er synthetisches Wachs ab, weil es ihm zu weich war, unangenehm roch und angeblich zu gefährlich zum Bearbeiten war. Stattdessen wählte er eine Mischung aus reinem Bienenwachs, das eine natürliche Flexibilität und Festigkeit besitzt, plus – der Stärke wegen – Paraffin und einen Klecks Harz, das es formbar macht.

Selbstverständlich sauste Robert, sobald er herausbekam, dass es in Canale Bienenzüchter gab, durch die Gegend und nahm zu allen Imkern Kontakt auf, die hocherfreut waren, ihre gebrauchten *pizze* (runden Formen) aus Bienenwachs zu verkaufen, die übrigblieben, wenn sie alte Honigwaben einkochten. Zugleich ließ er alle Kirchenangestellten wissen, dass er sich für Kerzenreste, die fast aus reinem Paraffin bestehen, interessiere.

Die Straße zu unserem Haus füllte sich rasch mit Bienenzüchtern auf Fahrrädern, Küstern auf Traktoren und sogar Kindern mit alten Haushaltskerzen, die ihre Sachen gerne verkauften, und bald hatte Robert in unserem Keller an die zweihundert Kilo Bienenwachs von Bienenstöcken selbst aus Tolfa und Cerveteri angesammelt, darüber hinaus einen Vorrat an ehemaligen Votivkerzen, die zwei große Körbe füllten. Zu einem bestimmten Zeitpunkt erreichte dieser Materialhaufen bei Robert einen psychologischen Siedepunkt, und er beschloss, der Tag sei gekommen, sein Modellierwachs zu mischen.

Dieser Drang kam zu der Zeit, als sein Atelier noch nicht gebaut war, sodass unsere Küche vorübergehend zu einer Wachsfabrik umfunktioniert wurde. Unglücklicherweise war ich damals gerade nicht zu Hause. Als ich abends heimkam, stellte ich fest, dass Robert alle Spaghetti-Kochtöpfe, Kasserolen und Pfannen, die er finden konnte, genommen und darin die Kerzen und das Bienenwachs geschmolzen hatte. Als dies erst einmal flüssig war, hatte er das Ganze durch unsere Siebe laufen lassen, die am Ende mit hart gewordenen Kerzendochten und toten Bienen verkrustet waren. Dann hatte er die kochende Flüssigkeit auf unsere Arbeitsplatte aus weißem Travertin gegossen, die eine ideale Unterlage zum Ausbreiten großer Schichten von braunem Wachs abgab.

Meine Küche sah aus wie die Werkstatt von Madame Tussaud nach einer Wahl. Im ganzen Zimmer war Wachs und Paraffin verspritzt, auf dem Boden, an der Decke und natürlich auch auf dem Herd, dessen Gasdüsen großteils verstopft waren. Auf unseren Holzlöffeln und -gabeln war Wachs; und der Kühlschrank und die elektrischen Steckdosen waren ebenfalls verklebt.

Aber das war erst der Anfang. Die plötzliche Anhäufung von so viel kochendem Wachs, das jede Menge süß duftenden Honig enthielt, hatte ein Signal an alle Bienen des zentralen Lazio (die in dieser Jahreszeit gerade schwärmten) ausgesandt, und sie machten sich alle – um mich mal so auszudrücken – im Bienenmarsch auf den Weg zu den Cooks in Canale Monterano. Sollte irgendwo Wachs verschüttet worden sein, sie würden es finden.

So krabbelten sie also zu Hunderten, wenn nicht gar zu Tausenden über unseren Herd und all die Stellen, wo das alte Bienenwachs und der Honig gekocht worden waren. Wir probierten verschiedene Strategien aus, um sie loszuwerden. Wir putzten die Küche und warfen alle Wachsreste weg. Unser Nachbar Jack brachte seinen Cousin, einen Bienenzüchter, mit, der eine echte, lebende Bienenkönigin aus einer Streichholzschachtel hervorzauberte, die, so hoffte er, die Bienen weglocken würde. Aber die Bienen waren nicht in Versuchung zu führen – vielleicht war die Königin ja keine Schönheit mehr oder vielleicht hatte die Streichholzschachtel ihr einen Schwefelgeruch verliehen. Wir fingen an, kalte Mahlzeiten auf der Terrasse einzunehmen.

Nach zwei Tagen beschlossen die Honigbienen, dass sie genug von unserer Küche hatten, und verzogen sich irgendwohin; aber sie müssen der Insektenwelt eine verschlüsselte Botschaft geschickt haben, denn sobald sie fort waren, wurden wir von einer weit bösartigeren Kreatur heimgesucht, die in der Gegend von Canale als *ammazza somaro* (Eselskiller) bekannt ist. Es handelt sich dabei um sehr lange Wespen, die große Ähnlichkeit mit den in meiner Kindheit in Cape Cod so gefürchteten schwarz-gelben Wespen haben, aber doppelt so groß und sehr giftig sind. Bald nachdem sie bei uns herumzusummen begannen – sie geben beim Fliegen ein eigenartig bedrohliches Summen von sich –, wurde ich in den Ellbogen gestochen, und mein Unterarm schwoll zur Größe einer Wassermelone an. Aber glücklicherweise schienen die Killerwespen kein allzu großes Interesse zu haben, sonst noch jemanden zu stechen; ihre Aufmerksamkeit konzentrierte sich auf das Wachs und auf die Außenmauern unseres Hauses, wo sie nach Löchern suchten, in denen sie ihre Nester für den Sommer bauen wollten.

Wir hatten im Wespensommer ziemlich häufig Gäste zum Abendessen, aber ich kann nicht gerade behaupten, dass unsere Einladungen ein wahnsinniger Erfolg gewesen wären, weil in dem Moment, in dem wir den *antipasto* auftrugen, die Wespen mit wütendem Gesumme um den Tisch zu schwirren begannen – Wespen lieben *prosciutto crudo* – und die Gäste nervös wurden. Abgesehen von ein paar Ausnahmen schworen nahezu alle, dass sie hyper-allergisch gegen Wespenstiche seien, und wenn sie gestochen würden, würden sie auf der Stelle in einen Schockzustand fallen und innerhalb einer Stunde tot sein. Und so nutzte es uns wenig, darauf hinzuweisen, dass diese Wespen größeres Interesse an *prosciutto* und am Nestbau hätten als daran, unsere Gäste zu stechen. Eine Frau stand vom Tisch auf, schloss sich im Badezimmer ein und weigerte sich, wieder herauszukommen. Schließlich mussten wir unsere Abendessen anstatt auf der schön kühlen Terrasse in einem stickigen Esszimmer bei geschlossenen Fenstern einnehmen, in dem die Temperatur an die 35 Grad erreichte.

Die Wespenpopulation schien Anfang September abzusterben und mit Freude trugen wir unseren Esstisch wieder auf die Terrasse hinaus. Im Oktober begann es kühl zu werden, und wir beschlossen, drinnen am offenen Kamin zu essen. Das Feuer war rasch entzündet, aber o Schreck! Anstatt durch den Schornstein abzuziehen, verteilte sich der Rauch in unserem Wohnzimmer und darin eine Unmenge qualmender *ammazza somari*. Manche waren lebendig geröstet worden und fielen wie Gewehrkugeln herunter, aber viele hatten nur angesengte Flügel und schwirrten wie betrunken im Zickzack durch das Zimmer, wie Kamikazeflieger auf der Suche nach einem Ziel, auf das sie sich stürzen und sich rächen konnten. Uns wurde klar, dass die Killerwespen ihren Wespenstock in unseren Schornstein gebaut hatten.

Wir gaben bekannt, dass wir einen Schornsteinfeger bräuchten, der unseren Kamin kehren müsse, verzichteten dabei aber wohlweislich darauf, zu erwähnen, dass die Verstopfung von Killerwespen verursacht wurde. Wir erhielten die Information, dass es in der Gegend keine Schornsteinfeger mehr gebe, und so wickelte sich Robert Mitte November in mehrere Lagen blaue Plastikfolie – die Art, die man zum Trocknen von Tomaten verwendet – und stieg mit einer Stange, mit der er das hinderliche Wespennest entfernen konnte, außerhalb des Hauses auf eine sehr lange Leiter.

Als er oben angekommen war, brachte er sich auf der wackeligen Leiter ins Gleichgewicht und begann, die Stange in den Kamin zu stoßen. Ein paar Wespen kamen wütend heraus und schwirrten ihm um den Kopf, aber er bewahrte eine bewundernswerte Ruhe und stocherte weiter herum. Schließlich verkündete er, dass das Wespennest den Schornstein vollkommen ausfüllte und die Stange nicht hindurchzustoßen sei.

Zu sechst standen wir unten und schrien Ratschläge zu unserem Wespentöter hinauf, rieten ihm zur Vorsicht, gaben unserem Mitleid und unserer Angst Ausdruck und ermutigten ihn. Dann rannten wir in den Keller, um eine stärkere Stange zu suchen. Wir fanden ein großes Eisenstück – vielleicht war es einmal die Radnabe eines alten Wagenrads gewesen –, das an einem Seil befestigt war, und brachten es schnell zu Robert hinauf. Er ließ das Gewicht in den Schornstein fallen, wie ein Fischer, der einen schweren Köder in einen See auswirft.

Henry, der als Wächter drinnen beim offenen Kamin stationiert worden war, schrie auf.

»Sie kommen! Sie kommen! Millionen von ihnen.«

Und damit kam Henry aus der Haustür gestürzt, gefolgt von einer V-Formation wütender Killerwespen. Robert schlug mit dem Eisengewicht weiterhin auf das Wespennest und entfernte es schließlich, sodass es mit einem Knall mitten in unserem Wohnzimmerkamin landete. Jemand, wahrscheinlich war es Henry, hatte die schlaue Idee, ein Streichholz anzuzünden und ein Feuer im Kamin zu machen, und da noch mehr Wespen und Stücke des Wespennests herunterfielen, wurden sie auf der Stelle verbrannt.

Leider muss gesagt werden, dass dieses Schauspiel im folgenden Jahr wiederholt werden musste. Am Ende des zweiten Sommers wurde der Job des Wespennestentferners von einem jungen Anstreicher übernommen, der sagte, er sei es gewohnt, auf Leitern zu arbeiten und habe keine Angst vor Wespen. Wir sahen alle zu, als er auf die Leiter stieg und das große Eisengewicht langsam in den Schornstein hinabließ. Sofort drang ein Flattern aus dem Kamin und ein gewaltiger weißer Vogel kam leise wie ein heimwehkrankes Gespenst herausgeflattert.

»*Barbagianni, barbagianni*«, schrien die Nachbarn, die sich bei uns versammelt hatten.

»Was ist ein *barbagianni*?«

Jemand schlug in unserem Vogelbuch nach.

»Ein *barbagianni* ist eine Schleiereule.«

»Oh, wow.«

Mein erster Impuls war, die Aktion im Schornstein augenblicklich zu stoppen, damit der Vogel in sein Nest zurückkehren konnte.

Aber ich wurde überstimmt. Der Schornstein musste gefegt werden, sagten alle. Die Schleiereule würde schon einen anderen Platz finden, wo sie sich am Abend niederlassen konnte.

Fast direkt nachdem Robert seine erste Ladung Wachs hergestellt hatte, kam er zu dem Schluss, dass er ein Atelier bräuchte, und drei Tage später hatte er aus dem neuen Wachs ein Modell für das Atelier angefertigt. Es sah wie eines jener Schokoladehäuschen aus, die vor Weihnachten in den Konditoreien Roms ausgestellt werden. Das Atelier wurde in weniger als drei Monaten hochgezogen und schon im Herbst arbeitete er an einem riesigen Kamel und einer Reiterfigur für den Bürgermeister von Jeddah in Saudiarabien. Das einzige Problem bei der Arbeit mit Wachs in solchen Mengen bestand darin, dass der leichteste Temperaturanstieg es geschmeidiger machte und die Formen sich im Nu verziehen konnten. Wenn zufällig ein Kind oder ein dummer Erwachsener gegen die Form stieß, während sie in Einzelteilen dalag, um zur Gießerei gebracht zu werden, konnte sich die Bronze ernsthaft verziehen, und Bronze mit Lötlampe und Schweißeisen wieder in Form zu bringen, ist eine entsetzlich anstrengende Arbeit. Deshalb arbeitete Robert bei sehr warmem Wetter nie mit Wachs, und fremde Besucher, die ins Atelier wollten, wurden kategorisch abgewiesen.

Nichtsdestotrotz werden die besten Pläne des Menschen häufig zunichte gemacht, und in einem Herbst spielte uns das Wetter einen derartigen Streich, dass es den ehrbaren Philosophen Sir Isaac Newton in die Knie gehen ließ. Robert hatte einen Auftrag erhalten, nämlich eine große Statue für einen Industriepark namens The Woodlands in Houston anzufertigen. Die Gesellschaft wünschte sich eine Statue, die der Wissenschaft, dem Unternehmungsgeist und all den anderen industriellen Tugenden Ehre erwies.

Robert hatte die Idee, eine Statue zu bauen, die auf dem berühmten Ausspruch von Sir Isaac Newton basierte: »Wenn ich weiter geblickt habe, dann weil ich auf den Schultern von Riesen stand.«

Die Statue sollte einen gewaltigen, vorwärts schreitenden Riesen darstellen, das Gewicht auf ein Bein verlagert, und auf seiner Schulter sollte die kleine Gestalt von Isaac Newton stehen, der ebenfalls vorwärts schreitet. Der Gesellschaft wurde ein Modell geschickt und die Idee für gut befunden.

Im Oktober, als die Gefahr einer Hitzewelle vorüber war, begannen die Arbeiten an der Statue, und im Laufe weniger Wochen wuchs die mächtige Gestalt des Riesen von viereinhalb Metern Höhe im Atelier heran. Es war ein Wahnsinns-Riese. Dann wurde mit der Arbeit an der viel kleineren Figur des Mannes begonnen, den wir einfach immer nur »Isaac« nannten. Aber ausgerechnet mitten in dieser Operation überrollte uns eine große Hitzewelle von der Sahara und Mittelitalien erlebte den heißesten Oktober seit hundert Jahren.

Der Riese begann allmählich, sich zu neigen. Und Isaac auf seiner Schulter kippte ebenfalls zur Seite. Schließlich fiel Isaac herunter und zerbrach. Zu dieser Zeit hatte Robert einen Assistenten, einen jungen Zahnarzt aus Rom namens Guido Gori (zukünftige Kunsthistoriker werden feststellen, dass erstaunlich viele Zahnärzte nebenbei als Bildhauer arbeiten). Mit Hilfe von Guido steckte Robert noch weit mehr Bambusstücke in den wieder zusammengesetzten Isaac und stellte ihn wieder auf. Zudem leerte er unseren Kühlschrank und Isaac wurde dort zum Kühlen untergebracht.

Aber über Nacht passierte mit dem Riesen etwas Schreckliches. Er sackte an seiner Edelstahlstange einfach zusammen, als habe ihn jemand zerdrückt, und war schließlich eine zusammengesunkene Gestalt, deren Brust sich an der Stelle befand, wo eigentlich der Nabel sein sollte.

Absolutes Chaos und Verwirrung. Gori rief seine Frau an und sagte ihr, sie solle alle seine Termine für diese Woche absagen, und Robert rief, von einem solchen Akt der Solidarität ermuntert, seinen Freund, den Metallbauer und Busfahrer Armando, herbei. Helden gibt es in allen möglichen Größen und Gestalten, aber wenn in jener Woche Nobelpreise für Heldenhaftigkeit in der Kunstwelt verliehen worden wären, dann wären sie sicher an einen römischen Zahnarzt und einen Schweißer aus Canale gegangen.

Gemeinsam retteten die drei Männer, die den ganzen Tag und bis spät in die Nacht arbeiteten, die Statue. Robert schnitt sie vorsichtig und gekonnt in zwei Hälften, während Guido, auf einer Leiter stehend, den oberen Teil festhielt und Armando unten die Füße stützte. Dann schweißte Armando drei neue Stahlstützen zusammen, die am Rückgrat des Riesen hinaufführen sollten und ein Verlängerungsstück besaßen, um Isaac zu stützen. Während er daran arbeitete, konstruierten Robert und Guido aus speziell gehärtetem Wachs eine vollkommen neue Taille für den Riesen. Nach und nach wurde der Mittelteil erhitzt und in den Torso eingefügt, und schließlich wurden die Beine da wieder angebracht, wo sie hingehörten. Und der Riese schritt wieder aus.

Der Transport der Statue zur Gießerei nach Pietrasanta in der Toskana stellte ein albtraumhaftes Problem dar, aber die Arbeiter der Gießerei von Pietrasanta waren die Retter in der Not. Sie schickten einen Fleischerlastwagen, der mit einem Kühlaggregat ausgestattet war, dazu zwei erfahrene Wachsarbeiter, die die Statue in dreißig große Abschnitte zerlegten, sie mit Stahlklammern umgaben und schnell in das kühle Innere des Fleischerlasters brachten. Anstatt sie auf die Ladefläche zu legen, wo sie hätten durchgerüttelt werden können, wurden die Abschnitte an die im Lastwagen angebrachten Fleischhaken gehängt, sodass sie einfach wie dreißig Rinderhälften nach Pietrasanta reisten. Nachdem sie vorsichtig in Bronze gegossen wurden, passten sie so problemlos zusammen wie die Teile eines Puzzles.

Mehrere Monate später fand in dem grünen Industriepark die Einweihung statt und eine Tafel mit dem Aphorismus Isaac Newtons wurde am Sockel angebracht. Aber, so kommentierte Robert, auf einem realistischeren Schild hätte stehen müssen: »Wenn ich auf den Schultern eines Riesen stehe, dann nur deshalb, weil ich den ganzen Weg von Canale nach Pietrasanta an Fleischerhaken hing.«

Gelegentlich, wenn Robert die Arbeit mit Wachs zu stressig wurde, beschloss er, es für eine Weile zur Seite zu legen und mit einem guten, soliden Material zu arbeiten, das weder schmolz noch sich ausdehnte. Aber hier wiederum tauchte das Problem auf, richtig gute Harthölzer zu finden. Unsere Urlaube in Asien und Afrika boten Robert die Gelegenheit, in Holzlagern und Trödelläden herumzustöbern, und bei jeder Reise geschah es, dass er in unser Hotelzimmer zurückkam und einen Sack mit einem unschätzbar wertvollen Stück Ebenholz, Rosenholz oder Eisenholz mit sich schleppte.

Er war der festen Überzeugung, die ihm gewöhnlich von Taxifahrern oder Hotelangestellten eingeschärft worden war, dass es verboten sein könnte, wertvolle Hölzer aus dem Ursprungsland zu exportieren; und obwohl in Wahrheit nur sehr wenige Hölzer auf der Liste der geschützten Arten stehen, herrschte häufig Verwirrung, wenn es darum ging, seine Fundstücke zu identifizieren. Immer wieder wurde mein Stoffkoffer auf das Bett ausgeleert, und Robert mühte sich, seine Trophäen hineinzubekommen. Der Hintergedanke dabei war, dass das Holz, sobald es in den Koffer passte, zum persönlichen Gepäck gehörte und über jeden Verdacht erhaben sei – und ich war gezwungen, fortzugehen und mir einen Matchbeutel für meine Kleider zu besorgen.

Mein schlimmstes Erlebnis hatte ich in Burma, wo Robert in einem Laden, in dem Farben und Putzmittel verkauft wurden, ein schönes Stück Ebenholz gefunden hatte. Ebenholz, so wurde uns von gut informierter Seite berichtet, würde zermahlen und von den Burmesen zum Zähneputzen verwendet. Außerdem fand Robert in einem nahen Geschäft einen riesigen Bronzehammer, den er, wie er meinte, in seinem Atelier gut gebrauchen könnte.

Die Ausreise aus Burma war sehr aufregend, da wir die Überprüfung des Währungsumtauschs über uns ergehen lassen mussten, mit dem sichergestellt werden sollte, dass wir unser Geld legal umgetauscht hatten, und außerdem bestand die Möglichkeit, dass das Ebenholz und der antike burmesische Hammer auf irgendeiner Exportbeschränkungsliste standen. Als wir also zum Zoll kamen, setzte Robert sein gewinnendes und versöhnliches Lächeln auf. Der Zöllner, ein junger, sportlicher Mann, schaute kurz auf unsere Taschen, dann blieb sein Blick auf meinem Tennisschläger hängen, der aus meinem Handgepäck herausragte.

Der Mann deutete auf den Schläger.

»Ist das eines von den neuen Modellen aus Fiberglas?«

Robert nahm den Schläger und gab ihn ihm.

»Gefällt Ihnen der Schläger? Nehmen Sie ihn. Sie hat noch mehr davon zu Hause.«

So wurden wir also ohne weitere Fragen durch den Zoll gewunken. Als wir über den Asphalt auf das wartende Flugzeug zugingen, klopfte mir Robert auf die Schulter.

»Tut mir Leid wegen des Schlägers, Liebling, aber es ist doch so schwierig, noch gutes burmesisches Ebenholz zu bekommen. Warte nur, bis du siehst, was ich daraus mache, wenn ich erst wieder im Atelier bin.«

»Ich verstehe das mit dem Ebenholz ja«, sagte ich, »aber was hat der Riesenhammer für einen Sinn?«

»Oh, der«, gab er zur Antwort, »der ist doch ideal, um im nächsten Herbst das Wespennest aus dem Schornstein zu klopfen. Er ist schwerer als das Eisenstück, und ich kann ein dickes Seil durch den Griff ziehen – und die verdammten Wespen direkt aus ihren Nestern verjagen.«

Es ist immer nett, etwas zu haben, auf das man sich freuen kann, wenn man von einer langen Reise nach Hause zurückkommt.

MAI

Vögel und Katzen

Als wir nach Canale zogen, brachten wir ein Vogelhäuschen mit, in der Hoffnung, dieses würde kleine Vögel in unseren Vorgarten locken, denn in allen Büchern über die Naturgeschichte Italiens stand, dass unsere Gegend am Rand der Maremma eine ideale Umgebung für Vögel sei. Selbst größere Raubvögel seien hier zu finden, berichteten die Bücher, weil die wilde Landschaft um uns herum alle Arten kleinerer Tiere anlocke, von Feldhasen bis hin zu Eidechsen und Schlangen, die ein herrliches Mittagessen für fliegende Raubtiere darstellten.

Gleich von Anfang an waren wir enttäuscht; denn obwohl wir unser Futterhäuschen an einen niederen Olivenast nahe am Haus aufhängten, näherte sich ihm in drei Monaten kein einziger Vogel. Dann wachten wir eines schönen Morgens auf und sahen, dass ein mutiger Spatz von den Körnern pickte.

Wir stellten fest, dass diese Menschenscheu ein Resultat der in unserer Gegend vorherrschenden allgemeinen Einstellung gegenüber Vögeln war. Vögel wurden als Vorspeise für das Sonntagsessen betrachtet, vorzugsweise mit Rosmarin in gutem Olivenöl gegrillt, und die Vögel waren sich dessen durchaus bewusst und hielten sich während der Jagdzeit wohlweislich verborgen. In unseren ersten Jahren in Italien brausten die Jäger jeden Sonntagmorgen, bewaffnet mit Luftdruckgewehren und Jagdbüchsen, aus Rom heraus und schossen dann auf alles, was sie erspähen konnten, von Vögeln über Katzen bis hin zu Fernsehantennen. Es nutzte nichts, wenn man

sein Grundstück eingezäunt hatte; die Jäger hatten Draht-
zangen dabei und drangen mit ihren langohrigen Jagd-
hunden, die dann im Komposthaufen herumwühlten,
gleichwohl in den Garten ein. Eines Sonntagmorgens
knallten Gewehrkugeln wie Hagelkörner auf unser Zie-
geldach.

Aber nach und nach gewannen wir und die Vögel die
Oberhand. Zum einen begannen auch ein paar natur-
verbundene Römer, sich in Canale Zweitwohnsitze zu
bauen, deshalb gab es mehr Häuser und Zäune, die die
Jäger überwinden mussten, und statt nur einer wüten-
den Familie, die sie anschrie, sie sollten sich davonma-
chen, waren es jetzt drei oder vier, darunter eine, deren
Oberhaupt ein General der Carabinieri war. Außerdem
begannen wir alle, Obst- und Nussbäume zu setzen, die
Feigen, Pflaumen und alle möglichen Leckerbissen für
Vögel hervorbrachten, und darüber hinaus pflanzten wir
Monterey-Kiefern, die ihnen zudem sichere und vornehme Nistplätze boten. Unser größter Beitrag zum Wohlergehen der Vögel aber war ein Bambusbestand (ursprünglich als Stützen für Skulpturen gepflanzt), der für
kleine Vögel wie Finken und Spatzen, die im Sommer
gerne in Gruppen zusammensitzen, unwiderstehlich zu
sein scheint. Diese zunehmende Gastfreundlichkeit gegenüber Vögeln und der erzwungene Rückzug der Jäger
hat in Canale Monterano eine vogelfreundlichere Umgebung geschaffen, und viele Einheimische sagen, dass
inzwischen Vogelarten wieder zurückkommen würden,
die man fünfzig Jahre lang hier nicht mehr gesehen habe.

In den Anfangsjahren mussten wir uns großteils mit
Standvögeln begnügen: der Elster, einem schönen, aber
lauten Vogel, der unordentliche Nester baut, der Amsel,
die einen schönen, perlenden Gesang hat, von manchen
aber für etwas herrisch gehalten wird, und der hiesigen
Haubenkrähe, die ein trockenes, zynisches Krächzen aus-

stößt, das mich an Fred Allen, einen amerikanischen Rundfunk-Komiker der fünfziger und sechziger Jahre, erinnert.

Inzwischen haben wir auch eine größere Vielfalt an Zugvögeln. Das Vogeljahr beginnt jetzt Anfang April, wenn wir die ersten durchdringenden Rufe des Kuckucks hören. Seine Stimme klingt zunächst fern und unsicher, als habe er noch einen Jetlag von dem langen Flug von Afrika, aber nach und nach kommt er wieder zu Kräften und bald rufen zwei oder drei Kuckucke sehr selbstsicher von der Schlucht unterhalb unseres Olivenhains herauf.

Der Kuckuck ist bekanntermaßen ein Parasit, der sich die Mühe des Nestbaus erspart, seine Eier in die Nester anderer Vögel legt und es der Adoptivmutter überlässt, die Jungen aufzuziehen. Kuckuckjunge schlüpfen mit nadelspitzen Flügelgelenken ausgestattet aus dem Ei, die es ihnen ermöglichen, die legitimen Jungvögel aus dem Nest zu stoßen. Auf diese Weise erhalten die Eindringlinge die ganze Aufmerksamkeit der Eltern, und häufig sieht man, wie ein kleiner Vogel, beispielsweise ein Fink, einen jungen Kuckuck füttert, der doppelt so groß ist wie er selbst.

Direkt nach dem Kuckuck kommen die Mauersegler und Schwalben. Wir sind vielleicht gerade dabei, die Olivenbäume zu veredeln oder zwischen den Rosen Unkraut zu jäten, und wenn wir nach Süden in den Himmel blicken, entdecken wir am Horizont die ersten Mauersegler, wie sie herabtauchen und im Sturzflug niederstoßen – die Pfadfinder, die die Gegend in Augenschein nehmen, bevor der ganze Clan ankommt. Diese Vorauskommandos kommen und gehen mehrere Tage lang, schießen empor und stürzen herab wie Kinder auf Skateboards, und dann kommt einen oder zwei Tage später der Rest der Sippschaft aus Afrika angerauscht. Abends erfüllen sie dann die Landluft (aber auch die Luft Roms) mit dem schrillen, hohen Schrei, der bis zu ihrem Abflug im späten August unser abendliches Vogelkonzert bildet.

Nach den Mauerseglern kommen ihre Verwandten, die Schwalben und Mehlschwalben, und unter diesen bezaubernden Vögeln waren drei kleine Rauchschwalben, denen es an einem heißen Nachmittag Mitte April gelang, in Roberts Atelier zu fliegen und ein Nest in den Dachsparren zu bauen. Wir konnten uns über die Beziehung dieses Trios nie ganz klar werden, aber wir meinten, es müsse ein Männchen und sein Weibchen plus einer alleinstehenden Tante sein, die mitgekommen war, um sich um die Nestlinge zu kümmern. In den ersten zwei Jahren ließ Robert immer ein Fenster offen, sodass sie, auch wenn er nicht da war, kommen und gehen konnten. Aber im April des dritten Jahres beschloss er, dass er genug von dem Geschnatter und Gezirpe habe, deshalb schloss er die Türen und Fenster, um einen erneuten Nestbau zu verhindern. Die abgewiesenen Schwalben saßen mehrere Tage lang wütend schnatternd auf dem Telefonkabel vor dem Atelier und versuchten jedes Mal, wenn die Tür geöffnet wurde, in ihr altes Zuhause zu gelangen, aber am Ende wurde ihnen klar, dass sie nicht mehr willkommen waren, und sie flogen davon, um sich anderswo ein Nest zu bauen. Kaum waren sie fort, da fing Robert an, sie zu vermissen, und so ließ er die Tür wieder offen stehen, um sie zurückzulocken, aber sie sind nie wiedergekommen. Nachdem sie einmal abgewiesen worden waren, kamen sie zu dem Schluss, dass ihm nicht mehr zu trauen sei.

Die nächsten beiden Vogelarten, die zurückkehren, hört man eher, als dass man sie sieht. Die erste, das sind die Nachtigallen mit dem hübschen italienischen Namen *usignolo* und wir hören sie ab Ende April in den

Olivenbäumen singen. Es sind scheue Vögel, die sich im Unterholz versteckt halten, aber wir können sie den ganzen Sommer über singen hören, ohne sie je zu Gesicht zu bekommen.

Ein weiteres Frühlingsgeräusch ist der schrille, flötende Pfiff des europäischen Pirols, einem taubengroßen gelben Vogel mit schwarzen Flecken auf Kopf und Schultern. Gerne würde ich voll Zuneigung von dieser goldenen Schönheit sprechen, aber in Wahrheit ist sie eine echte Plage. Dieser Vogel ist ein zwanghafter Obstfresser – mit einer besonderen Vorliebe für Kirschen und Feigen – und sieht es als seine Lebensaufgabe an, alle anderen Vögel wissen zu lassen, wann unser Obst reif und die Zeit gekommen ist, sich über unsere Bäume herzumachen. Ein anderer sehr lauter Rufer in dieser Jahreszeit ist der Grünkopfspecht. Wir sehen ihn nur selten, sind aber jedes Jahr von seinem irren Lachen in den Wäldern wie elektrisiert, das jedes Mal wie ein hysterischer Anfall eines in den Bäumen hausenden Gespensts klingt.

Zu den weiteren Frühlingsankömmlingen gehören der faszinierende Wiedehopf, der sein »Hup-hup-hup« aus den nahen Büschen hören läßt, und zahlreiche Finkenarten, darunter der melodiöse Grünfink und die hübschen kleinen Goldfinken, die den ganzen Sommer hindurch zwitschern und unsere stattlichen Zypressen als ihr Zuhause betrachten. Im Sommer verzücken uns zudem um die Mittagszeit der sanfte Ruf der Turteltaube und in der Nacht die Rufe unserer Haus-Eule, der großen weißen *barbagianni*, die ein Geräusch wie ein langes, trauriges Seufzen von sich gibt. Weniger geschätzt wird der Schrei einer anderen Eule, *civetta* (kleine Eule) genannt, deren furchterregende mitternächtliche Schreie viele Bauern überzeugt haben, dass es sich um einen bösen Geist handelt, der aus der Hölle gekommen ist, um sie zu verfolgen.

Und dann kam jener denkwürdige Sommermorgen, an dem ich vom Markt zurückfuhr, aufblickte und einen großen rotbraunen falkenähnlichen Vogel mit einem gegabelten Schwanz sah, der direkt über Mastro Orazios Hühnerstall kreiste. Der Vogel hatte eine wunderschöne zinnoberrote Farbe mit dunklen Streifen und wirkte sehr majestätisch, wie er sich so in die Kurve legte, zurückflog und dabei den Winkel seiner Flügel geschickt so ausrichtete, dass er einen besseren Blick auf die Hühner werfen konnte. Es stellte sich, wie ich angenommen hatte, heraus, dass diese Schönheit der rote Milan (*Milvus milvus*) war, der in Italien *nibbio reale* genannt wird.

Rote Milane jagen gewöhnlich auf offenen Feldern an Waldrändern, aber sie können auch über Bauernhöfe und Hühnerställe herfallen, wobei sie häufig lautlos in der Luft schweben, wenn sie Beute erspäht haben. Ein Dichter hat den roten Milan einmal mit einer »herrlich leuchtenden Riesenschwalbe« verglichen.

Durch diese direkte Begegnung angeregt, nahm ich mit einer Gruppe von Vogelliebhabern aus Manziana an ein paar Vogelbeobachtungswanderungen in den wilden Tolfa-Hügeln teil. Nachdem wir etwa eine Stunde gewandert waren, deuteten sie über die Bäume auf einen großen rötlich-braunen Raubvogel mit kalten gelben Augen hinauf, den sie als *falco pecchiaolo* (Wespenbussard) identifizierten. In anmutigem Flug schwebte er über uns und tauchte dann immer wieder herab. Man sagte mir, der *pecchiaolo* sei ganz verrückt nach Bienen und Honig und habe eine besondere Schwäche für die Nester, die die Wespen in den Bäumen der Wälder bauen. Der Vogel zieht Teile dieser mit Larven gefüllten Waben heraus und verfüttert sie an seine Jungen in den Nestern hoch auf den Bäumen. Jedes Jahr zur Zeit des Vogelzugs überqueren Schwärme von Wespenbussarde auf ihrem Weg nach Afrika die Meerenge von Messina, und obwohl es verboten ist, versammeln sich Dutzende italienischer Vogeljäger an den Küsten, um sie abzuschießen.

Während wir bei Tolfa den Wespenbussard beobachteten, waren wir überrascht, einen noch größeren Raubvogel zu sehen, der im bedrohlichen Sturzflug auf uns herabstieß. Es stellte sich heraus, dass es sich um *il biancone* (großer weißer Vogel) handelte, einen riesigen fahlbraun-weißen Adler mit der enormen Flügelspannweite von fast zwei Metern. Der *biancone* ernährt sich vor allem von Schlangen und ist weltweit als Schlangenadler beziehungsweise Kurzkrallenadler bekannt, weil seine Krallen kurz und seine Läufe mit Schuppen bedeckt sind, ein perfekter Schutz gegen Schlangenbisse.

Man hätte annehmen können, dass die Rückkehr der Vögel für die wilden Katzen, die überall auf dem Gebiet von Canale herumstreunen, ein freudiges Ereignis darstellt. Aber in Wahrheit scheinen sich die Katzen im Kampf gegen ihre früheren Feinde nicht gut zu schlagen.

Als Freunde von uns von Rom in ihr neues Sommerhaus nach Canale zogen, war ihre in der Stadt aufgewachsene Katze Fifi so verängstigt, dass sie sogar ihre Fähigkeit, »miau« zu sagen, verlor. Es dauerte drei Monate, bis sie den Mut fand, die Sicherheit ihrer Terrasse zu verlassen.

Fifi hatte Recht, verängstigt zu sein, weil viele Wesen die Weiden um Canale durchstreifen, die Katzen leicht in Schwierigkeiten bringen. Da sind beispielsweise die Jäger, die Katzen nicht von Vögeln unterscheiden können. Und dann gibt es Hunde, Füchse, Stachelschweine und gefährliche Fleischfresser wie *donnole* (Wiesel) und *puzzole* (Iltis), von denen man weiß, dass sie sogar Truthähne verschlingen. Und selbst die kleinen Vögel, die früher regelmäßig auf dem Speiseplan von Katzen standen, scheinen ein gut funktionierendes Katzen-Alarm-

System entwickelt zu haben. Der Wächterboss in der Anti-Katzen-Brigade ist der sardinische Waldsänger, ein winziger brauner Vogel mit einer glänzenden schwarzen Haube und leuchtend roten Augen, der sofort in Aktion tritt, sobald eine Katze in sein Territorium eindringt. Statt sich in Sicherheit zu bringen, fliegt der Waldsänger direkt in den Busch oder Baum, der der Katze am nächsten ist, und legt mit einer ununterbrochenen Schimpfkanonade los, die aller Welt nahe legt, sich besser in Acht zu nehmen. Natürlich mögen die Katzen diese Belästigung nicht, obwohl sie sich mühen, gelassen zu erscheinen, aber während sich die Katzen zurückziehen, rücken die Vögel ihnen nach, hüpfen von Busch zu Busch, bis die Katzen das Territorium schließlich verlassen. Der Waldsänger ist den Italienern als *capo-nero* (schwarze Haube) bekannt, oder noch bildhafter als *occhiocotto*, was so viel wie »gekochtes Auge« bedeutet.

Obwohl ich Katzen sehr mag, habe ich mich immer bemüht, einen engen Kontakt mit den Katzen von Canale zu vermeiden, weil sie fast alle wild sind. Sie sind entweder hier draußen im Freien geboren oder irgendwo in den Feldern ausgesetzt worden, als ihre städtischen Besitzer in die Sommerferien gefahren sind. Ich hatte Angst, dass die Katzen, wenn sie sich an das Fressen gewöhnten, das wir nur vorübergehend hier Wohnenden ihnen gaben, während unserer Abwesenheit Schwierigkeiten bekommen könnten.

Die eigentliche Beschützerin der Katzen in unserer Gegend ist Signora Iolanda, die Frau von Jacks Sohn Luigi. Die Signora füttert die hiesigen Katzen jedoch nie voll; stattdessen gibt sie ihnen zu Mittag ein zusätzliches Mahl aus Essensresten wie Brot, Spaghetti oder Bohnen und ermuntert die Tiere so, den Rest des Tages mit der Jagd nach Feldmäusen und Eidechsen zu verbringen.

Viele von Iolandas Katzen pflegten, immer wenn wir

anwesend waren, zu unserer Hintertür zu kommen, und diejenige, die am meisten Eindruck auf uns machte, war eine Katze, die wir Hyäne tauften. Sie war eine schlanke Katze mit einem Fell wie eine gepunktete Hyäne; es sah aus, als habe ein kleines Kind sie über und über mit großen, unregelmäßigen braunen, orangefarbenen und gelben Punkten angemalt. Ihr Gesicht war vorne braun, wurde dann um die Augen orange mit einem großen gelben Fleck um die Nase. Ihr Körper war eine Mischung aus Orange und Braun und ihr Schwanz braungelb gestreift.

Der Farbkontrast war ungewöhnlich, und Katzenexperten sagten uns, dass er das Ergebnis einer eigenartigen genetischen Mischung sei, die es nur bei weiblichen Katzen gebe. Doch trotz ihrer lustigen Farben fehlte es Hyäne nicht an Klasse; immer wenn sie uns beim Essen zusah, saß sie sehr aufrecht da, den Schwanz um ihre Pfoten gelegt, wie eine elegante ägyptische Katze aus dem fünften Jahrhundert v. Chr. Sie sah so sehr nach einer Skulptur aus, dass Robert, der Katzenfeind, sich für sie zu interessieren begann und ihr sogar Hühnerknochen vom Tisch gab. Hyäne nahm diese Geschenke begeistert an, aber sie hatte eine Regel, die sie niemals brach: Sie ließ es nicht zu, dass wir sie berührten. Sie kam auf den Tisch und bettelte um etwas zu fressen, aber sie weigerte sich, es aus unserer Hand zu nehmen – sie wartete immer, bis wir es hinlegten. Ebenso kam sie auch nie ins Haus, wenn nicht zwei Türen offen standen, und wenn sie sah, dass einer von uns eine Tür schloss, dann flitzte sie gleich zur anderen hinaus. Ich denke, dass diese extreme Vorsicht erklärte, wie Hyäne es schaffte, so lange in der feindlichen Umwelt zu überleben.

Weil ich mich schon lange für Tierverhalten interessierte, verbrachte ich hin und wieder eine freie Stunde damit, Hyäne zu folgen und mir Notizen über ihre täg-

lichen Aktivitäten zu machen. Im Laufe der Zeit wurde
mir klar, dass Hyäne nicht nur eine außergewöhnlich
gute Mutter – wie es ja in Wahrheit die meisten Katzen
sind –, sondern zugleich auch eine sehr schlaue Katze
war.

Sie warf jedes Jahr mindestens einmal und jedes Mal
legte sie dasselbe Verhaltensmuster an den Tag. Sie zog
sich zum Werfen der Jungen auf die oberste Etage unseres überdachten Gewächshauses (unter einem dichten
Bleiwurzstrauch) zurück, sodass sie Wache halten und
beizeiten sehen konnte, wenn aus dem Gewächshaus
oder dem Garten irgendeine Gefahr drohte.

Normalerweise behielt sie die Kätzchen eine Woche
im Gewächshaus, dann trug sie sie von einem Versteck
zum nächsten, immer in der Nähe des Hauses – und sobald sie bemerkte, dass irgendein Mensch oder Tier ihr
Nest entdeckt hatte, zog sie wieder um. Es war, als die
Kätzchen älter wurden, faszinierend zu beobachten, wie
sie ihnen alle Überlebenstricks beibrachte, die auch sie
früher einmal gelernt hatte.

Hyäne war eine derart gute Mutter, dass die meisten
ihrer Würfe durchkamen, aber am Ende gab es eine Tra-
gödie, bei der sie auf einen Schlag alle ihre vier Jungen
verlor. Soweit ich mich erinnere, war es an einem Juli-
abend, ich sah nach den Jungen in dem Nest, das sie
unter dem Bleiwurzstrauch in der Ecke des Gewächshauses gebaut hatte, und bemerkte, dass sie alle Hunger hatten. Einige Stunden später wurden wir von dem
furchterregenden Schrei einer Katze aufgeweckt – einem
Schrei so voller Angst und Schrecken, dass etwas Schlim-
mes passiert sein musste. Das Schreien ging lange weiter, begleitet von unidentifizierbaren Geräuschen von
kämpfenden Tieren, und dann war plötzlich Stille. Nicht
willens, uns mitten in der Nacht mit dem Problem zu befassen, schliefen wir wieder ein, aber am Morgen stellten

wir fest, dass das Schlimmste eingetreten war. Hyäne war fort und in dem Nest war nur noch ein winziges schwarzes Kätzchen. Es war tot; möglicherweise war sein Genick gebrochen. Die anderen drei Kätzchen waren verschwunden. Ich suchte eine Stunde vergeblich nach ihnen, und am frühen Nachmittag kam Hyäne müde und traurig allein zurück, um die Wache neben ihrem toten Jungen aufzunehmen. Am nächsten Tag nahm sie das tote Kätzchen mit und kam bald darauf zum Gewächshaus zurück, warf einen letzten Blick auf das leere Nest und kauerte sich dann, vom Nest abgewandt, auf dem Vorsprung zusammen und begann eine Art tiefe Totenklage auszustoßen. Es klang ein wenig wie das leichte, kurze Zirpen, mit dem sie ihre Jungen zu rufen pflegte, nur unendlich trauriger. Sie kam in den folgenden Tagen immer alleine zurück und wiederholte dieses Ritual, und zweimal bemerkte ich, dass der große getigerte Kater, von dem ich annahm, dass er der Vater der Kätzchen war, in den Büschen bei der Tür kauerte.

Das führte mich natürlich auf die falsche Fährte. Ich hatte all die Filme über die afrikanischen Löwen gesehen, in denen berichtet wurde, dass ein junges Löwenmännchen, wenn es die Herrschaft über ein Territorium übernimmt und den alten Leitlöwen vertreibt, alle Nachkommen des anderen Männchens tötet, um mit dem Rudel baldmöglichst seine eigenen Nachkommen zu zeugen. Von diesen Berichten beeinflusst, kam ich zu dem Schluss, dass es womöglich der Kater gewesen war, der die Jungen von Hyäne getötet hatte.

Jetzt denke ich, dass ich falsch lag. Nur wenige Tage nachdem die Kätzchen getötet worden waren, brachen wir zu einer Reise in die Toskana auf, und unsere Freunde Brian und Evie zogen in unser Haus. Brian, der Maler ist, zeichnete gerne von der *altana* (dem obersten Stockwerk) Landschaftsbilder, und schon am ersten Abend war er dort oben und zeichnete den Blick aus den nach Süden gerichteten Fenstern, die über das Gewächshaus hinausblickten. Die Dämmerung war schon angebrochen, und alle Vögel waren still, nachdem sie ihr Abendkonzert in unserem kleinen Bambushain beendet hatten. Dann hörte Brian plötzlich ein vom Dach kommendes Flügelschlagen, und drei sehr große, sehr helle Vögel tauchten direkt vor ihm im Sturzflug hinab auf das Gewächshaus zu, über dem sie kreisten, bis sie sich auf der Leiste gleich neben dem Bleiwurzstrauch kurz niederließen. Dann flogen sie, als sie dort nichts fanden, davon.

Brian war überzeugt, dass diese drei Raubvögel nur wenige Tage zuvor die Kätzchen getötet hatten. Obwohl das Licht schwach gewesen war, beschrieb er die Vögel als groß und weiß mit einer Flügelspannweite, die so groß wie seine ausgestreckten Arme (etwa 1 Meter 45) war. Er hatte den Eindruck, dass es unsere alte Freundin, *barbagianni* (die Schleiereule), war, die mit zwei ihrer Artgenossen für ein Abendessen aus neugeborenen Kätzchen zurückgekommen war.

»Ich habe sie wirklich nicht sonderlich gut gesehen«, sagte er. »Erst habe ich ihr Flügelschlagen gehört und dann habe ich sie direkt auf das Gewächshaus zusteuern sehen.«

Manche Vogelkenner wandten ein, dass Eulen in der Vogelwelt deshalb einzigartig seien, weil sie nahezu geräuschlos fliegen könnten. Dennoch, Brian war den Vögeln ganz nahe und der Abend war sehr still gewesen, sodass durchaus die Möglichkeit bestand, dass er die Flügel rauschen hörte, als die großen Raubvögel, nach weiteren Kätzchen Ausschau haltend und lauschend, an ihm vorbeiflogen. In Canale scheinen die Katzen, weit davon entfernt, in dem Krieg mit den Vögeln die Angreifer zu sein, inzwischen eher zu den verängstigten Opfern geworden zu sein.

Frühlingsfreuden

Der April ist in einem berühmten Gedicht einmal als der grausamste Monat bezeichnet worden, aber ich denke, das Gleiche könnte man auch über den Mai sagen, der die Blumen aufbietet, die ich am meisten liebe – die Pfingstrose und die Iris –, aber schließlich mit ihrem Verschwinden endet und mich traurig zurücklässt.

Es dauert mehrere Jahre, bis diese Blumen im Garten wirklich heimisch sind, aber sobald ihre Wurzeln stärker werden, entwickeln sie sich zu den wahren Stars des Frühlings. Sie tauchen bereits im April auf, aber erst im Mai entfalten diese Pflanzen ihre wahre Pracht. Die erste Pfingstrose, die uns im Mai begrüßt, ist die Strauchpfingstrose, *Paeonia suffruticosa* (Moutan), die es schon so lange in der Mittelmeerregion gibt, dass man sie für heimisch hält. Tatsächlich stammt diese robuste Pflanze aus Asien wie die übrigen Strauchpaeonien auch, und gäbe es keine Hybriden, mit denen man sie vergleichen könnte, dann würde sie gewiss alle Preise gewinnen. Sie ist robust wie eine Distel, hat recht fein verzweigte blaugrün metallisch schimmernde Blätter, und die Knospen beginnen sich bereits auszubilden, kaum dass sich im Herbst die Blätter einziehen. Ihre ersten Blüten zeigen sich Ende März – große rosafarbene kohlförmige Blüten wie aus Crêpe de Chine mit einem tief karminroten Klecks in der Mitte. Solange das Wetter gut ist, halten sie wacker ihre Köpfe hoch, aber ein starker Regenguss kann die Blüten innerhalb von Minuten zu Boden drücken und von da an müssen sie sorgfältig gestützt werden. Trotz ihrer Kopflastigkeit sind sie robust und frei von Krankheiten, und wenn man im März und Anfang April wirklich einen großen, schönen Arm voll pinkfarbener Blumen haben möchte, liegt man mit der Moutan-

Pfingstrose genau richtig. Ein Nachbar hatte uns die ersten Wurzeln dieser Pflanze geschenkt, und wir hatten einige Schwierigkeiten, bis sie richtig anwuchsen. In der offenen Rabatte waren sie nicht glücklich und auch neben dem Feigenbaum gefiel es ihnen nicht. Aber als wir sie schließlich weiter unten im Garten direkt vor die nach Norden gerichtete Kalksteinmauer setzten, kamen sie zu dem Schluss, dass dies für sie genau der richtige Platz sei. Inzwischen ist unsere Strauchpaeonie groß und breit geworden, etwa wie ein kleines Fahrrad, und ihre Ableger blühen entlang unserer Kalksteinmauer und in den Gärten vieler unserer Freunde.

Da diese erste Strauchpaeonie uns gegenüber so großzügig war, mag es herzlos klingen, den größeren Charme ihrer Abkömmlinge, der Strauch-Hybriden, hervorzuheben – aber man muss nun einmal objektiv sein. Die von genialen Gärtnern in Saunders in Amerika und Kelways in England gezüchteten Hybriden haben zu den Moutan-Pfingstrosen in etwa das gleiche Verwandtschaftsverhältnis wie der graue Beluga-Kaviar zu den Eiern von Lumpenfischen. Wie kann man das Wunder dieser Blumen nur in Worte fassen? Es ist, als wolle man versuchen, Libellenflügel in Aquarell zu malen. Der Libellenflügel ist hier tatsächlich gar kein schlechter Vergleich, weil der Flügel etwas Seidiges und Flüchtiges an sich hat, genau wie es bei der Blüte der Pfingstrose der Fall ist. Hier sollen nun drei der großartigen Suffruticosa-Züchtungen von Kelways beschrieben werden: »Duchess of Marlborough«, »Countess of Crewe« und die unvergleichliche »Lord Selborne«. Die erste dieser Edelpfingstrosen, die blüht, ist die »Duchess«, die Anfang Mai mit tiefrosa Blüten aufwartet, welche an den Rändern zu einem weit helleren Rosa verblassen. Man hat den Eindruck, als handele es sich um schimmerndes rosa Moiré. Als nächstes zeigt sich die »Countess«, eine stolze, halbgefüllte Blüte in hübschem Muschelrosa wie ein Schal aus Taft, ein wenig verknittert, aber unglaublich elegant. Und schließlich kommt Mitte Mai »Lord Selborne«, eine große, halbgefüllte Schönheit, die in den zartesten, blassen Lachstönen erblüht. Wenn sie ganz geöffnet ist, sieht diese Pfingstrose wie ein gestärkter Petticoat aus, der von den besten Seidenwebern im kaiserlichen China aus Schantung-Seide gefertigt wurde. Wenn sich fünfzehn dieser traumhaften Blüten mehr oder weniger gleichzeitig öffnen und die Farben im Sonnenschein erstrahlen, kann man gar nicht anders, man muss sich einen Stuhl holen und sie sich in aller Ruhe ansehen. In den Gärten von Suchow in China gibt es eigens abseits gelegene Patios, in welchen die Besucher Pfingstrosen in voller Blüte betrachten können.

Wir haben noch andere Pfingstrosen, die nicht von so distinguierter Abstammung, aber dennoch von Natur aus Aristokraten sind. Drei stammen aus einem kleinen Blumengeschäft in der Nähe der Piazza Navona. Eines Tages kaufte ich dort gerade Tulpenzwiebeln und bemerkte ein Holzkistchen, das ein paar mit roter Schnur zusammengebundene vertrocknete Wurzelknollen enthielt. An jedem Bündel war eine kleine Karte mit japanischer Schrift befestigt. Ich fragte die Verkäuferin, worum es sich da handele, und sie antwortete, soviel sie wisse, seien das Wurzeln von Strauchpfingstrosen, die für tausend Lire pro Bündel ganz billig verkauft würden, weil niemand sie identifizieren könne. Ich nahm die verwaisten Pfingstrosen, und noch heute kann ich mir, wenn sie Mitte Mai blühen, ein Kichern nicht verkneifen. Eine davon hat ganz tiefrote Blüten, die so dunkel sind, dass sie manchmal fast schon schwarz erscheinen. Eine andere hat eine intensiv karmesinrote Farbe mit helleren Flecken an den äußeren Blütenblättern, die wie feiner Samt aussehen. Die dritte blüht in einem tiefen

Rosarot, welches mich immer an Himbeerbrause erinnert.

Aber so großartig diese auch sind, ich habe noch eine weitere japanische Pfingstrose, die fast, aber nicht ganz, an die Klasse der unvergleichlichen »Lord Selborne« heranreicht. Ich nenne sie die »Princess of Kyoto«. Ich habe sie gefunden, als ich 1985 in Kyoto über einen Bauernmarkt schlenderte und neben den Gemüseständen einen älteren Bauern hinter einigen wurzelähnlichen Knollen, die mich an Pfingstrosenwurzeln erinnerten, auf dem Boden hocken sah. Ich konnte mich mit ihm nicht verständigen, aber es gelang mir, ihm deutlich zu machen, dass ich die Knollen kaufen und den Preis wissen wollte.

Umständlich schrieb er die Zahlen auf die Rückseite eines Briefumschlags. Es waren umgerechnet fünf Dollar – eine beträchtliche Summe für ein kleines Bündel Wurzeln. In der möglicherweise naiven Annahme, dass sie, wenn sie schon so viel kosteten, etwas Besonderes sein müssten, habe ich sie gekauft. Jetzt, Jahre später, haben sie sich zu einer großen Strauchpfingstrose mit fünf Ästen entwickelt, die jeden Mai Arme voll glänzender weißer Blüten hervorbringt. Das Weiß ist von einer schwer zu beschreibenden Reinheit, mit einem kaum sichtbaren, leicht rosafarbenen Hauch an den Blatträndern, und die frischen, wie Taft wirkenden Blütenblätter sind in höchst anmutiger Weise um goldene Staubgefäße angeordnet. Ich muss jedes Mal, wenn der Busch blüht und ich in seine Nähe komme, stehen bleiben und ihn anstarren, und dabei fliegen meine Gedanken immer zu jenem Markt in Kyoto und dem unbekannten japanischen Bauern zurück, der eine gute Pfingstrose erkannte, wenn er eine sah.

Die Pflege einer Strauchpfingstrose stellt keine Probleme dar, da sie kalte Winter liebt und auch die Hitze im Sommer schätzt. Sie kann jedoch hinsichtlich ihres

Standorts ein bisschen wählerisch sein und wird wahrscheinlich aufbegehren, wenn sie zu nahe an Baumwurzeln oder in ein Loch gepflanzt wird, das sie für ungeeignet hält.

Als ich meine ersten Pfingstrosenwurzeln von einem Blumenhändler in Rom bekam, hatte ich es eilig und steckte sie unter einem Kirschbaum in recht kleine Löcher. Sie brachten nur ein paar magere Blätter und keine Blüten hervor; deshalb habe ich ihnen zwei Jahre später einen neuen Platz unter der Terrassenmauer gesucht und drei ziemlich große Löcher gegraben, die ich mit einem Korb voll Komposterde und etwas gut verrottetem Stallmist auffüllte. Die Findelkinder dankten es mir, indem sie ihre Größe verdoppelten, und jetzt belohnt mich jede Pflanze im Frühjahr mit zehn bis zwanzig unwiderstehlichen Blüten.

Die als Stauden wachsende *Paeonia lactiflora* beginnt fast genau dann zu blühen, wenn die Strauchpaeonien Mitte Mai verwelkt sind, und ich habe den Eindruck, dass sie süßer duftet als alle anderen – ein Duft von Rosen, vermischt mit einem leichten Hauch Vanille. Ich brauche nur an einer Gruppe von ihnen vorbeizugehen und fühle mich sogleich in das Pfingstrosenbeet vor dem Esszimmerfenster meines Elternhauses in Newton Center zurückversetzt. Die Staudenpfingstrosen, die ich von Kelways bestellt habe, kamen aus der »Duft-Kollektion« und umfassten eine gefüllte rote, eine gefüllte weiße und vier gefüllte rosafarbene, die zu den am süßesten duftenden von allen zu gehören scheinen. Die weiße, die eine riesige, buschige Blüte hat, heißt *P. lactiflora* »Shirley Temple«. Eine der besten rosafarbenen ist »Gipsy Girl« mit dunklen äußeren und rosa-cremefarbenen inneren Blütenblättern.

All diese Beschreibungen der Pfingstrosen sollten jedoch die Tatsache nicht verschleiern, dass es im Mai noch eine weitere wichtige Zierde in meinem Garten gibt, die als die zweitschönste Blume der Welt betrachtet werden muss, die Bart-Iris. Die Entwicklung der Iris ist eine der aufregendsten der botanischen Geschichte. Wilde Iris waren ursprünglich recht bescheiden, ein paar einfache Schwertliliengewächse in den Grundfarben Weiß, Blassblau, Dunkellila und Gelb. Die Züchter haben, mit diesen vier Farbtönen beginnend, im Laufe der Zeit eine Palette an Iris-Farben entwickelt, die selbst den verwöhntesten Maharadscha zum Weinen brächte. Man braucht gar nicht erst mit der Aufzählung der Farbkombinationen anzufangen, denn mir wurde gesagt, dass in Katalogen mehr als fünftausend Arten angeboten werden. Vielleicht sind ein paar hundert davon in einem Land unter einem anderen Namen aufgelistet als in einem anderen. Eine üppige *plicata*, das heißt gefaltete Iris, die in Seattle »Golden Ripple« heißt, wird in Fiesole zum Beispiel »Summer Sun« genannt, und es gibt viele weitere Doppelnennungen, aber dennoch bleiben uns mehr als viertausend Sorten zur Auswahl. Es gibt Irisliebhaber, und ich bin eine davon, die meinen, dass die Züchter mit den gefalteten und gepunkteten Iris vielleicht ein bisschen zu weit gegangen sind, aber wenn manche Leute sie mögen, sehe ich keinen Grund, warum sie von der Bildfläche verschwinden sollten. Schließlich ist auch der Dackel ein künstliches Produkt, und ich kenne niemanden, der diesen freundlichen, kleinen Vierbeiner eliminieren wollte.

Als ich meine Farbmuster zusammenstellte, kam ich im Laufe der Zeit zu dem Schluss, die ausgefalleneren Iris-Arten beiseite zu lassen und mich auf diejenigen zu konzentrieren, die mir am besten gefallen – die einfachen Schwertlilien in den weichsten Tönen von Hellblau, Gelb und Violett. Die Hauptrabatte, die vom Pumpenhaus zum Haus führt, sollte mit den besten gelben Iris bepflanzt werden. Ein zweites Beet, das ich im unteren Garten am Weg entlang anlegen würde, sollte für die besonders schönen pastellfarbenen, mit einer leichten Hervorhebung der Blautöne, reserviert bleiben. Die dritte lange Rabatte, etwas abseits des ausgetretenen Pfades, sollte eine pflegeleichte Rabatte mit all den anderen Iris-Arten werden.

Das heiße, trockene Klima in Mittelitalien scheint der Bart-Iris tatsächlich sehr zu bekommen. Keine meiner Pflanzen hat je an der Wurzelfäule gelitten, die Iris-Arten in feuchterem Klima manchmal befällt, und ich habe keine Beweise dafür, dass es einer Iris, die im Sommer regelmäßig gegossen wird, besser geht als einer, die ohne zusätzliche Wassergaben auskommen muss. Die Blätter von beiden bekommen jeden Sommer einige braune Flecken, aber man kann sie problemlos abschneiden.

Das soll jedoch nicht heißen, dass die Iris blühen, wenn sie völlig vernachlässigt werden. In den ersten Jahren, nachdem wir das lange Beet angelegt hatten, waren wir, was das Unkrautjäten betrifft, etwas nachlässig, und uns wurde bald klar, dass einige Pflanzen wohl bald eingehen würden. Jetzt haben wir es uns zur Gewohnheit gemacht, das lange Beet zweimal jährlich ganz gründlich zu jäten, und dadurch hat es seine alte Kraft wieder zurückgewonnen. Zwischen Iris zu jäten, ist eine mühselige Angelegenheit, weil man Gefahr läuft, die zarten jungen Schäfte abzuschneiden, wenn sie im Frühjahr hervorbrechen. Das Jäten muss also per Hand erfolgen. Später dann, wenn die Pflanzen größer sind, kann man mit einer Hacke oder einem scharfen Werkzeug jäten, aber es besteht noch immer die Gefahr, dass man dabei die Wurzelstöcke zerschneidet.

Man muss bedenken, dass sich Iris-Rhizome in der Regel kreisförmig anordnen, wie am Strand sitzende Kinder, die die Füße zusammenstrecken. Sie zeigen – wie die Beine der Kinder – gewöhnlich ins Zentrum des Kreises, sodass die Stelle, an der man jäten kann, entlang der wulstigen Rückseite der Pflanzen verläuft, wo sich keine Rhizome und weniger Wurzeln befinden. Man kann hier ganz unbesorgt mit einem Spaten oder einer Hacke vorgehen. Wenn möglich sollte die Erde von den Wurzelstöcken entfernt werden, damit sie der Sonne ausgesetzt sind. Ist das Zentrum der Rhizome groß und überwachsen, ist es immer gut, sie nach der Blütezeit herauszuziehen und zu teilen. Zudem habe ich herausgefunden, dass von Zeit zu Zeit eine kleine Handvoll gemischter Dünger auf jeder Staude gute Resultate erzielt.

All das soll nicht den Eindruck erwecken, dass der Garten im Frühling ausschließlich aus schönen Pfingstrosen und regenbogenfarbenen Iris besteht, denn zwischen diesen Juwelen gibt es lachsfarbene, graublaue und moosig grüne Tupfer, die dem Gesamtbild eine gewisse Herbheit verleihen.

Wenn der Besucher vom Pumpenhaus in den Garten gelangt, fällt ihm als erste Farbe das blasse Rosa der mehrfach blühenden Floribunda-Kletterrose »Clair Matin«® auf. Es handelt sich dabei um eine robuste Pflanze mit muschelrosa Blütenbüscheln, die aus festen purpurroten Knopsen hervorbrechen, und es sieht außerordentlich hübsch aus, wie sie die raue Steinwand des Pumpenhauses hinaufklettert. An der Südwand des Hauses wuchert ein blass milchig-blauer Bleiwurzstrauch zum Dach hinauf. Und ihm gegenüber zeigt sich in der Rabatte ein ganz anderes Blau, nämlich das trübe Graublau der Säckelblume, *Ceanothus x delileanus* »Gloire de Versailles«.

Hinter den Säckelblumen befindet sich eine niedrige Rabatte des französischen Lavendels, *Lavandula stoechas*, dessen dunkelviolette Blüten einen hübschen Kontrast zu einigen gelben Iris-Arten und Gruppen gelber Ringelblumen bilden. Hinter ihnen steht eine große Abelie, die gerade ein paar rosa Blüten hervorzubringen beginnt, und davor eine Unmenge dunkelroter und blauer Bärenklau mit seinen hübschen Stängeln, die an griechische Säulen erinnern. Viele Italiener betrachten Bärenklau als Unkraut und beschweren sich über seine Dornen, aber ich mag sein robustes, architektonisches Aussehen und die Tatsache, dass er so leicht wächst. Daneben erhebt sich eine Woge rosafarbener Iris, die in einen großen Fleck der bodendeckenden weißen Osteospermum-Blüten übergeht, jene Sorte mit der dunkelblauen Blütenmitte und der blauen Unterseite der Blütenblätter. Diese erst jüngst aus Südafrika mitgebrachten Pflanzen sind erstaunlich widerstandsfähig und haben schon einige Winter überstanden, die sie zwar ein bisschen mitgenommen, nicht aber zum Eingehen gebracht haben. Die Rabatte endet mit einem senfgelben Tupfer des hohen Brandkrauts, *Phlomis fruticosa*, und diese Farbe wird von den frühen gelben Blüten der Rose »Mermaid« aufgegriffen, die sich um eine Ecke des Hauses winden.

Der kleine, terrassierte Garten nahe der Eingangstür ist den Staudenpfingstrosen vorbehalten, zwischen die blassblaue Iris und blaue Katzenminze gepflanzt sind. Unsere Essterrasse blickt auf dieses Pfingstrosenbeet und an der breiten Steinwand der Terrasse sind Terrakottatöpfe mit blauer Bleiwurz und rosa und karminroten Lady-Washington-Pelargonien (beziehungsweise Königs-Pelargonien) aufgereiht. Die atemberaubendste von ihnen ist »Carisbrooke«, die wie rosafarbenes Sorbet aussieht, mit dunkleren Punkten zur Mitte hin. Diese Pflanze ist inzwischen zu einem kleinen Strauch herangewachsen und letzten Mai brachte sie uns zwanzig oder dreißig Büschel phantastischer Blüten. Viele Besucher halten sie fälschlicherweise für eine blühende Azalee. Es ist schon komisch, dass ich, die ich Azaleen im Allgemeinen verschmähe, von einer Geranienart so hingerissen bin, deren Hauptvorzug darin besteht, dass sie wie eine Azalee aussieht. Außerdem habe ich eine wunderbare dunkelrote Pelargonie namens »Black Prince«. Leider blüht »Carisbrooke« nur einmal, aber bei »Black Prince« sieht es so aus, als würde sie im August ein zweites Mal Blüten ansetzen.

Wenn der Betrachter von der oberen Rabatte zur unteren Terrasse schlendert, erhält er den Eindruck, durch einen Nebel aus diffusen impressionistischen Farben wie Safrangelb, Himmelblau und Pfirsichrosa zu schweben. Doch so groß die Zufriedenheit auch sein mag, es bleibt die nagende Gewissheit, dass die Zeit voranschreitet und diese ganze Pracht in Kürze verschwinden wird.

Ich erinnere mich, dass ich einmal an einem herrlichen Maiabend einen letzten Rundgang durch meinen Garten machte, mich neben den Feigenbaum setzte und in mein Tagebuch schrieb:

> Nach dem Mai
> Geht es
> Nur
> Noch
> Bergab.

Ich muss gestehen, dass ich damals nicht an die Rosen gedacht hatte; denn lange Zeit war ich der Meinung, dass Rosen im Mittelmeerklima keinesfalls gut gedeihen würden. Ich weiß nicht, wo ich diese Ansicht aufgeschnappt hatte; vielleicht aus Edith Whartons Buch über italienische Villen, in dem stand, dass es am besten sei, sich in den Sommermonaten gar nicht um Blumen zu kümmern, oder sie stammte aus Artikeln in englischen Gartenmagazinen, in denen beklagt wurde, dass Rosen die Hitze gar nicht gut vertrügen. So strich ich Rosen gehorsam von meiner Liste und sah mich anderweitig nach Farben für den Sommer um.

Aber dann kam eine Zeit, als ich anfing, die neuen italienischen Gärten in Mittelitalien zu besichtigen, und mir wurde klar, dass ich mit meinem Urteil über Rosen etwas voreilig gewesen war. Ich stellte fest, dass es eine enorme Vielfalt an Rosen gibt und dass einige der besten Arten – vor allem die altmodischen Sorten wie zum Beispiel China-Rosen, Büschel- und Moosrosen sowie die altbekannten Kletterrosen – für Italien weit besser geeignet sind als ihre Cousinen, die eleganten Tee-Hybriden.

Diese neue Begeisterung für alte Rosen ist allerorten zu beobachten. Manche Gärtnereien, die sich darauf spezialisieren, haben in Rom Niederlassungen gegründet, um der gestiegenen Nachfrage nachzukommen. Die englischen Züchter alter Rosen, die die Vorzüge der jüngst vereinfachten Regelungen der Europäischen Union nutzen, verschiffen Containerladungen voll ballenloser englischer Rosen an italienische Gärtnereien. Selbst die Direktoren der Boboli-Gärten in Florenz, der Hochburg des Formalismus der Renaissance, bepflanzen inzwischen ihre berühmten Inselbeete mit hunderten von alten französischen Rosen.

Sogleich stellt sich die Frage: Was hat zu dieser unerwarteten Rückkehr zu den Rosen von gestern geführt? Darauf gibt es mehrere Antworten. Zum einen ist vielen Gärtnern, die keine Helfer finden, klar geworden, dass die Tee-Hybriden zwar schön sind, aber einer Unmenge zusätzlicher Pflege bedürfen und viel zu anspruchsvoll sind, um in privaten Gärten zu gedeihen.

Die Unzufriedenheit mit diesen Hybriden ist nichts Neues. Schon 1942 beschuldigte Amerikas führende Autorität auf dem Gebiet des Gärtnerns in heißem Klima, Elizabeth Lawrence, die kommerziellen Züchter, dass sie kostbare Bestände an uralten Rosen verschwinden ließen, während sie sich auf den synthetischen Charme der Tee-Hybriden konzentrierten, die im Handel mit Schnittblumen profitabler seien. Mrs. Lawrence beklagte in ihrem Buch *A Southern Garden*, dass die neuen Hybriden überhaupt nicht in ihren Garten in North Carolina passten. »Ein großes Gejammer erhebt sich um die verloren gegangenen Teerosen, die Moosrosen, die China- und Bourbon-Rosen«, schrieb sie. »Neben ihrer besonderen Schönheit und dem wunderbaren Duft sind sie für unser Klima ganz besonders geeignet, besser als viele der modernen Rosen.«

Zwei Generationen später sprach eine weitere Expertin für Gärten in heißem Klima, die Marchesa Lavinia Taverna aus Italien, ihren Widerwillen gegen die Tee-Hybriden unverblümter aus. In ihrem 1982 erschienenen Buch *Un Giardino Mediterraneo* unterschied sie zwischen den Pflanzen, die sie als »echte Rosen« (beziehungsweise alte Rosen) bezeichnete, und den Tee-Hybriden, die, wie sie versicherte, nicht nur »vulgär und dekadent« seien, sondern denen es auch an der richtigen Bescheidenheit fehle – denn es seien eigentlich keine echten Rosen. »Echte Rosen«, schrieb sie, »sind die älteren, natürlichen Rosen, die Arten, die lockere Büsche voller süß duftender Blüten bilden, wenig Pflege brauchen und am Ende des Jahres Unmengen leuchtender Hagebutten hervorbringen.«

Bis zu dieser öffentlichen Anklage waren viele italienische Gärtner, so wie ich, davon überzeugt, dass Italien nicht rosenfreundlich sei. Die Marchesa Taverna war jedoch nicht der Typ, der solch defätistische Ansichten so ohne weiteres schluckte, und sie stöberte in alten Gärten und Züchterkatalogen herum, um einige der einfachen Rosen ausfindig zu machen, an die sie sich aus ihrer Kindheit erinnerte. Eine Gruppe, die ihre Neugier weckte, waren die China-Rosen, die um 1800 in Europa auf-getaucht waren und den Vorteil hatten, von April bis Dezember fast ununterbrochen zu blühen, die einzige Rose, die eine solche Blühfreudigkeit an den Tag legt.

Um ihr Vertrauen in die China-Rosen zu beweisen, pflanzte sie mutig 350 Sträucher der *Rosa x odorata* »Mu-tabilis« (in der Farbe der Blüte veränderlich) auf dem Hang ihres neuen Gartens in La Landriana bei Anzio. Diese Rose kommt den Tee-Hybriden – was die Auf-fälligkeit betrifft – am nächsten, ist aber dauerblühend. Die einzelnen Rosen an sich sind nicht sonderlich be-eindruckend, aber wenn man mitten im Dezember vor 350 großen »Mutabilis«-Sträuchern mit tausenden viel-farbiger Blüten steht, dann ist das ein Anblick, der sich ins Gedächtnis eingräbt.

Seit die Marchesa und ein paar andere Rosenfreunde mit ihrer Suche begannen, sind plötzlich – und beinahe unbemerkt – gemütliche Bauerngärten voller alter Ro-sen entstanden. Es stellte sich heraus, dass das mediter-rane Klima gar nicht rosenfeindlich ist; nur waren die Rosen, die in Italien am besten gediehen, in Vergessen-heit geraten.

Die Geschichte der alten Rosen – und ihr späteres Ver-schwinden – könnte man als Musikstück aufführen (Harfe und Flöte) oder von einem Dichter vortragen las-sen. Zuerst gab es die wilden Rosen, die einfachen rosa und weißen Hundsrosen, die Weinrosen und andere. Zunächst wurden die wilden Rosen gekreuzt, um ein paar schöne Mischungen wie die Albas, die im Früh-sommer blühen, oder die Centifloras zu züchten, die im 16. Jahrhundert gediehen, oder die Essigrosen, »Rosa gallica-Hybriden«, die die Kaiserin Josephine einst so liebte. Zu einem Durchbruch kam es im späten 18. Jahr-hundert, als die ersten China-Rosen nach Europa ver-schifft wurden. Diese kleinen Sträucher, die ihre Blüten in bescheidenen Büscheln hervorbrachten, waren aufgrund ihrer lang anhaltenden Blühfreudigkeit sofort die große Sensation. Tatsächlich wurde eine der ersten dauerblühenden China-Rosen »Slater's Crimson China« genannt, und zwar zu Ehren von Gilbert Slater, einem Direktor der Ost-Indien-Gesellschaft, der die Rose 1790 entdeckte und sie nach Hause sandte. Sobald die Sträucher von China nach Europa kamen, fingen die Europäer an, die Neuankömmlinge mit europäischen Rosen zu kreuzen, und bis heute hat jede dauerhaft blühende Rose zwangsläufig eine chinesische Rose als Vorfahr.

Zwei der beliebtesten Hybriden sind die Teerose (nicht zu verwechseln mit den Tee-Hybriden) und die Noisetterosen (Büschelrosen). Die ursprünglichen Teerosen hatten einfache, hellfarbige Blüten, und wurden »Teerosen« genannt, weil sie zusammen mit Tee von China verschifft wurden und – wie manche behaupteten – nach Tee rochen, während sie in Wahrheit eher nach Früchten oder neuem Wein dufteten. Die China-Rose brachte einen zweiten wichtigen Abkömmling hervor, die Noisette, die eine der kräftigsten und schönsten Kletterrosen aller Zeiten werden sollte. Die ersten Noisettes, von einem Amerikaner namens Philippe Noisette gekreuzt, sind Kletterer für warmes Klima, die zwischen zwei und zehn Meter hoch werden können und besonders für Italien geeignet sind, wo sie ihre schönste Blüte im Herbst erreichen, einer Zeit, in der Italien einen zweiten Frühling erfährt. Zu den beliebtesten Noisettes gehören die blassrosa »Mme Alfred Carrière« und die dottergelbe »Maréchal Niel«.

Der Rosenexperte Walter Bianchi, der eine der größten Sammlungen alter Rosen im Land besitzt, schrieb in seinem Katalog: »Die antiken Rosen scheinen an das italienische Klima bestens angepasst zu sein. In mediterranem Klima können einmal blühende Rosen enttäuschen, denn ihre Blütezeit kann, wenn die Hitze zu früh einsetzt, sehr kurz sein. Alte Rosen dagegen blühen bis zum Winter üppig und gelegentlich sogar bis in die kältesten Monate hinein; sie werden durch die Kälte nicht sonderlich beeinträchtigt, weil ihre Wurzeln im Laufe des heißen Sommers genügend Zeit hatten, hart zu werden.« Bianchi fügte hinzu, dass diese Schönheiten »in vielen Gegenden Italiens gut wachsen und überall dort herrlich gedeihen, wo es Olivenbäume oder Getreidefelder gibt«.

Da ich mich den Freunden alter Rosen ziemlich spät angeschlossen habe, bemühe ich mich nun, sie einzuholen. Eine Gelegenheit, mein Geschick unter Beweis zu stellen, bot sich im letzten Winter, als Robert ankündigte, er sei es leid, die kleineren Olivenbäume rund ums Haus zu veredeln, und überlege, sie zu fällen.

»Diese Bäume liefern uns niemals Olivenöl«, sagte er. »Sie haben beim Frost von 1981 Schaden genommen und werden nie auch nur die Höhe einer Bohnenreihe erreichen; besser, man fällt sie und fängt mit etwas Neuem an.«

»Nein«, sagte ich. »Ich lasse einfach Kletterrosen an ihnen hochwachsen.« Und bevor er eine Chance hatte, Einwände zu erheben, hatte ich von Peter Beales ein Dutzend ballenlose Kletterrosen bestellt, und einen Monat später pflanzten wir sie aus, wobei wir darauf achteten, sie einen Meter von den Baumstämmen entfernt zu setzen, damit sie von den Olivenwurzeln nicht beeinträchtigt würden. Ich verbrachte ganze Nächte damit, Listen jener Rosen zusammenzustellen, die ich haben wollte, aber ich kann nur hoffen, dass ich die richtige Wahl getroffen habe. An das Haus pflanzten wir eine »Complicata«, eine alte, einfache Rose aus der Familie der Gallica. Sie blüht nur einmal, im Juni, was schade ist, aber um dies wettzumachen, hat sie solche Unmengen pinkfarbener Blüten mit blasserer Mitte, dass sie einen

Olivenbaum und auch eine Pergola leicht verdecken. Der Rest der auch »Rambler« genannten Kletterrosen wird im Laufe der Zeit die vormals ungeliebten Olivenbäume hinaufwachsen und mit den grüngrauen Blättern der Oliven eine hübsche Kombination von Rosa und Karmesinrot bilden. Unter diesen Kletterrosen befinden sich eine »Awakening«, die eine gefüllte, geviertelte Kreuzung der »New Dawn« ist und erst kürzlich in Tschechien entdeckt wurde, daneben die »Aloha«, deren Blüten jeweils etwa sechzig rosa-pinkfarbene Blätter haben werden. Zudem habe ich eine kräftige Kletterrose mit dem verlockenden Namen »Parkdirektor Riggers«® gepflanzt, die uns in der Nähe des Amselnests Büschel einfacher karmesinroter Blüten liefern wird; »Laura Louise«, die blasspink bis lachsfarben sein wird; »Galway Bay«, die ebenfalls lachsfarben und üppig sein soll, und eine *Rosa banksiae* »Lutea«, die, während sie den Olivenbaum auf der unteren Terrasse hochklettert, schon eine Woge blassgelber Blüten hervorgebracht hat.

Die Experten weisen darauf hin, dass man bei Kletterrosen Geduld aufbringen müsse, dass es drei Jahre dauern könne, bis sie richtig in Schwung kommen. Aber was soll's? Wir wissen, dass sie da sind, ihre Zeit brauchen, während ihre Wurzeln stärker werden und ihre Knospen heranwachsen und reifen, und sie geben uns Anlass zur Vorfreude. Rosen anzupflanzen, lehrt einen den Wert von Geduld und Ruhe, von Tugenden also, die in dieser hektischen Welt so selten geworden sind.

JUNI

Hochzeiten auf dem Lande

Der Juni ist bekanntermaßen der Rosenmonat – aber was vielleicht noch wichtiger ist, er ist der Hochzeitsmonat. Und es gibt fast so viele Arten von Hochzeiten wie Rosen.

Früher waren die unausgesprochenen Gründe für Hochzeiten auf dem Lande rein praktische Überlegungen: Wie viel verdiente der Bräutigam monatlich, und wie groß war die Mitgift, die die Braut mit in die Ehe brachte? Wie gut kannten sich die Eltern? Liebe war nur Nebensache. Diese rein geschäftsmäßigen Beweggründe wurden schließlich durch etwas ersetzt, was ein wenig romantischer war – Hochzeiten aus Liebe, Hochzeiten aus Zuneigung, Hochzeiten, nach denen man schöne Flitterwochen in Südspanien verbrachte. Aber Hochzeiten auf dem Land haben in letzter Zeit eine eigenartige Wendung genommen, und was wir jetzt haben, sind Hochzeiten als Spektakel oder von Managern organisierte kommerzielle »Events«. Die Brautleute sind schlicht zu Akteuren einer Schau geworden, die von Leuten, die damit Geld verdienen, aufgezogen wird – den Essenslieferanten, Friseuren, Make-up-Künstlern, Musikern, Köchen und den Gräfinnen, die ihre Schlösser vermieten, um einen geschmackvollen Rahmen für hunderte von Fotos zu liefern, welche in weißen kunstledernen Fotoalben und zusammen mit die ganze Zeremonie festhaltenden Videoaufzeichnungen der Nachwelt erhalten werden können. Wir sind in weniger als zwei Generationen von der Hochzeit als einer rein geschäftlichen Angelegenheit zur Hochzeit als Show-Business übergegangen.

Über die erste Art der Hochzeit haben wir viel von einer früheren *tuttofare* (»Mädchen für alles«) namens Lucia erfahren, die aus dem Dorf Blera, nur etwa 24 Kilometer Luftlinie von Canale entfernt, stammte.

Tatsächlich stellten wir Lucia gerade wegen ihrer Verbindung mit Blera ein. Wir dachten uns, dass sie nicht abgeneigt sein würde, mit uns am Beginn der Sommerferien von Rom aufs Land zu fahren, da sie so ihre Familie mindestens einmal pro Woche besuchen konnte. Erst nachdem sie eine Weile für uns gearbeitet hatte, fanden wir heraus, was für ein praktisch denkendes Mädchen Lucia war. Ihre Geschichte war in der Tat typisch für eine ganze Generation von Dorfmädchen, die nach den Entbehrungen des Zweiten Weltkriegs dazu gedrängt wurden, sich in den Großstädten Arbeit zu suchen. Nachdem sie die Kriegsjahre damit verbracht hatte, Eicheln als Kaffeeersatz zu mahlen und Wasser vom Dorfbrunnen sowohl zum Kochen als auch zum Waschen herbeizuschleppen, war Lucia bereit, fast jeden Nachkriegsjob anzunehmen, der ihr drei Mahlzeiten am Tag und ein warmes Bett sichern würde. Ihre erste Stelle als *tuttofare* fand sie bei der Familie eines Rechtsanwalts in Rom, und ihre tägliche Aufgabe war es, die Mahlzeiten für sechs Personen zuzubereiten und zu servieren, die große Wohnung zu putzen und sämtliche Böden zu wachsen. Außerdem wurde von ihr verlangt, die Wäsche der Familie zu erledigen, und das bedeutete, die Wäsche auf dem Kopf aufs Dach zu tragen und sie an einem Hahn mit kaltem Wasser zu waschen.

Sie fing morgens um sechs mit ihrer Arbeit an und war selten vor zehn Uhr abends fertig. Sie musste an allen Feiertagen arbeiten und bekam am Sonntagnachmittag drei Stunden frei (aber sie musste rechtzeitig zu

Hause sein, um das sonntägliche Abendessen zuzubereiten), und ihr Lohn betrug achttausend Lire pro Monat, was damals etwa vierzehn Mark entsprach.

Lucias Wohnverhältnisse waren gleichermaßen spartanisch. Es gab kein Dienstmädchenzimmer, deshalb musste sie jeden Abend in der Küche, nachdem der Abwasch erledigt war, ein Klappbett aufschlagen. Nicht selten wurde ihr Schlaf vom ältesten Sohn des Rechtsanwalts gestört, der sich angeblich Wasser holen wollte.

Auch ihre Mahlzeiten waren beschränkt. Die Frau des Rechtsanwalts schloss den Kühlschrank und die Vorratskammer ab, und während sich die Familienmitglieder jeden Abend an Fleisch und Butter gütlich taten, musste sich Lucia mit Eiern und Margarine begnügen.

Im Laufe der Zeit, als sie von Anstellung zu Anstellung wechselte, wurde Lucia mutiger und fing an, ein paar Forderungen zu stellen. So wagte sie, ihrem vierten Arbeitgeber zu sagen, sie sei es gewohnt, zweimal wöchentlich Fleisch zu bekommen, und es sei ihr unmöglich, die Kleider zu waschen, wenn sie kein gutes Waschmittel (statt der gelben Seife) und heißes Wasser hätte. Zu ihrer Überraschung stimmte der Arbeitgeber zu. Später hatte sie immerhin das Glück, eine Familie zu finden, die eine halbautomatische Waschmaschine besaß.

Ihr Aufstieg wurde durch das italienische Parlament wesentlich begünstigt. In den frühen fünfziger Jahren trieb eine Gruppe kommunistischer Abgeordneter eine Reihe von Reformen voran, die zum Ziel hatten, der Ausbeutung häuslicher Angestellter ein Ende zu bereiten, und die Zentrumsparteien machten in der Hoffnung mit, so andere, bedrohlichere Reformen zu verhindern. Plötzlich sahen sich Dienstmädchen im Genuss sozialer Absicherung, einer Krankenversicherung, eines zusätzlichen Monatsgehalts zu Weihnachten und Freizeit an allen kirchlichen und nationalen Feiertagen.

Als Lucia zu uns kam, war sie siebenunddreißig, und eigentlich ging es ihr recht gut. Sie musste sich nicht mehr mit einer halbautomatischen Waschmaschine begnügen, sondern hatte eine vollautomatische; sie musste die Wäsche nur noch in das hungrige Maul der Maschine stecken und die Wäsche war erledigt.

Zudem war Lucia froh festzustellen, dass wir den Kühlschrank nicht abschlossen, und so konnte sie mit beruhigender Regelmäßigkeit Beefsteaks und gebratenes Lamm essen. Sie hatte auch freien Zugang zu Käse und Wein, zu Schampoo und Aspirin. Die Verbesserung ihrer Lebensbedingungen zeigte sich deutlich. Sie nahm zwanzig Kilo zu, eine Gewichtszunahme, die sie keineswegs als Katastrophe, sondern vielmehr als weise Vorbeugungsmaßnahme gegen möglichen zukünftigen Hunger betrachtete. Nicht umsonst bezeichnen Italiener dralle Frauen anerkennend als *tosta* (robust) oder *bella piena* (schön vollschlank), während sie, wenn Frauen abgenommen haben, traurig den Kopf schütteln und beklagen, dass sie entweder *secca* (vertrocknet und verdorrt) oder *sciupata* (abgezehrt, ausgemergelt oder krank) seien.

In den ganzen zwanzig Jahren in Rom hatte sich Lucia nur eines zugelegt, was sie manchmal bedauerte – nämlich eine Tochter. Diese Anschaffung, ein Ergebnis der nächtlichen Besuche des Anwaltssohnes in der Küche, war peinlich gewesen, und zu allem Übel hatte der Rechtsanwalt sie in dem Augenblick, als ihr Zustand offensichtlich wurde, gefeuert. Lucia war ja keineswegs die erste berufstätige Frau, die sich mit dieser Katastrophe konfrontiert sah, aber sie war eine der wenigen, die ihr Schicksal gelassen hinnahmen, und sie schickte das Kind in ein Kloster sardischer Nonnen, anstatt es auf den Stufen einer römischen Kirche auszusetzen, wie es damals eher üblich war.

Siebzehn Jahre nach diesem unglücklichen Vorfall hatte sich Lucia damit voll und ganz abgefunden. In einem Jahr oder zwei würde ihre Tochter die Ausbildung abgeschlossen haben und das Kloster verlassen, und sie und Lucia würden sich dann, da sie zwei Gehälter verdienten, eine kleine Wohnung mit Fernseher und eigener Waschmaschine leisten können.

Von außen betrachtet hätte man sagen können, dass Lucia ihr Unglück ehrenhaft bewältigt hatte und sich jetzt ihres Lebens hätte erfreuen können. Und dennoch würde diese Darstellung ein falsches Bild entwerfen, denn in Lucias Herz, so wie in den Herzen der meisten italienischen Hausangestellten, nagte der Wunsch nach einer *sistemazione*. Laut Wörterbuch bedeutet *sistemazione* eine »Regularisierung« beziehungsweise ein »Festzurren wie bei der Ladung eines Schiffes«, aber für italienische *tuttofari* bedeutet es nur eines – heiraten. Dieses Wort scheint nur eine sehr geringe romantische Konnotation zu besitzen, denn wie ich bereits sagte, kann es sich ein Mädchen nur in reichen oder sehr sentimentalen Nationen leisten, aus Liebe zu heiraten. Im bäuerlichen Italien bedeutet *sistemazione* genau das: ein Festzurren der Ladung, ein Aufstocken der Speisekammer, und je weniger über Liebe geredet wird, umso besser.

Lucia verbarg ihr Geheimnis gut, aber es war dennoch da. Wie sonst wäre die Aussteuertruhe unter ihrem Bett, die zwei Dutzend von Hand gesäumter Leintücher und drei Dutzend Kopfkissenbezüge enthielt, zu erklären? Wenn jemand sie gefragt hätte, hätte Lucia sicher erklärt, dass diese Leintücher für ihre Tochter seien, aber die eingestickten Initialen waren die ihren. Ihre Tochter würde beizeiten heiraten, das wusste Lucia, aber sie war überzeugt, dass sie selbst, mit einem wachsenden Sparguthaben auf der Bank, ebenfalls gute Aussichten hatte, einen Ehemann an Land zu ziehen – vielleicht bessere, als sie vor zwanzig Jahren gehabt hatte.

Eine zwar nicht perfekte, aber naheliegende Gelegenheit bot sich, als wir aufs Land zogen, um hier die drei Sommermonate zu verbringen. Da Lucia vom Lande kam, war sie über den Umzug sehr erfreut und fing rasch an, sich mit den Dorfbewohnern anzufreunden. Ihre besten Freunde waren unsere Nachbarn, Jack und Sora Nina, die am Rande des Dorfes wohnten, wo sich einige Häuschen zusammendrängten. Jack verbrachte einen Großteil seiner Freizeit im *Circolo degli Anziani* (Seniorenklub) und spielte *scopone*. Aber Signora Nina führte ihr Gesellschaftsleben zu Hause, und wenn man in einem Dreihundertseelendorf von einem Salon sprechen kann, dann war es eindeutig Signora Nina, die ihn führte. An jedem Samstag- oder Sonntagnachmittag versammelten sich in Signora Ninas Küche in der Regel zwischen fünf und acht sich angeregt unterhaltende Freundinnen. Lucia gewöhnte sich an, an den Sonntagen, an denen sie nicht nach Blera ging, Signora Nina zu besuchen, und eines Nachmittags kam sie zu ihr, als sie gerade zwei kleine Jungen hütete. Nina erklärte ihr, dass das die Kinder des Sohnes ihrer Schwester, Giuseppe, seien, dessen Frau vor acht Monaten im Kindbett gestorben war. Giuseppe, ein hart arbeitender Steinmetz, hatte niemanden, der auf seine beiden Jungen aufpasste, und Nina hatte sich insgeheim vorgenommen, so bald wie möglich eine neue Frau für ihn zu finden. Das war keine einfache Aufgabe, da es im Dorf erstaunlicherweise sehr wenige Mädchen im heiratsfähigen Alter gab und die meisten der jüngeren an einem Witwer mit zwei kleinen Kindern überhaupt kein Interesse hatten.

Als Lucia mir die Geschichte erzählte, kannte sie sich über Giuseppes Situation bereits überraschend gut aus.

»Der kleinere Junge macht schon nicht mehr ins Bett

und der ältere ist ein artiges Kind. Beide gehen ganztags in den Kindergarten, wo sie schwarze Kittel tragen, sodass es mit der Wäsche kein großes Problem gibt. Und dann ist da Giuseppes Mutter«, erzählte mir Lucia. »Sie ist neunundsiebzig und wohnt allein neben Signora Nina. Sie sorgt größtenteils für sich selbst.«

Ich äußerte einige Bedenken in Bezug auf die Mutter.

»Nein, nein, das ist schon in Ordnung. Sie ist bereits alt für ihre Familie«, beruhigte mich Lucia. »Die meisten von ihnen sind schon mit fünfundsiebzig gestorben.«

»Und was ist mit Giuseppe?«, fragte ich.

»Ach, Giuseppe«, antwortete Lucia. »Er verdient als Steinmetz sechstausend Lire pro Tag. Er hat drei Weinberge und über zweihundert Olivenbäume, die ihm jährlich eineinhalb Hektoliter Olivenöl einbringen. Er hat inzwischen fünf Schweine und zwei Dutzend Hühner in seinem Hof und er besitzt ein Haus mit Strom und einen Fernseher.«

Lucia sah mich an und lächelte. Es ist bei zwischenmenschlichen Begegnungen unmöglich, den genauen Zeitpunkt festzulegen, an dem ein Gedanke geboren wird, aber genau in diesem Moment wurde mir klar, dass Lucia beschlossen hatte, Giuseppes zweite Frau zu werden.

Lucia hatte den jungen Witwer nur einmal gesehen; eines Abends verließ er gerade Ninas Küche, als sie hereinkam. Er war ein ansehnlicher Mann mit sauberen Händen und einem sauberen weißen Hemd, und er hatte nicht jenes schlampige Aussehen und das rote Gesicht, das die Frauen auf dem Land am meisten fürchten – das Aussehen eines Schlägers und Trinkers. Die Ehe, das schien sonnenklar, würde für beide Seiten vorteilhaft sein. Sie würde den kleinen Jungen eine Mutter sein, Giuseppe würde eine Haushälterin haben, und Lucia würde die *sistemazione* bekommen, nach der sie sich immer gesehnt hatte.

Selbstverständlich gab es auch Nachteile, aber diese würden fast ausgeglichen werden. Lucia hatte bedauerlicherweise ihre Tochter, aber sie hatte auch das Geld auf der Bank. Giuseppe hatte die Mutter und die noch sehr kleinen Kinder, aber er hatte auch sein eigenes Haus, sein eigenes Land und einen guten Ruf als vernünftiger Ernährer der Familie.

Signora Nina hatte versprochen, Giuseppes Meinung zu der Sache einzuholen, und am folgenden Wochenende lag das vorläufige Ergebnis vor. Giuseppe, der Lucia bis dahin nur flüchtig angesehen hatte, fand sie nicht unsympathisch, obwohl sie unbestreitbar älter war als er. Lucia ihrerseits hatte eine letzte Bitte; sie wollte sich Giuseppes Haus anschauen, bevor sie sich endgültig entschloss. Sie hatte es sich zum Prinzip gemacht, sich die Häuser, in denen sie arbeiten würde, vorher genau anzusehen, weshalb sollte sie also nicht das Haus inspizieren, in dem sie möglicherweise den Rest ihres Lebens verbringen würde?

Nina hatte offenkundig Verständnis für dieses Anliegen und beschaffte sich von Giuseppes Mutter die Schlüssel zum Haus. Wie Lucia mir später erzählte, lag das Haus auf einem kleinen Hügel nur unweit von Ninas Haus entfernt, und nachdem sich die beiden Frauen versichert hatten, dass der Eigentümer nicht zu Hause war, überquerten sie das Artischockenfeld davor und öffneten das Tor. Nina ging voraus – klein und schwungvoll wie ein Spatz – und Lucia folgte ihr. Der erste Eindruck, den sie von dem Haus gewann, war positiv. Es war ein modernes Haus, erst vor kurzem aus Kalksteinen erbaut und dann verputzt.

»Es ist neu«, erzählte mir Lucia zufrieden. »Das heißt, es gibt natürlich Zementstaub, aber in neuen Häusern gibt es wenigstens kein Ungeziefer. Giuseppe hat es eigenhändig erbaut, er ist also nicht der übliche Nichtstuer.«

Sie fand das Haus im Inneren hell und frisch, wenn auch unaufgeräumt, vor. Man trat direkt in die Küche ein, in deren Mitte ein großer Tisch stand, dann gab es einen weißen Herd, einen Kühlschrank und einen Fernseher. Von der Küche führte eine Tür ins Schlafzimmer des Hausherrn, in dem die üblichen Schlafzimmermöbel standen, ein Ehebett, ein *armadio* (Kleiderschrank) in mattem, künstlichem Mahagoni, eine Frisierkommode und drei große Kristallspiegel, einer über der Frisierkommode, einer an der Tür des *armadio* und einer an der Wand. Ein kleines Bild der Muttergottes hing über dem Bett. In einer von diesem Zimmer abgehenden Nische war noch ein kleineres Schlafzimmer für die Kinder.

Auf der Rückseite, draußen über eine Treppe zu erreichen, befand sich eine kleine *cantina* zur Lagerung von Wein, Käse, Kastanien, Schweinefleisch, getrockneten Trauben und anderen Vorräten. Lucia war mit dieser Vorratskammer höchst zufrieden. »Im Winter schlachtet er zwei Schweine«, sagte sie mir. »Außerdem hat er getrocknete Äpfel und jede Menge gutes grünes Olivenöl. Ich nehme an, er braucht eine Frau, die ihm hilft, den Vorrat an eingemachten Tomaten und getrockneten Feigen anzulegen. Ich persönlich bin ja sehr für Kirschen in Alkohol, die Sauerkirschen natürlich.«

Es gab, was Lucia anbelangte, nur einen Nachteil, und das war das Badezimmer. Auch dieses befand sich unten neben der *cantina*. Und statt einer Badewanne gab es nur eine Dusche. Lucia hatte die ersten zwanzig Jahre ihres Lebens auf einem Bauernhof verbracht, in dem es kein fließendes Wasser gab, aber ihre Jahre in Rom hatten sie dazu gebracht, Besseres zu verlangen.

»Es ist eine Zumutung, ohne Badewanne auszukommen«, seufzte sie, »und es ist eine noch größere Zumutung, wenn man ins Freie gehen muss, um dorthin zu gelangen.«

Lucia starrte auf einen Geranientopf auf unserer Fensterbank, ihr kleines, rundes Gesicht ein Bild des Jammers. Dann erschauderte sie, als würde sie versuchen, das ganze schreckliche Bild abzuschütteln.

»Nein«, sagte sie schließlich, »ohne heißes Bad, das den Nieren so gut tut, könnte ich ja auskommen. Aber an einem feuchten Dezemberabend in die Kälte hinausgehen, nein, das kann ich nicht mehr.«

Die Antwort wurde Giuseppe überbracht, der keinen Kommentar dazu hatte, und auch seiner Mutter wurde es mitgeteilt, die Bedauern äußerte. Aber bei dem ganzen Gerede gab es niemanden, der Lucia kritisierte. Sie war eine *brava donna*, und wenn sie jetzt das Gefühl hatte, ohne Badezimmer im Haus nicht auszukommen, dann konnte ihr deshalb niemand Vorwürfe machen.

Und so war die Sache ohne Bitterkeit und ohne Szenen erledigt. Lucia räumte ihre Leintücher und Kopfkissenbezüge wieder in die Truhe unter ihrem Bett. Giuseppe ging weiterhin seiner Arbeit als Steinmetz nach und seine weiblichen Verwandten kümmerten sich um die kleinen Jungen.

Und dann eines Tages, mitten im Sommer, kam Nina mit Jacks Mittagessen und einigen überraschenden Neuigkeiten für Lucia herunter. »Willst du wissen, was Giuseppe heute macht?«, rief sie triumphierend. »Er fängt an, im Haus neben der Küche ein neues Bad zu bauen.«

Lucia versuchte erst gar nicht, ihre Freude zu verbergen.

»Ach, hat er es also endlich kapiert«, sagte sie. »Er ist ein Mann, mit dem man vernünftig reden kann.«

Es würde ein kleiner Anbau an sein Haus werden,

noch immer ohne Badewanne, erklärte Signora Nina, aber es würde ein Bidet haben und eine Dusche.

Lucia schien ihr kaum zugehört zu haben.

»Ach, gut, wenigstens ist es im Haus. Das ist das Wichtigste.«

Von diesem Tag an hatte Lucias Leben, wie ein Kahn, der von einer Sandbank freigeschleppt wurde, ein neues Ziel. Sie holte ihre Leintücher heraus und fing an, sie immer wieder zu lüften. Sie machte sich daran, ihren Kleiderschrank durchzusehen, alte Kleider wegzuwerfen und sich neue zu kaufen. Sie ging dazu über, ihre Tage in Stoffgeschäften zu verbringen, und fing an, Handtücher und Tischwäsche zu kaufen.

Giuseppe seinerseits baute nach der Arbeit unverdrossen an dem Bad. Er suchte keine nähere Bekanntschaft mit Lucia, und Lucia schien nicht das Gefühl zu haben, dass dies notwendig sei. Man war sich handelseinig geworden, Nina war die Zeugin, und Lucia war sicher, dass sie nach der Hochzeit noch reichlich Zeit haben würde, Giuseppe näher kennen zu lernen.

Sie behielt den Fortgang der Bauarbeiten aufmerksam im Auge und alles daran gefiel ihr. Sie sah, dass die Wände neben den Feigenbäumen gerade hochgezogen wurden, schließlich kamen das kleine Fenster und das Dach. Dann, eines Montagnachmittags Anfang September, kam Nina in unsere Küche gestürzt.

»Ich muss dir etwas Schreckliches erzählen, Lucia«, sagte sie mit ungewöhnlich leiser Stimme.

»Was ist los?«

»Er heiratet.«

Lucia hielt mit dem Kartoffelschälen inne.

»Giuseppe?«

»Ja, und wir können nichts dagegen unternehmen. In zehn Tagen wird er ein verheirateter Mann sein. Ich hätte ihm niemals trauen sollen.«

Lucias kleines, rundes Gesicht schien sich geradezu zusammenzuknittern wie ein zerknülltes Zeitungsblatt.

»Aber wen heiratet er?«, schrie sie. »Ich dachte, er würde mich heiraten.«

»Das wollte er auch«, fuhr Nina traurig fort, »aber irgendetwas ist schief gegangen. Und es ist zum Teil meine Schuld. Das Mädchen kommt aus dem Dorf. Sie ist die Tochter einer meiner Nichten. Sie ist erst zwanzig und sehr flatterhaft. Aber es ist meine Schuld. Ich habe sie gebeten, heraufzukommen und mir beim Pilzesuchen zu helfen.«

»Und was ist passiert?«

»Sie hat das neue Badezimmer gesehen«, jammerte Nina, »direkt bevor er das Dach darauf gesetzt hat.«

Ein Funken des Verstehens leuchtete in Lucias Augen auf.

»Und was ist dann passiert?«, fragte sie.

»Sie hat es geschafft, sich so lange herumzutreiben, bis Giuseppe von der Arbeit nach Hause gekommen ist. Ich hätte wissen müssen«, sagte Nina, »dass ein Witwer mit zwei Kindern und einer alten Mutter eine Sache, aber ein Witwer mit zwei Kindern, einer alten Mutter und einem brandneuen Badezimmer mit fließend Warmwasser wieder etwas ganz anderes ist.«

Bald nach diesem Schlag verließ uns Lucia und nahm in Rom eine Anstellung bei der Familie eines Ingenieurs an. Eines Tages, als ich die Piazza del Popolo überquerte, traf ich sie zufällig und war über ihr wohlhabendes Aussehen überrascht. Sie trug ein Kostüm aus exzellentem Wollstoff, sie hatte offensichtlich zugenommen, aber meine Aufmerksamkeit wurde auf die goldene Brosche an ihrem Revers und ihren breiten Ehering gelenkt.

Ich machte eine Bemerkung über ihr offensichtliches Wohlergehen und sie strahlte.

»Oh, Signora, ich habe unheimliches Glück gehabt«, sagte sie. »Meine Tochter Patrizia hat einen Hauptmann der Luftwaffe geheiratet und lebt jetzt in einer sehr schönen Villa in Checchignola. Sie machen jedes Jahr Urlaub in Florida. Und auch ich habe etwa ein Jahr nach Patrizia geheiratet.«

Ich erkundigte mich nach den Einzelheiten und sie wurden mir stolz mitgeteilt. Lucia hatte einen wohlhabenden *tappezziere* (Polsterer) kennen gelernt, der regelmäßig in den Haushalt kam, in dem sie angestellt war. Er war etwa fünfzehn Jahre älter als sie, aber er besaß eine abbezahlte Wohnung mit zwei Schlafzimmern in einem guten Viertel am Monte Mario und hatte außerdem eine Pension aus der Zeit, als er für die Armee Fallschirme herstellte. Der *tappezziere*, der bedauernswerte Mann, hatte eine Tochter, die Lucia als *infelice* (unglücklich) bezeichnete – ich hatte den Eindruck, dass sie wohl geistig behindert war –, und deshalb unterzeichneten Lucia und ihr zukünftiger Ehemann vor der Eheschließung einen Vertrag, der festlegte, dass Lucia beim Tod des Ehemanns die alleinige Besitzerin der Wohnung sein würde, während sie zusicherte, sich Zeit ihres Lebens um die Tochter zu kümmern.

Lucia sagte, dass es eine sehr glückliche Ehe gewesen sei. Leider war ihr Mann vor fünf Jahren gestorben, und bald darauf war es mit der Tochter so schlimm geworden, dass sie in ein staatliches *manicomio* (psychiatrische Anstalt) eingewiesen werden musste. Jetzt führte Lucia das Leben einer müßiggängerischen Dame. Sie pflanzte auf ihrer kleinen Terrasse mit Ausblick auf Frascati Geranien an, lud Patrizia und deren Ehemann einmal wöchentlich zum Essen ein, und einmal pro Monat ging sie bei gutem Wetter die Stieftochter in dem staatlichen *manicomio* besuchen.

»Ich glaube nicht, dass sie mich überhaupt noch erkennt«, sagte mir Lucia, »aber ich gehe trotzdem hin. Ich bin schließlich eine Frau mit einem sehr weichen Herzen.«

Massimo

Eine der schönen Seiten des Sommers auf dem Lande ist, dass die Hitze jedem einen Vorwand bietet, sich auszuruhen und mehr Zeit draußen mit Freunden zu verbringen. Massimo, der Bulldozerfahrer, verkürzte bei heißem Wetter seine Arbeitszeit und beschäftigte sich mit Straßenreparaturen in der überwucherten *macchia*. Da er mit seinem Bulldozer nicht über die Schotterstraßen fahren durfte, weil die schweren Eisenketten so große Schäden verursachten, gewöhnte er sich an, ihn über Nacht bei uns abzustellen.

In der Regel kam er mit seinem Motorrad morgens zu uns herunter, um seinen Bulldozer zu holen, und am späten Nachmittag kam er, nachdem er ihn wieder neben dem Atelier abgestellt hatte, auf ein Gläschen Wein zu uns.

Es ist unmöglich, all das wiederzugeben, über das wir an diesen frühen Sommerabenden gesprochen haben, aber wir gingen das Thema Politik stets mit gewisser Vorsicht an. Massimo war ein blinder Bewunderer alles Russischen und bewahrte zu Hause in seinem Schrank sogar eine große Fahne mit Hammer und Sichel auf. Er hatte immerhin an mehreren von der Kommunistischen Partei Italiens organisierten Reisen nach Moskau teilgenommen und war sehr stolz, dass er damals zu einer Gruppe italienischer Genossen gehörte, die von Leonid Breschnew im Kreml empfangen wurde. Immer wenn unsere Diskussionen zu hitzig wurden, hob er die geballte Faust und wiederholte eine alte Warnung der Kommunisten: »*Ha da venir Baffone*« (ungefähr: »Pass auf, der Mann mit dem großen Schnurrbart [Stalin] kommt demnächst.«) Die Warnung wurde in etwa dem gleichen Ton ausgestoßen, den Mütter anzuschlagen pflegten, wenn sie ihre Kinder warnten, dass sie lieber brav sein sollten, sonst würde die böse Hexe sie holen.

Je besser wir ihn kennen lernten, umso klarer wurde uns, was für ein fanatischer Kerl Massimo tatsächlich war. Er hasste den Pfarrer des Dorfes, einen ziemlich wichtigtuerischen Mann, der die Hauptstraße von Canale auf und ab marschierte, die Hände hinter dem Rücken wie ein Pinguin, und er verabscheute die Schwester des Pfarrers, eine füllige rothaarige Xanthippe, die in ihrem Vorgarten riesige Dahlien gepflanzt hatte und genauestens kontrollierte, was sich im sozialen Leben in Canale so alles abspielte.

»Wenn eine Frau wie die die Krone der Christenheit sein soll, dann bin ich die Madonna di Pompeii«, brummelte Massimo mürrisch.

Er mischte auch in der Lokalpolitik mit, obwohl wir seine offizielle Position nie herausbekamen. Eines Morgens kam er herunter, um seinen Bulldozer zu holen, und sah noch düsterer aus als sonst.

»Ich sitze schrecklich in der Patsche«, gestand er Robert. »Ich habe gestern Abend in der Bar zu viel Wein getrunken, bin mit dem Bürgermeister [der ebenfalls Kommunist war] in Streit geraten und habe ihn niedergeschlagen. Vielleicht schickt er mir jetzt die Carabinieri auf den Hals.«

Aber die Carabinieri kamen nicht, und als wir Jack danach fragten, kicherte er.

»Machen Sie sich keine Sorgen, die Carabinieri werden Massimo niemals holen«, sagte Jack.

Eigenartigerweise schienen Frauen in Massimos Leben keine große Rolle zu spielen, doch plötzlich, in unserem dritten Sommer, überraschte er uns kurz vor seinem achtundvierzigsten Geburtstag mit der Mitteilung, dass er gerade eine Frau namens Enrichetta aus dem Dorf geheiratet habe, die vor einem Jahr Witwe geworden sei und zwei kleine Töchter habe. Wir waren zur Hochzeit nicht eingeladen worden, weil Massimo keine kirchliche Trauung über sich ergehen lassen wollte. Der Bund der Ehe wurde durch den Bürgermeister (der ihm die Episode in der Bar offenbar vergeben hatte) in einer kurzen Zeremonie im Rathaus geschlossen, eine für Canale höchst ungewöhnliche Sache.

Massimos Leben änderte sich aufgrund seines neuen Status so gut wie gar nicht. Er ging abends weiterhin nach Hause, wann es ihm passte, wobei er sein großes Motorrad im Hauseingang abstellte, und Enrichetta hielt ihm brav sein Essen warm. Nach dem Essen ging er wie gehabt in den Dorfkrug, wo er Karten spielte, literweise schrecklichen Wein trank und sich mit seinen Freunden und Nachbarn heftige politische Auseinandersetzungen lieferte.

Schließlich verkündete Massimo, wieder zu unserer Überraschung, dass Enrichetta ein Baby erwarte, und bald darauf brachte sie ein kleines Mädchen zur Welt, dem sie den Namen Giuseppa gaben. Massimo setzte einen Sombrero auf und trug das Baby durch ganz Canale, damit seine Freunde es bewundern konnten, ein kleines, ganz mit Bändern und Spitze zurechtgemachtes Geschöpf, und er legte es in einen Korb und brachte es auf seinem Motorrad herunter, um es uns zu zeigen.

Als aber die Zeit der Taufe anstand, gab er sich unnachgiebig. »Diese Frauen bringen mich bestimmt nicht in die Kirche«, sagte er. »Eher trinke ich ein Glas Ammoniak, als dass ich hineingehe und dem Pfarrer die Hand schüttle.«

Und so nahmen Enrichetta und ihre Freundinnen mit dem Pfarrer Kontakt auf, nähten ein Taufkleidchen aus Organza und gingen in die Kirche, um das Kind taufen zu lassen, während Massimo draußen auf den Kirchenstufen düster und missmutig wartete. Er hatte sich aus diesem Anlass ein sauberes Hemd angezogen, aber als Kämpfer des Proletariats trug er weder Krawatte noch Jackett. Nach der Taufe ließ sich Massimo zu einem Mittagessen mitschleifen, das Enrichetta in einer Trattoria am Ort organisiert hatte, aber er weigerte sich, am Kopf des Tisches Platz zu nehmen, und versicherte allen, dass er nur aus Liebe zu seiner kleinen Tochter mitgekommen sei.

Massimo hatte unter seinen vielen Fertigkeiten eine, auf die er ganz besonders stolz war. Er war der Champion im *braccio di ferro* (Armdrücken) von Canale. Jeden Abend saß er in seiner Bar an der Hauptstraße und kämpfte gegen alle Herausforderer, aber nie gelang es irgendjemandem, seine Hand auf den Tisch zu drücken.

Wir beschlossen, ihm eine Überraschung zu bereiten. Roberts Bildhauer-Freund, Don Saco, hatte uns angerufen und uns mitgeteilt, dass er in einer Woche durch Italien reisen und uns gern besuchen würde. Don war ein schlanker Mann mit lockigen blonden Haaren und in sportlichen Jeans und einer weiten Jacke sah er gar nicht wie ein muskulöser Typ aus. Aber das Äußere täuschte, da Don in Wahrheit ein Fitness-Fan und der *braccio di ferro*-Champion des US Marine Corps war. Er rauchte nicht, er trank nicht, und er war Mitglied eines angesehenen Sportklubs in New York, wo er dreimal wöchentlich trainierte, Liegestützen machte, Gewichte stemmte und echtes Muskelaufbautraining betrieb. Wenn er die Jacke anhatte, war er einfach einer, der wie jedermann aussah. Ohne die Jacke jedoch zeigte er einen Körper und

Bizeps, der die dafür empfänglichen Damen in Ohnmacht fallen ließ.

Als Don ankam, fanden wir heraus, wo Massimo sich an diesem Abend aufhielt, und gingen um neun Uhr in die Bar, um dort ein Glas Wein zu trinken. Robert stellte Massimo seinen Freund vor und schlug dann, als fiele ihm das gerade ein, vor, dass Don ihn wohl gerne zu einem *braccio di ferro*-Wettkampf herausfordern würde. Massimo stimmte zu, bloß um uns einen Gefallen zu tun. Ich erinnere mich an sein Lächeln, als er unseren schlanken Freund musterte. Da steht ein dreister Amerikaner, dachte er offensichtlich, der sich etwas auf seine körperliche Kraft einbildet. Kein ernst zu nehmender Gegner.

Die beiden setzten sich an einen Holztisch und fast alle Leute in der Bar umringten sie. Die beiden Männer packten sich an den Händen, und Massimo gab sogleich einen Ruck, um Dons Arm auf den Tisch zu drücken. Der Arm weigerte sich jedoch, sich zu rühren. Massimo sah verwirrt aus und drückte mit seiner Hand wieder, diesmal stärker. Zu Massimos Überraschung fing Don an, seine Hand auf den Tisch zuzubewegen.

Unter den Zuschauern wurde es totenstill.

Massimo sah sich überrascht und ratlos um, und dann bewegte er seinen Hintern schnell nach links und rechts und schubste Robert, der neben ihm saß, ans äußerte Ende der Bank. Er stellte seine Füße weiter auseinander, um besseren Halt auf seinem Sitz zu haben.

Gern würde ich berichten, dass Don Saco den Riesen gestürzt hat, aber das war nicht der Fall. Die Wahrheit ist, dass es Massimo, nachdem er sich zurechtgesetzt und sich konzentriert hatte, gelang, seine Hand wieder in die neutrale Ausgangsposition zu bringen, und nach atemraubenden Kampf, der mehr als zehn Minuten dauerte, stand es zwischen den beiden immer noch unentschieden. Inzwischen war Massimos Gesicht puterrot geworden und Schweißperlen standen ihm auf der Stirn. Aber schließlich tat er, nach herkulischer Anstrengung, einen Stoß aus der Schulter und drückte Sacos Hand auf den Tisch. Es war eine herrliche Demonstration der Kraft, und Saco musste zugeben, dass er seinen Meister gefunden hatte.

Etwa sechs Jahre nach diesem historischen Kampf erntete Massimo während der Oktober-*vendemmia* (Weinlese) Trauben, und als er nach einem schweren Mittagessen zu den Weinstöcken zurückging, fiel er plötzlich zu Boden.

Vier Männer waren nötig, um seinen massigen Körper in einen kleinen Fiat 600 zu bugsieren, aber als sie im Krankenhaus ankamen, war er bereits tot. Er hatte einen schweren Herzinfarkt erlitten.

Enrichetta gab bekannt, dass der Trauergottesdienst zwei Tage später in der Kirche stattfinden würde, und fast alle Bewohner Canales kamen, um ihrem Genossen und Traktorfahrer Lebewohl zu sagen. Es war eine solche Menschenmenge, dass die Leute bis auf die Straße hinaus standen. An den Kirchenportalen lehnten fünf Kränze, groß wie Wagenräder, aus leuchtend roten Nelken und mit Bändern versehen, auf denen PCI (Partito Comunista Italiano) und PCI Sezione Bracciano geschrieben war. Neben diesen Kränzen, aber ein wenig abseits der Menge, stand eine Gruppe Männer in schwarzen Anzügen mit roten Nelken im Knopfloch, und ich bemerkte einige am Straßenrand geparkte große schwarze Autos, eindeutig Dienstlimousinen aus Rom.

Der von vielen abgelehnte Gemeindepfarrer von Canale war taktvoll von der Zeremonie fern gehalten worden – er saß nicht einmal in der letzten Reihe –, und der sehr kurze Gottesdienst wurde von einem jungen Priester gehalten, der ein leicht militärisches Aussehen hatte.

Es stellt sich die Frage: Hat die Partei extra eine Gruppe junger Pfarrer parat, nur um die Bestattungen verstorbener Kommunisten durchzuführen? Nach dem Gottesdienst gingen wir aus der Kirche und blieben auf den Stufen stehen, um einigen von Massimos alten Trinkkumpanen und ein paar der Bauern unser Beileid auszusprechen, deren Land er gepflügt hatte. Als ich mich umsah, kam es mir vor, als sähe ich einen stämmigen Mann mit einem Sombrero am Straßenrand stehen und mit einer höhnisch und sogar verächtlich gerunzelten Stirn zu uns hinaufsehen.

»Kirchen, Pfarrer«, konnte ich ihn murmeln hören. »Die werden mich nie in eine Kirche kriegen, niemals.« Aber das haben sie, *caro* Massimo, das haben sie.

Nach dem Gottesdienst lud uns Enrichetta ein, auf eine Tasse Tee in ihr Haus zu kommen und ein paar von Massimos Verwandten aus Rom kennen zu lernen. Er hatte uns gegenüber nie Verwandte erwähnt, aber da saßen in dem überfüllten Wohnzimmer tatsächlich Massimos Schwestern, drei vornehme Matronen mit gut geschnittenen grauen Haaren, echten Perlenketten und wunderschönen Broschen an ihren teuren dunklen Seidenkleidern. Es schien unmöglich, dass diese Damen in irgendeiner Weise mit Massimo verwandt sein könnten! Und es kam einem noch unglaublicher vor, als man ihre Ehemänner kennen lernte, diskrete, gut gekleidete Herren, die Buchhalter oder Notare oder sogar Personalchefs der Bezirksverwaltung der Post oder Telekommunikationsgesellschaft sein mochten. Angesehene Herren von Rang und Würde; genau die Art der erfolgreichen Bürokraten, die Massimo am meisten verachtet hatte.

Ich versuchte es zu begreifen. Wie war das alles gekommen? Waren die drei Schwestern *vere signore* (echte Damen), wie meine römischen Freundinnen es ausgedrückt hätten? Auf mich wirkten sie echt. Oder waren sie nur einfache Mädchen vom Lande, die die rauen Kanten abgeschliffen und über ihrem Stand geheiratet hatten, um sich einen Platz als Mittelschicht-Matronen in Rom zu sichern? Für diesen sozialen Aufstieg hätte es einer unglaublichen Anstrengung bedurft.

Die erste Möglichkeit erschien mir glaubhafter. Sie bedeutete, dass es unser Massimo gewesen war, der sich verändert hatte. Er hatte sich entschlossen, den Ehrgeiz seiner bürgerlichen Familie abzulegen und die Leiter zu verlassen, die zur Anerkennung des Spießertums führte, indem er sich mit einfachen Bauern, Holzfällern und Küfern zusammentat – seinen wahren Brüdern und Genossen. Wenn dem aber so war, wie war es ihm gelungen, alle Zeichen seiner früheren Identität so vollständig abzustreifen?

JULI

Eine Lobeshymne
auf die Zichorie und ein Hoch
auf die Küchenkräuter

Wenn nach dem rasanten Durchmarsch des Frühlings der Juli beginnt, pflegt sich das Tempo des ländlichen Lebens zu verlangsamen. Das Heu ist gemäht und zu Ballen verpackt, der Weizen geworfelt, der Wein reift in der *cantina*, und ein paar wenige Blumen mühen sich wacker, dem Sonnengott zu trotzen. Die Malven bieten ein herrliches pinkfarbenes, scharlach- und karmesinrotes Bild, und eine aufregende Neuentdeckung unter den Malven, *Lavatera* »Barnsley«, zeigt überall an den Wegrändern ihre hübsche Blüte. Dieser nette Busch, eine mehrjährige Verwandte aus der Familie der Malven, wurde erst vor wenigen Jahren in einem verlassenen Garten in Barnsley, im Norden Englands, wieder entdeckt. Im Gegensatz zu den meisten *Lavateras*, die in der Regel in schmutzigem Mauve und Magenta blühen, zeigt »Barnsley« ein weiches goldenes Rosa.

Aber Mitte des Monats beginnen die meisten Blumen zu verblühen, mit Ausnahme einiger verstreuter wilder Gänseblümchen und einer kleinen blauen Blume, die jeden Morgen unverdrossen wieder aufblüht – die Blüte der Zichorie. Immer wenn ich diesen kleinen Flecken Blau sehe, bin ich beeindruckt, weil ich kein einziges Gewächs in der Pflanzenwelt kenne – nicht einmal Bambus –, das von solcher Nützlichkeit und Vielfalt ist. Man kann die Zichorienwurzel mahlen und als Kaffee verwenden; man kann ihre Blätter wie Spinat kochen, und man kann ihre Blütenknospen roh, mit Öl und Sardellen vermischt, essen. Für die Küchenchefs der Nouvelle Cuisine ist sie als frischer Salat in Mode gekommen, und es gibt roten Zichoriensalat aus Treviso, rosafarbenen und weißen aus Verona und eine köstliche weiße Sorte aus Belgien, die knackig und zart ist wie ein Croissant.

Zum ersten Mal sah ich die kleine Zichorie am Ende der Shipyard Lane in Duxbury, Massachusetts, wo wir stets unsere Sommer verbrachten. Wir Kinder gingen immer bei Ebbe zur Schiffswerft hinunter, um dort Verstecken zu spielen, und ich erinnere mich, wie sehr mir das kobaltblaue Gänseblümchen gefiel, das jeden Morgen zwischen den dort abgestellten Segelbooten hervorkam. Ich wusste nicht, dass das eine Zichorienblüte war, aber meine Großmutter, eine Quäkerin, nannte sie den »blauen Seemann« und sagte, sie würde nur am Morgen blühen.

Die Zeit verging, und eines Tages Anfang Juli jätete ich in Canale, tausende Kilometer von Duxbury entfernt, das Unkraut im Gemüsegarten und entdeckte eine wohl bekannte blaue Blume. Es kam mir vor, als habe das Schicksal mir irgendwie einen Teil meiner Kindheit zurückgegeben. Ich steckte den Bereich, auf dem die kleine Pflanze wuchs, vorsichtig ab, entschlossen, sie zu identifizieren und ihren Samen zu sammeln, sobald ich mehr Zeit hätte. Natürlich hatte ich nie Zeit dazu, aber im Herbst fragte mich unsere Nachbarin Signora Nina, ob sie in unseren Feldern nach *la cicoria* suchen dürfe. *La cicoria* ist eine wilde Grünpflanze, dem Löwenzahn nicht unähnlich, den die Italiener mit Knoblauch und Olivenöl kochen. Es heißt, er sei gut für die Blutzirkulation und die Leber. Nachdem Nina unsere Felder abgesucht hatte, entdeckte sie die größten Gruppen genau an der Stelle, wo ich meine blauen Blumen abgesteckt hatte. Da wurde mir zum ersten Mal klar, dass mein »blauer Seemann« zur Zichorienfamilie gehörte. Signora Nina sagte mir, dass in unseren Feldern auch andere Zichorien-arten wachsen würden, vor allem eine namens *puntarelle* (kleine Spitzen), die reifenden Spitzen der Zichorien-pflanze vor der Blüte. Diese zukünftigen Blütenköpfe sehen wie Spargel aus, aber Signora Nina wartet nicht, bis die Blüten erscheinen; sie schneidet die Stängel ein-fach ab, nimmt dann ein scharfes Messer, schält die här-teren Stellen ab und weicht die Stängel in Wasser ein, bis sie sich zu kleinen grünen Spiralen aufrollen. Diese wer-den dann abgeschüttet und mit einer sehr dicken Sauce aus Olivenöl, gehacktem Knoblauch und Sardellen ver-mischt.

»Man hat nie zu viel Sardellen oder Knoblauch«, sag-te die Signora. Als Salat ist *puntarelle* im Spätsommer ei-ner der Höhepunkte eines römischen Essens, und ich bereite ihn stets zu, wenn Freunde zu Besuch kommen.

Durch diese Entdeckung wurde meine Neugier auf die vielen Zichorienarten geweckt und ich schlug in mei-nem Gartenlexikon nach. Ich fand heraus, dass die Zi-chorie in Italien keineswegs ein unbedeutendes Mitglied der Familie der Salate, sondern in Wahrheit das wich-tigste von allen ist. In dem Abschnitt über Gemüse wid-met das Lexikon den Wundern der Zichorie ganze vier Seiten, während die restlichen Salatsorten auf einer ein-zigen Seite zusammengefasst sind.

Meine vielleicht überraschendste Entdeckung war, dass die Zichorie keine einjährige Pflanze ist, wie ich im-mer dachte, sondern mehrjährig. Das heißt, dass ein gu-ter Gärtner, der bei seiner Pflanzung klug vorgeht, fast das ganze Jahr über frische Zichorie kochen und essen kann. Im Handel wird im Allgemeinen zwischen zwei Gruppen unterschieden – den breitblättrigen Zichorien, die zarte Salatblätter liefern, und den Wurzelzichorien, die im Winter wachsen und eine Kombination der wei-ßen Wurzeln und einiger der zarteren Blätter hervorbringen. Keine der verschiedenen Blätter sehen einander gleich; die einzige Möglichkeit, ihre Familienähnlichkeit zu erkennen, ist, ganz nahe am Boden nachzusehen, wo sich die ersten grünen Triebe zeigen und man »eine Basisrosette gezackter Blätter erkennt« (stark eingekerbt wie beim Löwenzahn).

Es gibt eine Vielzahl ganz unterschiedlicher Salatblätter, die aus dieser gezackten Rosette zum Vorschein kommen. Eine Sorte, in Italien *escarole* genannt, ähnelt dem Blatt des Eisbergsalats, ist nur so verdreht, dass es wie eine Muschel aussieht. Ein anderes Zichorienblatt erinnert an eine Frisur nach einem Elektroschock, es ist ganz kraus und gewellt und Henry nennt es »Krabbensalat«.

Wenn man aber die Luxus-Salat-Zichorien haben möchte, muss man viele Lire für die rosafarbenen und roten Pflanzen namens *radicchio tardivo* hinblättern, die von spezialisierten Betrieben aus dem Veneto kommen und in der Regel im Winter verkauft werden. Diese langen, röhrenförmigen Gewächse gehören zur Klasse der Wurzelzichorien, weil sie immer mit einem Stück Wurzel verkauft werden. Auch diese kann man nutzen, wenn man daraus einen Salat zubereitet, da sie der zarteste Teil der Pflanze ist – wie das Herz der Artischocke. Von der roten Wurzelzichorie, beziehungsweise dem Radicchio, gibt es drei Sorten. Zum einen die leuchtend rote in Form einer kleinen, dicken Rosette; dann gibt es eine panaschierte, weiß mit weinroten Flecken; und schließlich die dritte, eine lange, sich zuspitzende rote Art mit gedrehtem Ende, die sich nicht nur für Salate eignet, sondern auch mit Olivenöl gebacken und gegrillt werden kann. Was die Nährstoffe anbelangt, so besitzen alle diese roten Zichorienarten viel Vitamin C und sind sehr gesund. Es heißt, sie seien harntreibend.

Tatsächlich wird der lange, röhrenförmige Radicchio namens »Variegato di Castelfranco – tardivo« von Salat-

Fans als der Champagner unter den Salaten betrachtet und kostet das Doppelte, weil er auch doppelt soviel Arbeit macht. Die speziellen Samen werden, wie alle anderen Salatsamen auch, im Frühjahr ausgesät, und die Pflanzen sind im Herbst erntereif. Aber statt abgeschnitten zu werden, werden sie in der Kälte draußen gelassen, und die Blätter nehmen eine purpurrote Farbe an. Sobald sie herunterzuhängen beginnen, werden sie mitsamt der Wurzel ausgegraben und mehrere Wochen lang in feuchte Erde gesteckt. Wenn das Thermometer wieder zu steigen beginnt, werden die Pflanzen in lange Becken mit kühlem Wasser verbracht, wobei nur die Wurzeln das Wasser berühren und die jungen Triebe am Stamm – roter als zuvor – weiterwachsen. Diese Färbung wird dadurch erzielt, dass die Becken mit schwarzem Plastik abgedeckt werden, um das Tageslicht abzuhalten, und in dieser kühlen, dunklen Atmosphäre kommen die letzten langen, gewellten, leuchtend roten und weißen Blätter hervor. Dann waschen die Bauern die neuen Pflanzen, kürzen ihre Wurzeln –, und fertig sind sie für den Markt.

Die verschiedenen Arten des roten Radicchio – die alle knackig und leicht bitter sind – können auf unterschiedliche Weise verzehrt werden. Man kann sie als *antipasto* mit köstlichem rohen *prosciutto,* der fast genau die gleiche pinkrote Farbe hat, servieren. Außerdem können sie in der Form eines roten Sterns auf Salatplatten verteilt und mit hart gekochten Eiern, gewürfelten Äpfeln und Sellerie, Walnüssen und schwarzen Oliven bedeckt werden. Ein Rezept lädt dazu ein, sie auf einen Teller zu legen und heiße Bohnensuppe darüber zu geben, und wieder ein anderes empfiehlt, sie als Sauce zu gekochter Ente zu servieren; in diesem Fall werden kleine Scheiben Radicchio zusammen mit Granatapfelsamen gekocht, so dass eine richtig scharfe Sauce entsteht. Und schließlich kann man sie grillen und mit gutem Olivenöl servieren, was in letzter Zeit richtig in Mode gekommen ist.

In den Beneluxländern haben die Bauern schon seit Generationen ein anderes Mitglied der Zichorienfamilie gebleicht, damit es hell wird wie ein weißer Kiefernzapfen, und sie entweder als »Witloff Zichorie« oder »Belgische Endivie« verkauft. Es wird behauptet, es seien eigentlich die Holländer gewesen, die ganz zufällig auf diesen Hochgenuss des blanchierten Salats gekommen sind. Sie hatten in einem holländischen Gewächshaus die normalen Zichorien-Salatblätter geerntet und im Spätherbst die Zichorienwurzeln ausgegraben und sie draußen neben dem Gewächshaus in der Nähe eines Komposthaufens hingeworfen. Die Wurzeln wurden zum Teil mit Sand und Kompost bedeckt, und nach einem oder zwei Monaten stellten die Gartenarbeiter fest, dass die alten, weggeworfenen Wurzeln kleine weiße Triebe bekommen hatten, fest zusammengerollte Zichorienblätter. Köstlich! Die Holländer merkten sich das gut, und im nächsten Herbst warfen sie die Zichorienwurzeln nicht weg, um Platz für ihre Frühlingszwiebeln zu machen, sondern pflanzten sie sorgfältig in ein Gewächshaus unter eine dicke Schicht frischen Kompost, vermischt mit sandiger Erde. Der Kompost begann sogleich, die alten Wurzeln anzuregen, und nach fünfzehn oder zwanzig Tagen hatten sie eine neue Ernte zarter »Belgische Endivie«, die aus den Wurzeln gesprossen war. Ein neuer Luxus-Salat war geboren.

Eine gelehrte italienische Freundin hat mir gegenüber bemerkt, dass sich die Holländer zu viel auf die Entdeckung der gebleichten Zichorie einbildeten. Sie zeigte mir einen Ausschnitt aus einem Buch mit dem Titel *The Fruit and Vegetables of Rome,* in dem Giacomo Castelveltro bereits 1614 schrieb: »Zu Beginn der trüben Jahreszeit verwenden wir die grünen Blätter der Zichorie für

Salate: Die zartesten Blätter werden mit Knoblauch, den wir immer zu Zichorie essen, fein geschnitten … zur gleichen Zeit befinden sich die Triebe der Zichorienpflanze … in Sand vergraben, damit sie knackig und weiß werden.«

Eines Winters versuchte ich, in meinem Keller eine Ladung dieser Wunderpflanze anzupflanzen. Ich steckte meine kleinen Endivienwurzeln in eine Kiste mit Sand und Kompost, stellte sie direkt neben unsere Weinfässer und wässerte das Ganze. Kurz vor Weihnachten sah ich nach und fand in dieser vergessenen Kiste voll Sand blassgrüne Triebe hervorsprießen. Ich grub hinunter und bemerkte, dass sich direkt unter der Oberfläche ein ganzes Heer kleiner Triebe befand, die dicker und weißer waren als irgendein Salatblatt, das ich zuvor je angepflanzt hatte. Sie waren eine exotische Ergänzung zu unserem Weihnachtsessen.

Eines Tages, als wir im Garten Erbsen enthülsten, erzählte ich meiner Tochter Jenny von den Wundern der Zichorie.

»Diese Zichorie ist wirklich klasse«, meinte Jenny. »Weißt du was, als Nächstes spielt sie Harfe und sagt dir die genaue Uhrzeit.«

»Woher weißt du das?«, fragte ich.

Ich hatte gerade gelesen, dass sich die Zichorienblüte im Sommer morgens mit solcher Pünktlichkeit öffnet und schließt, dass Linné die Zichorienblume als eine seiner »Uhrenblumen« benutzte. Er pflegte zu scherzen, seine Uhr sei so pünktlich, dass sie alle schwedischen Uhrenhersteller arbeitslos machen könnte.

Neben den Zichorienblumen und der gewöhnlichen wilden Möhre ist während des Hochsommers eine Mischung verschiedener Pflanzen, von Rosmarin und Salbei bis hin zum Lavendel und diversen Beifußarten, die ich im

Wesentlichen wegen ihrer gräulich-grünen Blätter angepflanzt habe, die Hauptzierde in unserem Garten rund um das Pumpenhaus.

Das Problem im mediterranen Klima besteht darin, dass so viele graublättrige Kräuter die *macchia*-Landschaft beherrschen, dass man es fast für überflüssig hält, sie überhaupt im Garten zu halten. Und selbst wenn man versucht, sie ihrer Schönheit wegen wachsen zu lassen, werden viele schnell zu groß für den zur Verfügung stehenden Platz.

Deshalb habe ich in der Nähe des Hauses nur eine Kategorie von Küchenkräutern, nämlich die zarten, kleinen Salatkräuter – Petersilie, Basilikum, Schnittlauch und Estragon –, die in größeren Gemüsegärten oft ganz untergehen. Jetzt haben wir alle unsere Kräuter direkt auf der vorderen Terrasse in große Kästen gepflanzt, wo sie reichlich Wasser bekommen und wir uns beim Mittagessen einfach bücken und sie abpflücken können.

Petersilie wächst nicht so einfach wie die meisten anderen Kräuter, und in Italien gibt es eine Redewendung, dass die Petersilie, wenn man einen Sämling einpflanzt, zuerst in die Hölle hinab und wieder herauf wachsen muss, bevor man sie essen kann. Wir pflanzen die italienische Art der breitblättrigen Petersilie, weil wir sie für die aromatischste halten. Angeblich ist sie zweijährig, wächst ein Jahr heran und bringt auch im zweiten noch Blätter hervor; aber wir haben den Eindruck, dass sie im zweiten Jahr hoch und staksig wird und man am Ende mehr Petersiliensamen als grüne Blätter isst. Deshalb schneiden wir sie nach dem ersten Jahr zurück. Ich bin dazu übergegangen, die alten Pflanzen wegzuwerfen und ungeachtet der Jahreszeit neue Samen auszusäen, allerdings glaube ich, dass es am besten ist, sie zu Frühjahrsbeginn oder im Frühherbst zu säen.

Die Basilikumarten, alle einjährig, sind wahrscheinlich

die nützlichsten Kräuter überhaupt, weil sie ganz problemlos wachsen und beim Kochen auf ein Dutzend verschiedene Arten verwendet werden können. Frisch geschnitten schmecken sie auf Tomaten und Mozzarella köstlich und man kann sie auch für Pesto und Spaghettisaucen nehmen. Wir kaufen in der Regel die Basilikumsämlinge, die im Frühling in Plastiktöpfen auf dem Markt verkauft werden, aber ich bin auch ganz wild auf die Basilikumpflanzen mit winzigen würzigen Blättern, die von Sizilien kommen.

Schnittlauch ist in Italien nicht so bekannt wie in Nordeuropa oder Amerika, aber man bekommt in Gärtnereien durchaus Schnittlauchpflanzen. Kleingeschnittener Schnittlauch passt hervorragend zu Rühreiern und anderen Gerichten, in denen ein frischer Zwiebelgeschmack erwünscht ist. Die Pflanzen verschwinden im Winter wie bei vielen mehrjährigen Kräutern, kommen aber treu im Frühling wieder zum Vorschein.

Die Beifußarten sind in sonnigen, heißen Gärten hübsche Stauden, und die für die Küche nützlichste Art ist der Estragon, *Artemisia estragon*, der in Italien *dragoncello* genannt wird. Da diese Pflanze im Garten oft untergeht, halte ich sie in einem großen Topf auf der Terrasse, wo sie zur Hand ist, wenn ich einen guten Anisgeschmack für einen Braten haben möchte. Sie ist mehrjährig, und wenn sie gut behandelt wird, gedeiht sie jahrelang, auch wenn sie im Winter einzieht. In vielen Ländern Europas versucht man, Ihnen russischen Estragon zum Kochen zu verkaufen statt des weit stärker duftenden französischen. Lassen Sie sich nicht übers Ohr hauen; bestehen Sie auf den französischen Estragon.

Eine andere Artemisia-Art, die leicht, selbst im Blumengarten, zu halten ist, ist die hübsche fedrige Eberraute, *Artemisia abrotanum*. Diese wächst zu einem Busch fein verzweigter Blätter heran, die nach Kampfer riechen und in Schränke getan werden können, um Motten abzuhalten.

Viele der anderen Küchenkräuter sind einfach zu groß, als dass sie in normale Gärten passen würden. Der Lorbeer, botanisch *Laurus nobilis* genannt, wächst in Mittelitalien zu einem großen Baum heran, und ich habe einen in der Nähe der Küchentür, so dass ich mir ein Blatt oder zwei holen kann, wenn ich Fisch zubereite.

Es macht auch Spaß, ein paar sehr kleine Lorbeerpflanzen in Töpfe zu setzen, wenn sie erst zwei oder drei Triebe haben, die man zusammenflechten kann, solange sie noch dünn und biegsam sind. Wenn diese geflochteten Stämme stets rigoros geschnitten werden, so dass sich daran kein Grün zeigt, und die Krone zu einer Kugel getrimmt wird, hat man am Ende hübsche Lorbeerkugeln mit verholzten, geflochteten Stämmen, die neben einer Eingangstür sehr stilvoll aussehen.

Ein weiteres Küchenkraut, das leicht außer Kontrolle gerät, ist der normale Rosmarin. Wir haben ihn schon vor langer Zeit aus unserem Blumengarten entfernt, weil er zu groß wurde und zu viel Platz beanspruchte, aber wir haben Ableger genommen und sie entlang unserer Einfahrt eingesetzt, und inzwischen sind sie zu ordentlichen Büschen herangewachsen, die wie Petticoats unter der Reihe mächtiger Zypressen herausschwingen. Selbst mitten im Winter sind diese wogenden Rosmarinwellen mit blassblauen Blüten bedeckt, sodass man, wenn man aufs Haus zufährt, meint, durch Wellen, die sich am Ufer brechen, hindurchzufahren. Für den Küchengarten selbst bevorzuge ich den kriechenden Rosmarin, der im Winter hübsch blüht und so niedrig gehalten werden kann wie ein Bodendecker.

Der Salbei *Salvia officinalis*, der zum Kochen verwendet wird, ist eine bessere Einfassungspflanze, weil er normalerweise nur etwa vierzig Zentimeter hoch wird und regelmäßig im Mai Büschel tiefblauer Blüten hervorbringt. Der einzige Nachteil an dieser Pflanze ist, dass die älteren Teile dazu neigen, gegen Ende des Sommers abzusterben. Salbeiblätter sind gut zu gebratenem Geflügel und können auch für eine leichte Sauce zu Rigatoni in geschmolzener Butter zerdrückt werden.

Einige meiner Freundinnen züchten eine Salbeiart, die fast genauso aussieht wie die *officinalis*, nur doppelt so groß ist und noch flaumigere Blätter hat. Keine kann mir sagen, wie sie heißt, deshalb kann ich nur annehmen, dass sie eine nahe Verwandte des Küchensalbeis ist; wer nach einer eher strauchähnlichen Pflanze sucht, sollte nach dieser Art Ausschau halten.

Der in Italien angebotene Thymian ist eine kleine, kriechende Pflanze namens *Thymus serpyllium*, die ganz von allein immer wieder auf unseren Feldern auftaucht. Sie ist jedoch zu niedrig und polsterartig, um in der Rabatte von Nutzen zu sein. Ich habe Teile davon in den Rasen des unteren Gartens gesetzt und dort bilden sie im Mai und Juni einen herrlichen mauvefarbenen Teppich. Die Blätter schmecken sehr gut zu Lammfleisch.

Der gewöhnliche Lavendel, bekannt unter dem Namen *Lavandula officinalis*, der für die fein duftenden Säckchen so beliebt ist, ist für viele Gärten gar nicht geeignet, weil er in einem oder zwei Jahren so groß werden kann wie ein Rhododendron und weil er wie Rosmarin die schlechte Eigenschaft hat, zu verholzen und auf die Seite zu kippen, so dass sich darunter das Unkraut breit machen kann. Ich bin deshalb zu den kleineren Lavendelarten übergegangen, und meine Lieblingssorte ist die kleine *Lavandula dentata*, eine buschige, pflegeleichte Pflanze, die den Vorzug hat, das ganze Jahr über hübsche kleine Lavendelblüten hervorzubringen, eine Eigenschaft, die die größere *Lavandula officinalis* nicht besitzt. Das einzige Problem bei der *dentata* ist, dass sie insgesamt nicht so widerstandsfähig ist, und zweimal schon sind meine Pflanzen dem Frost zum Opfer gefallen.

Eine Antwort auf dieses Problem könnte sein, ein weiteres Mitglied der Familie auszuprobieren, den französischen Lavendel, *Lavandula stoechas* genannt. Diese Pflanze hat fransige graue Blätter und ihre Blüten sind dunkelrot und wie kleine Fingerhüte geformt. Aus diesem dunklen Büschel läßt die Pflanze purpurrote Deckblätter wachsen, die einen hübschen Kontrast zu den dunkleren Blütenspitzen bilden. Die *stoechas* blüht früher als die *officinalis*, etwa Anfang Mai, und statt groß und holzig zu werden, wächst sie in die Breite und bildet einen großen purpurroten Teppich. Wenn ihre mauvefarbenen Deckblätter in der Sonne leuchten, sieht sie neben blauen und gelb blühenden Iris sehr hübsch aus.

Die Engländer haben es geschafft, ein paar Lavendel-Hybriden zu züchten, die kleiner und leichter unter Kontrolle zu halten sind als die italienischen Arten, aber ich habe mit den Sorten »Munstead Dwarf« und »Hidcote« nie Glück gehabt. Sie scheinen sich bei mir nicht wohl zu fühlen und außerdem fehlt ihnen der üppige Duft der italienischen Sorten. Ich bin überzeugt, dass das mit Pflanzen, die die römischen Soldaten nach England brachten, häufig passiert ist. Als man die Pflanzen aus Italien mitnahm, waren sie groß und gesund und strotzten vor mediterraner Kraft, aber als sie nach zweitausend Jahren wieder nach Italien zurückkehrten, schienen sie kleiner und inzwischen vom grauen Himmel des Nordens irgendwie erdrückt worden zu sein. (Dasselbe habe ich bei der Passionsblume festgestellt. Diese Blume, die die Römer mitnahmen, hatte eine große runde Blüte mit einer dunkelblauen Korolla und leuchtend gelben Staubgefäßen. Wenn man aber heute in England eine Passionsblume sieht, stellt man fest, dass sie kleiner und blasser ist als ihre italienischen Vorfahren, ja fast farblos.)

Obwohl ich jedes dieser Kräuter schätze, gefallen mir die normalen Kräutergärten nicht. Wenn Kräuter wie meist üblich in ordentliche kleine Quadrate gepflanzt werden, können sie erstaunlich langweilig wirken, vor allem, weil ihre Blüten so winzig sind. Den Kräutergarten von Sissinghurst halte ich zum Beispiel nicht für sonderlich bemerkenswert. Die Tatsache, dass eine Gruppen von Pflanzen in einer Suppe gut schmeckt, ist keine Garantie dafür, dass sie in einem Garten schön zusammenpassen.

Es gibt jedoch zwei Arten von Kräutergärten in der Mittelmeerregion, die mir gefallen. Meine besonderen Favoriten sind die alten Kräutergärten, die gewöhnlich *giardini dei semplici* (Heilkräutergärten) genannt und im Mittelalter bei Klöstern angelegt wurden. Der älteste von allen und meiner Meinung nach der interessanteste, ist der Orto Botanico in Padua, 1545 angelegt und zum Botanischen Seminar der Universität gehörend. Dieser malerische Garten, der sich seit dem sechzehnten Jahrhundert kaum verändert hat, ist von einer kreisrunden Mauer umgeben, und die Heilkräuter sind in den Beeten wie Tortenstücke um eine Wasserfontäne in der Mitte angelegt. Gleich, an welcher Stelle des Gartens man sich befindet, man kann stets die herrlichen Zwiebel- und Spitztürme der Basilica di San Antonio sehen, die sich daneben erhebt.

Was Privatgärten anbelangt, so habe ich den Eindruck, dass manche Küchenkräuter am schönsten wirken, wenn sie zwischen anderen Blumen und Sträuchern stehen, wenn sie eher nach Blattform, Farbe und Größe denn nach ihrem Geschmack ausgewählt sind. Der schönste Garten dieser Art, den ich kenne, ist der von dem berühmtesten Landschaftsarchitekten Englands, Russell Page, entworfene Giardino dei Semplici von San Liberato am Nordufer des Lago di Bracciano.

Das war das erste Projekt, das Page in Angriff nahm, als er nach San Liberato kam, und der Garten liegt direkt neben einer ehrwürdigen romanischen Kapelle, die restauriert werden musste, als der Graf und die Gräfin Sanminiatelli begannen, dort ihren Sommersitz zu bauen. Page kam zu dem Schluss, dass das Areal um die Kapelle – die etwas unterhalb der modernen Villa liegt – der Schlüssel zur Gesamtwirkung der Anlage von San Liberato sei. Deshalb terrassierte er ein Gelände mittlerer Größe und ließ niedrige Mauern errichten und Wege anlegen, die das Areal in viele kleinere Beete unterteilte. Hier legten er und die Contessa Maria Sanminiatelli einen originellen Giardino dei Semplici an, der den Besucher mit einigen silbrigen Olivenbäumen und einer den ganzen Sommer hindurch blühenden Kreppmyrte, auch Lagerstroemia genannt, empfängt und sich dann zu niedrigeren Stauden graublättriger und bläulicher Pflanzen hinabsenkt, die über die Wege wogen. Dort befinden sich grauweiße Gruppen von Greiskraut, *Senecio cineraria*, mit seinen pelzigen Blättern neben Salbei und kriechendem Rosmarin, und man hat alte Rosen gepflanzt, die an den Olivenbäumen emporranken. Überall wachsen zwischen den Kräutern Gruppen von hellrosa Baldrian, *Centranthus ruber*, der sich selbst in allen Blumenbeeten aussät, ja auch an den Mauern und Treppen. Viele englische Gärtner meiden Baldrian, weil es eine Pflanze ist, die nach dem Zweiten Weltkrieg in London zwischen den Bombenruinen wucherte und als Unkraut betrachtet wurde. Page, mit seinem geschulten Auge für Farben, wählte die Pflanze wegen ihres leuchtenden Pink, das wunderbar zu Rosen aller Arten passt.

Nachdem der Garten angelegt war, blickte Page zufrieden auf sein Werk in San Liberato zurück: »Ich kenne keinen magischeren Garten … mit einer so starken

Atmosphäre der Ruhe … selbst die einzelnen Pflanzen-
bereiche haben sich in stiller Harmonie zusammenge-
fügt.«

Ein Garten schlägt zurück

Ich war nie der Meinung, dass man von seinen Blumen,
wenn man liebevoll zu ihnen spricht, in jedem Fall auch
geliebt wird. Aber ich glaube, dass es einer speziellen
Person bedarf, die einen Garten liebt und pflegt, damit
er gedeihen kann. Ich spreche nicht nur von einem Menschen, der die Hecken schneidet und zweimal wöchentlich das Bewässerungssystem anschaltet; ich meine jemanden, der um sechs Uhr morgens aufsteht und in
Morgenmantel und Pantoffeln hinausgeht, um im Garten nach dem Rechten zu sehen; jemand, der die neues-
ten Samenkataloge auf dem Nachttisch liegen hat und
jeden Abend darin blättert, bevor er das Licht löscht.

Was wären beispielsweise Hidcote ohne die Inspira-
tion von Lawrence Johnston und Sissinghurst ohne Vita
Sackville-West oder Monticello ohne Thomas Jefferson?

Aber, um ehrlich zu sein, es gibt auf der Welt viele un-
geliebte Gärten, deren Besitzer riesige Summen für exotische Pflanzen ausgeben, bloß um bei den Gästen, die
sie samstagsabends auf einen Drink einladen, Eindruck
zu schinden. Ein Beispiel für derartige Prestigekäufe ist
ein Garten auf einer Inselklippe mit Blick auf das Tyrrhe-
nische Meer, nur einen kurzen Flug im Hubschrauber
von Rom oder Canale entfernt. Die Persönlichkeit des
öffentlichen Lebens, der dieser dramatisch gelegene Flecken gehört, hat dafür eine Menge Geld verschwendet.
Die italienischen Journalisten haben so ihren Verdacht,
woher all dieses Geld stammte.

Aus naheliegenden Gründen möchte ich den Namen dieser berühmten Persönlichkeit nicht nennen, weil die Anklagepunkte gegen sie, die von Veruntreuung öffentlicher Gelder bis hin zu Verschwörung und Bestechung von Richtern reichen, noch nicht vor Gericht verhandelt worden sind. Vielleicht wird der Mann für schuldig befunden oder freigesprochen. Aber der Garten hat sich entschlossen, nicht auf den Richterspruch zu warten, sondern ist dazu übergangen, sich selbst zu zerstören, um ihm seine Gleichgültigkeit heimzuzahlen. Ich kenne keinen Garten, dem es je gelungen ist, in so kurzer Zeit so viele Katastrophen auszulösen.

Aber lassen Sie mich zunächst (mit den angebrachten kosmetischen Veränderungen) ein Phantombild der Persönlichkeit entwerfen, der der Garten gehört. Der »Onorevole«, das heißt der Abgeordnete X (wie ich ihn nennen werde), ist einer jener gut gekleideten Männer, die Seidenhemden von Ferragamo (mit ihren eingestickten Initialen und einem kleinen Wappen auf der Brust) tragen, und er besitzt ein spezielles High-tech-Funktelefon, bei dem er nicht einmal die Nummern wählen muss; er spricht lediglich hinein und schon hat er den Präsidentenpalast an der Strippe. Er tut sich bei jedem Deal hervor, bei dem die Begünstigung von Immobilienfonds eine Rolle spielt (zumeist US-Dollars auf Banken in Steueroasen), und er hat einen besonderen Riecher für erstklassige Immobilien, die infolge von Rechtsstreitigkeiten veräußert werden sollen. Jedenfalls haben ihm seine ausgezeichneten Beziehungen zur Regierung zu günstigen Preisen ein erstklassiges Penthouse in Rom mit fünfzehn Zitronenbäumen und Blick auf Sankt Peter sowie eine Landvilla in Chianti mit dreißig Hektar Weinbergen und einem Stall voller nervöser Araberpferde eingebracht. Außerdem hat er sich eine Wohnung oben auf dem Trump Tower in Manhattan gekauft, vollgehängt mit Gemälden von Andy Warhol, und eine weitere große Maisonette-Wohnung in Cannes, wo er Filmstars zu empfangen pflegt. Er besitzt Konten in Liechtenstein und Luxemburg, auf den Komoren und den Cayman-Inseln. Er hat goldene Kreditkarten, ausgegeben von Cartier und Bulgari, mit denen er zu Weihnachten Goldketten und Diamantringe für die Frauen hoher Richter, Rechtsanwälte, Journalisten und Medien-Tycoone kauft. Seine zweite Frau (dreißig Jahre jünger als er) kleidet sich ausschließlich bei Armani ein und trägt so viele Goldketten, dass sie von zwei Leibwächtern begleitet werden muss, wenn sie den Hund in Parioli Gassi führt.

In gewisser Weise ist der Erwerb des zerklüfteten Steilabfalls auf der toskanischen Insel durch ihn ein perfektes Beispiel für die uralte Einstellung der regierenden Schichten in Italien. Oft genug meinen die nämlich, sie würden, bloß weil sie die richtigen Leute kennen und dicke Bankkonten haben, über dem Gesetz stehen. Seit Beginn der Bewegung Mani Pulite (»saubere Hände«) wurde in gewissem Maße Zurückhaltung geübt, eine Art Verstecken der diamantenen Manschettenknöpfe, aber der Onorevole X bleibt offenbar beim Geldausgeben weiterhin großzügig, und jetzt, da ihm die Ermittler auf den Leib rücken, wird im Ausland allmählich gemunkelt, der Erwerb der tyrrhenischen Klippe sei vielleicht der entscheidende Akt der Hybris gewesen, der seinen Untergang herbeiführte. Sozusagen sein Waterloo.

Die Geschichte dieses kleinen Inselfleckens liegt, wie es bei diesen Dingen oft der Fall ist, im Dunkeln. Man glaubt, dass er Teil eines Landstreifens in staatlichem Besitz war, der vom Marineministerium kontrolliert wurde und für alle Zeiten ein öffentliches Naturreservat bleiben sollte. Manche Leute sagen, dass die höchste Klippe mit ihrem weiß getünchten Turm früher ein militärischer Überwachungsposten war und errichtet wurde, um ein wachsames Auge auf alle Schiffe zu werfen, die zwischen Sardinien, Korsika, Elba und dem Festland kreuzten. Aber irgendwann einmal beschloss das Ministerium angeblich, dass es diesen strategischen Aussichtspunkt nicht mehr brauche, und das Anwesen wurde privatisiert. Einzelheiten der Privatisierungsentscheidung wurden nie bekannt, selbstverständlich aus Gründen der Sicherheit, aber zu einem bestimmten Zeitpunkt (am Feiertag Mariä Himmelfahrt im August, als sich alle in Sardinien entspannten und die Redaktionen der Zeitungen geschlossen waren) gelangte das Anwesen heimlich, still und leise in den Besitz des Onorevole X.

Nachforschungen von Journalisten ergaben, dass der Herr Abgeordnete nicht der einzige Glückspilz war, der sich ein dickes Stück dieses einst geschützten Küstenstreifens unter den Nagel riss. In Wahrheit wurden große Teile der Insel nach und nach in private Hände geschleust, und es ist zu einer Art geheimem Paradies reicher Insider geworden, das von Leuten, die absolute Abgeschiedenheit und direkten Zugang zu ihren Jachten haben wollten, bewusst unerreichbar gelassen wurde.

Die Felsspitze des Onorevole X ist gewiss wild und malerisch, und ihr größter Vorzug ist ihr Rundumblick – auf drei Seiten das Meer und hoch aufragende Klippen und auf der vierten zerklüftete Insellandschaft. Wäre Napoleon nicht Franzose, sondern Italiener gewesen, dann hätte er sich gewiss diesen Ort als letzte Fluchtburg ausgesucht und hätte damit vielleicht sogar Elba umgehen können.

Als der Onorevole X das Land kaufte, stellte er fest, dass die Straße, die zu seiner Landspitze führte, selbst für das Geländefahrzeug, das er dort hatte, unpassierbar war. Deshalb wandte er sich an einflussreiche Freunde, die ihm zwei Bulldozer liehen. Diese verbrachten einen ganzen Sommer damit, in die dichte *macchia* eine zu jeder Jahreszeit befahrbare Straße zu bauen. Dann kamen die Ingenieure des Armeekorps, sie zogen einen Metallzaun entlang der Grundstücksgrenze und errichteten ein recht großes Wachhaus für das Team von Carabinieri, das den Onorevole X jedes Mal begleitete, wenn er sich auf seinem Anwesen aufhielt. In dieser ersten goldenen Zeit pendelten er und seine Familie regelmäßig mit dem Hubschrauber von Rom hierher. Es war ein Rückzugsort, den sicher selbst Aristoteles Onassis oder J. Paul Getty gern gehabt hätten.

Als die schweren Straßenbauarbeiten abgeschlossen waren, begann der Onorevole X, sich an die Landschaftsgestaltung zu machen. Zunächst ließ er Ingenieure einfliegen, die genügend Fels aus der Klippenspitze sprengten, dass ein Loch für einen Swimmingpool entstand. Aber als der Onorevole X das Loch sah, meinte er, es sei nicht groß genug – er brauchte einen Pool von olympischen Ausmaßen –, deshalb gingen die Ingenieure gehorsam wieder ans Werk und bauten den Pool über den Rand der Klippe hinaus, wobei sie die dem Meer zugewandte Seite mit einem stahlverstärkten Zementbalkon abstützten, der etwa hundert Meter über das glitzernd azurblaue Meer hinausragte. (Zu Höhenangst neigende Schwimmer wurden stets gewarnt, sich vom äußeren Bereich des Pools fernzuhalten, weil ihnen sonst schwindelig werden könnte.) Eine weitere Besonderheit des überhängenden Pools war, dass Teile des natürlichen Felsens dieses weggesprengten Hanges belassen wurden und durch den Boden des Pools ragten, so dass ein Schwimmer, der sich mit einem Kopfsprung in das blaugrüne Nass stürzen wollte, Angst haben musste, er könne sich auf den Felsbrocken unter Wasser das Genick brechen. Tatsächlich waren die Felsen aber eingeebnet worden, so dass sie direkt mit dem Boden des Pools abschlossen; die Gefahr war also eher eingebildet als wirklich vorhanden. Dann wurde mühsam Salzwasser aus dem Meer heraufgepumpt, um diese große, hängende Badewanne zu füllen, damit der Onorevole X, seine Frau und die beiden kleinen Kinder die Freuden des Badens im Meer genießen konnten, ohne sich am felsigen Strand unten die Zehen anzustoßen.

Während die Familie sich also im Pool tummelte, bauten die Ingenieure zu Füßen des Aussichtsturms ein langes, niedriges Gebäude an, um Platz für einen geräumigen *salotto* (Wohnzimmer) mit Glasschiebetüren und Blick auf den Pool zu schaffen, außerdem ein Esszimmer und eine Küche, jeweils mit Terrasse, sowie ein großes Schlafzimmer plus Bad. Ein weiteres Schlafzimmer und ein Spielzimmer für die Kinder wurden in den Turm gebaut.

Doch bald wurde der Frau des Onorevole X. klar, dass ihre Schlafräume nicht angemessen waren. Sie brauchten für Wochenendgäste mindestens noch zwei zusätzliche Zimmer, jeweils mit Bad, und außerdem war ein kleiner, separater Flügel für ihren polnischen Butler und seine Frau nötig, die sich in ihrer Abwesenheit um das Haus kümmerten und den Pool reinigten.

Unter normalen Umständen hätte der Onorevole X weitergemacht und einfach ein separates Gäste- und Angestelltenhaus neben dem Turm errichtet, aber die örtliche Inselverwaltung – die sich über all die Neuankömmlinge aus Rom ärgerte – weigerte sich, die Genehmigung für weitere Bauten zu erteilen. Daraufhin wurde dem Onorevole X von seinen Architekten geraten, alle weiteren zusätzlichen Räumlichkeiten unter die Erde zu bauen. Wieder kamen die Bulldozer zum Einsatz und hoben zwei sehr große unterirdische Flügel für separate Apartments sowohl für die Gäste als auch für die Angestellten aus. Sobald diese fertig waren, wurden Lastwagenladungen von Lehmerde heraufgeschafft, die auf die

Flachdächer der neuen Apartments verteilt wurde. Dann wurden lange Streifen Fertigrasens auf der Lehmschicht ausgerollt und für einen Instant-Rosengarten wurden zweihundert Rosentöpfe importiert. Nur wenige scharfsichtige Gäste bemerkten eine Reihe kleiner Fenster, die in die Steinmauer *unter* dem Rosengarten eingefügt waren.

Aber ein Rosengarten war nicht genug für den Onorevole X. Er wünschte sich einen dramatischen Garten, nicht die gewöhnliche Ansammlung von Sukkulenten und Zistrosen. Deshalb beauftragte er einen führenden Landschaftsarchitekten aus Mailand (welchem er kurz zuvor lukrative Aufträge in Mailand, Brescia und Turin verschafft hatte) mit der Gestaltung des Areals. Dessen dankbare Firma schickte sechs Arbeiter, die mehr als sechs Monate lang an dem »Design« dieser Klippe schufteten.

Da er aus Mailand stammte, hatte der Architekt keine große Erfahrung mit der sengenden Sonne und den rauen Wintern der Mittelmeerinseln, und so begann er eine Allee von Hibiskusbüschen anzulegen, die vom Wächterhaus bis zur Eingangstür führte. Zudem wurden um den Eingang Flammenbäume und Jasminbüsche gruppiert, und die Leute, die in der ersten Zeit diesen Garten sahen, sagten, er habe ausgesehen wie ein üppiger tropischer Garten auf Bora Bora. Während sie dasaßen und ihren Taittinger-Champagner aus Kristallgläsern schlürften, wurden sie nicht nur rot von der Sonne, sondern auch grün vor Neid.

Eine Besonderheit, die die Gäste faszinierte, war eine riesige alte Haubitze, die der Onorevole X aus einem Armeelager abgestaubt und auf einem speziellen Stück Rasen neben dem Haus aufgestellt hatte. Die große Kanone war direkt auf Rom gerichtet, als wolle sie mögliche Gegner warnen, dass es sich hier um einen Mann handele, mit dem nicht zu spaßen sei. Seine Freunde meinten jedoch, wenn er wirklich schlau gewesen wäre, hätte er sie Richtung Norden gestellt und auf die Büros der Ermittler der »Mani Pulite« in Mailand gerichtet.

In den ersten sechs Monaten ging in dem alten Wachtturm über dem Meer alles gut, aber als die Abende kürzer wurden, konnte man in der kühlen Luft der Nächte viele Flügelschläge rauschen hören, verursacht von einer Unmenge kleiner Racheengel. Zuerst begannen Geschichten in der Presse zu kursieren, dann kamen die Gerüchte den Staatsanwälten zu Ohren. Schließlich fing der Garten selbst an, Rache zu nehmen. Im Spätherbst war von Elba her eine Rekordkälte gekommen, die alles erfrieren und am Turm Eiszapfen entstehen ließ. Die meisten der Hibiskussträucher und alle exotischen Gewächse und Blumen starben ab und schmückten die Einfahrt und den Garten mit großen Haufen gefrorener grauer Vegetation, stillen Friedhöfen, die das Ende der Träume kennzeichneten.

Aber statt sich zu verziehen, wie es die meisten Kälteeinbrüche in Italien tun, dauerte diese Kälteperiode unglaublich lange an. Nach und nach drang der Frost bis zu den Rohrleitungen vor, durch die das Meerwasser heraufgepumpt wurde. Kurz vor Weihnachten platzten mitten in der Nacht sämtliche Rohre im Umwälzsystem des Pools, wodurch ein großer Teil des Gartens, auch die zweihundert Rosen, mit Hektolitern von Salzwasser überschwemmt wurde. Nachdem das Wasser in die Erde unter den Rosen eingesickert war, drang es durch das Zementdach der darunter gelegenen unterirdischen Apartments ein, und der polnische Butler und seine Frau wachten in der Nacht auf und stellten fest, dass sie in Pfützen gefrierenden Salzwassers schliefen. Am nächsten Tag zog ein starkes Gewitter auf, durch das neue Wasserfluten in den Keller eindrangen, die die Tapeten ablösten, die Möbel ruinierten, die Wände verzogen und den Mahagoniboden aufwarfen.

Der Butler stand am Morgen voller Angst vor weiteren Frostschäden auf und ließ das ganze restliche Wasser aus dem Pool ab, beging aber den Fehler, den Stöpsel wieder hineinzustecken. Es regnete weiter, und der Pool füllte sich allmählich mit frischem Regenwasser, das in die Risse des schlecht angerührten Zements einsickerte, dann gefror und den Zement sprengte. Gegen Mittag brach ein großes Dreieck des Swimmingpools vom restlichen Becken ab und stürzte ins Meer, wobei es mehrere Tonnen Zement und Sand mit sich riss und den Stahl verbog. Die Behörden klagten, dass es Tote gegeben hätte, wenn irgendwelche Leute auf den Felsen gewesen wären.

Als der Onorevole X zu seinem Paradies am Meer kam, war die Schadensliste erschreckend. Fast die ganze importierte Gartenerde hatte sich mit Salzwasser vollgesogen, sodass sie bis auf eine Tiefe von mindestens 30 Zentimetern abgetragen, in dicke Plastiksäcke verpackt und abtransportiert werden musste. Der ruinierte Gästeflügel musste fast komplett neu gebaut werden. Man hatte das Dach zu entfernen, die Tapeten abzukratzen und die Wände neu zu tapezieren, und die Böden mussten durch neue ersetzt werden. Sobald dies fertig war, war es unabdingbar, ein neues Dach aus gutem Zement (nicht mit billigem Sand vermischt) darauf zu setzen und dann zur Abdichtung mit einer neuen Schicht dicken Bitumens zu bedecken. Schließlich musste neue Erde von einer Gärtnerei auf dem Festland auf die Klippe geschafft und verteilt werden, damit neue Blumen gepflanzt werden konnten.

Die Architekten mutmaßten, dass all diese Reparaturarbeiten etwa ein Jahr dauern und die Rechnung in die Millionen gehen würde. Dem Onorevole X wurde klar, dass er Probleme haben würde, diese gewaltigen Summen aufzutreiben; denn in gleichem Maße, wie die Anschuldigungen gegen ihn zunahmen, nahm die Zahl seiner Freunde ab. Richter, die noch vor kurzem seine Gastfreundschaft genossen hatten, konnten jetzt seine Anrufe nicht mehr entgegennehmen, und seine Freunde, die Ingenieure, die er wiederholt anrief, teilten ihm mit, alle ihre Bulldozer seien nach Albanien geschickt worden.

Derart im Stich gelassen und einer ungewissen Zukunft entgegenblickend, beschloss der Onorevole X, nur die notwendigsten Reparaturen vornehmen zu lassen, wie zum Beispiel die salzige Erde zu ersetzen und den Swimmingpool abzustützen. Er wandte sich an eine Vermietungsagentur, die beauftragt wurde, jeden bewohnbaren Teil des Hauses zu vermieten, damit das Anwesen schnellstmöglich ein wenig Geld einbrächte, und die Agentur erteilte einem bekannten Landschaftsarchitekten aus Santa Margherita, Mario Minghetti, den Auftrag, herüberzukommen und die Neupflanzung zu überwachen.

Da ich mit Minghetti schon lange befreundet bin, begleitete ich ihn auf seiner zweiten Fahrt zur Insel, als er nachsehen wollte, wie die Reparaturarbeiten vorankamen, und mir wurde sofort klar, dass der Garten jetzt endlich einen einfühlsamen Designer gefunden hatte. Dieses Mal wurde nicht der Versuch unternommen, ein zweites Bora Bora zu schaffen. Die Ränder entlang der Auffahrt wurden mit für das trockene Klima geeigneten Bäumen und Sträuchern bepflanzt – Oliven, Steineichen und Zistrosen. Darunter wurden verschiedene silbergraue Kräuter eingepflanzt, die wenig oder kein Wasser brauchen. Es wirkte alles ruhig und friedlich.

Der Blick von der Klippe war fantastisch. Rundum schien nur Meer und Himmel zu sein, mit nichts als ein paar malerischen Bäumen, einer vom Wind geneigten

Schirmpinie und zwei extrem schlanken Zypressen, die am Horizont aufragten, während die Möwen darüber kreisten und schrien. Neben dem Turm waren weiße, blassblaue und lavendelfarbige Blumen angeordnet, und ein knorriger alter Olivenbaum, der von der Salzwasserflut verschont geblieben war, streckte, unterstützt von zwei kleineren Feigenbäumchen, schützend den Arm über die große Terrasse aus. Ein paar der überlebenden Hibiskuspflanzen blühten noch immer wacker neben der Eingangstür und der neue Rosengarten über dem unterirdischen Gästeflügel wurde durch blau blühende Lavendelbüsche noch verschönert.

Drüben am Rand der Klippe, nicht weit vom großen Steilabfall, konnte ich zwei Felshaufen sehen, die Terrakottatöpfe mit pinkfarbenen Geranien schützten, und dahinter erstreckte sich ein Streifen Himmelblau, der ein wenig heller zu sein schien als das Ultramarin des Mittelmeers.

»Was ist denn das?«

»Das ist der Swimmingpool«, antwortete Minghetti.

»Na ja«, sagte ich, »das ist gar nicht so schlecht. Man bemerkt ihn kaum.«

Der einzige Bereich des Anwesens, der nicht vom Unglück heimgesucht worden war, war ein Lieblingsprojekt des Hausherrn, nämlich der Tennisplatz, der ein Stück unterhalb der Villa in den Fels gehauen worden war. Der Onorevole X hatte ursprünglich einen normalen italienischen Tennisplatz mit rotem Sand anlegen wollen, der praktisch und relativ einfach zu pflegen ist, aber auch hier hatten die Mächtigen der Insel ihre Genehmigung verweigert. Der Bauherr ließ sich aber dadurch nicht entmutigen und beschloss, Tonnen von Ackerkrume heranzukarren und dort, wo ursprünglich Sand liegen sollte, feines grünes Gras zu säen, und dieses würde dann mit einem Netz und weißen Linien für das Tennis *all'inglese* versehen. Selbst als er fortging, um seine Schlachten vor Gericht zu schlagen, ordnete der Onorevole X eigens an, das Gras weiterhin zu wässern, egal, was sonst alles vernachlässigt wurde.

Die waldige Umgebung um diesen Proto-Tennisplatz ist frisch und schön, und Mario hat ein paar *Magnolia stellata*, blühende Quitten und Mandelbäume gepflanzt, damit sich im Frühling ein wenig Farbe zeigt. Das Gras wird natürlich recht viel Pflege verlangen –, aber in der Stadt wird gemunkelt, dass der Onorevole X nach wie vor einmal wöchentlich seine Rückhand mit seinem Trainer übt. Und wenn die italienische Justiz weiterhin ihren zunehmend holprigen Weg mit den falschen Abzweigungen und überraschenden Kehrtwendungen nimmt, hat der Onorevole X immerhin eine Chance von 50 Prozent, irgendwann im neuen Jahrtausend unter eine Amnestie des Präsidenten zu fallen.

Dann wird er sich den allerneuesten Tennisschläger, ein halbes Dutzend Lacoste-Tennishemden und zehn Röhren mit leuchtend gelben Tennisbällen kaufen und sich in den Wald aufmachen.

Hat jemand Lust auf eine Tennispartie?

AUGUST

Abkühlung im Gewächshaus

»Was dir wirklich noch fehlt, ist ein Gewächshaus«, sagte Anthea mit der Überzeugungskraft einer Verkäuferin bei Tiffany, die ein Kollier aus lauter gleich großen Solitär-Rubinen anpreist.

Sie hatte beobachtet, wie ich darum kämpfte, zwei kleine *Daturas* (Stechapfelpflanzen, auch Engelstrompeten und neuerdings Brugmansia genannt), durchzubringen, die sich nach drei Jahren immer noch hartnäckig weigerten, im Freien zu blühen. Zwar überstanden die armen Dinger den Winter an der Mauer des Pumpenhauses, sahen aber verkümmert und erschöpft aus.

Natürlich hatte sie Recht. Ich hatte den Punkt erreicht, an dem ich Neues wagen und mit ein paar der selteneren Pflanzen herumexperimentieren wollte, die ein wenig weiter im Süden gediehen. Manchmal ging es nur um ein oder zwei Grad zusätzlicher Wärme. Der Stechapfel hatte beispielsweise in Amalfi in einem riesigen Ölkanister an der Straße nach Agerola geblüht, und ein Freund von uns, ein Maler, besaß in seinem Innenhof in Positano eine faszinierende pinkfarbene Trompetenblume. Ich dachte mir, dass auch ich sie mit ein wenig mehr Obhut in Canale halten könnte.

Es gab noch Dutzende anderer Pflanzen, die sich nach weitaus mehr Wärme sehnten, und mir wurde allmählich klar, dass ich es ihnen nur dann recht machen konnte, wenn ich sie in einer an das Haus angrenzende Art Glasumfassung unterbrächte. Meine Idee war, entweder die Südterrasse oder den Patio auf der Westseite des

Hauses verglasen zu lassen und den Raum mit hängenden Hibiskus, tropischen Mondblumen, Jade-Pflanzen und Palmen zu füllen.

Ich wollte eine Art Dschungelgarten, so wie Henri Rousseau ihn in seinem Atelier in Paris gemalt hatte. Rousseau war zwar nie in die Tropen gereist, verbrachte aber seine freien Tage – er war beim Zollamt angestellt – damit, im Jardin des Plantes exotische Blumen abzuzeichnen. Er malte Dschungelszenen, die ihm bisher kein anderer Künstler nachmachen konnte. Wenn er solche wunderbaren Dschungel mitten in Paris erschaffen konnte, warum sollte es mir in dem wärmeren Klima von Canale nicht auch gelingen?

Ich ging in die Bücherei der amerikanischen Akademie in Rom, um die Geschichte der Gewächshäuser zu studieren, und fand schließlich heraus, dass es zwischen Himmel und Erde mehr Arten von Gewächshäusern gibt, als ich es mir je hätte vorstellen können.

Die gebräuchlichste Art, insbesondere in Großbritannien, ist diejenige, die man als »Arbeitsgewächshaus« bezeichnet. Das sind kleine, beheizte Fertighäuser, in denen man Saatbeete anlegen, Stecklinge bewurzeln und spezielle Pflanzen heil durch den Winter bringen kann. Man kann zu dieser Jahreszeit darin sogar Tomaten und Gurken heranwachsen lassen – aber wer möchte schon im November Gurken pflanzen? Man kann das Arbeitsgewächshaus ein wenig aufrüsten, indem man eine stärkere Heizung und eine schickere gusseiserne Tür einbaut und es »Warmhaus« oder »Treibhaus« nennt, dann kann man darin Rothschild-Orchideen und wertvolle Gloxinien oder afrikanische Veilchen halten. Aber diese Häuser brauchen Thermostate, Zeitschaltuhren und Berieselungsanlagen, und man würde es kaum wagen fortzugehen, aus Angst, ein Stromausfall könnte alles ruinieren.

Die Bücher weisen auch auf das heikle Problem hin, wie das Treibhaus im Sommer kühl genug zu halten ist. In kalten Klimazonen machen Treibhäuser Sinn, nicht jedoch in heißen Gegenden. Wir hatten einige Freunde, die sich für ihre Gärten in der Nähe von Bracciano freistehende Gewächshäuser bestellten. Diese sahen im Winter hübsch aus, wenn Töpfe voller Narzissen und Amaryllis prächtig blühten und Sämlinge für den Sommergarten heranwuchsen, aber sobald das Frühjahr kam, verwandelten sich diese Häuschen in Mikrowellenherde, und alles verbrutzelte darin wie Shrimps in einem Wok. Die Freunde versuchten es mit Weißtünchen des Daches; sie brachten spezielle grüne Markisen an, um die Sonnenstrahlen abzuhalten, und installierten für viel Geld Klimaanlagen; aber nichts half und am Ende wurden diese Gewächshäuser als Fehlinvestition aufgegeben.

Noch lehrreicher war der Versuch der römischen Gärtnerei Sgaravatti, sich zu einer Art amerikanischem »Selbstbedienungs-Gartencenter« zu mausern. Bei diesem unklugen und bedauernswerten Schritt gab das Management von Sgaravatti die altmodischen Schuppen auf und entließ alle erfahrenen und freundlichen Gärtner, die den Kunden so viele gute Ratschläge hatten geben können. Die Hälfte des Gärtnereibetriebs wurde in einen zementierten Parkplatz verwandelt und auf der anderen Hälfte ein Glashaus mit niedrigen Regalen errichtet. Jeden Freitag kam ein Sattelschlepper von Pistoia angefahren und lud große Paletten mit Topfpflanzen und Blumen ab. Diese wurden – wie so viel anderes Grünzeug – auf die Regale ins Glashaus gestellt, und die einzig noch übrig gebliebenen Angestellten waren Männer, die die Pflanzen gossen, und eine Frau mit stets steinernem Blick, die die Herrschaft über die Kasse hatte.

Ich spürte schon, dass da etwas nicht stimmte, als ich

Ende April das erste Mal hinfuhr, um Geranien zu kaufen. Die Frühlingssonne brannte erbarmungslos auf das Glasdach. Als ich eintrat, schlug mir ein Schwall heißer Luft entgegen. Zwei Männer in Gartencenter-Overalls versuchten tapfer, Markisenstreifen an dem Glasdach anzubringen, verloren aber den Kampf, weil die Pflanzen drinnen bereits teilnahmslos die Köpfe hängen ließen.

Mitte Mai war das Spiel aus. Die Temperatur in dem futuristischen neuen Supermarkt erreichte fast 38 Grad. Nahezu alle Pflanzen waren eingegangen und die zwei schwitzenden Angestellten trugen die Überlebenden eiligst hinaus in den Schatten der aufgegebenen Schuppen. Die Kassiererin hatte sich, ihr Lächeln noch frostiger als je zuvor, in einen dieser Schuppen verzogen und ihre Kasse auf einen kaputten Topf gestellt.

Die Moral dieser Geschichte war klar. Leute, die in heißen Klimaregionen leben, sollten sich auf Kalthäuser konzentrieren, die unbeheizt sind, aber in einem kalten Winter genügend Schutz bieten, damit die Pflanzen nicht erfrieren. Mit anderen Worten, es sollten moderne Versionen der alten Gewächshäuser für Zitronenbäumchen sein, die früher die italienischen Villen zu zieren pflegten. Wenn wir in Canale etwas bauen würden, dann müsste es ein kühles Gewächshaus sein.

Es gibt nur wenige Bücher über kühle Gewächshäuser, und was darüber geschrieben wurde, ist kaum hilfreich. Die Autoren geben endlos Ratschläge über Vorrichtungen zur perfekten Belüftung und über Anlagen, die kühlen Dunst oder feuchte Luft hineinblasen, und es ist viel von Jalousien und dem Weißtünchen des Glases im Sommer die Rede. Aber man findet zwischen all den technischen Hinweisen wenig über Blumen. Diese Bücher schließen tatsächlich – wie leider so viele Gartenbücher – mit der üblichen langweiligen Liste von »Pflanzen, die sich für einen kühlen Wintergarten eignen«. Oft hat man den Eindruck, Listen wie diese werden von der Sekretärin des Autors zusammengestellt, die sie aus einer Gartenenzyklopädie abschreibt. Außerdem nehme ich an, dass die Sekretärin als nächstes in ihren Computer fünf Standardanweisungen für die Pflege eingibt. Jetzt braucht sie, wenn sie die einzelnen Pflanzen abhakt, nur noch die Taste für die »Hinweise für Schattenpflanzen« oder »Hinweise für Winterblüher« zu drücken, und man erhält über 150 Seiten hinweg immer wieder Wort für Wort die gleichen Anweisungen. Doch was ein Leser wirklich wissen will, ist weit Spezifischeres: Warum werden Gardenien in Gewächshäusern immer braun? Wie kann man die Triebe der Passionsblume davon abhalten, alles in ihrer Nähe zu erwürgen? Und was ist zu tun, wenn sich ein großes schwarzes schuppiges Insekt über die Zitronenbäume hermacht?

Deshalb stellte ich die Bücher über kühle Gewächshäuser wieder in die Regale zurück, ging zum Katalog und suchte nach »Gärten im alten Rom«. Warum nur hatte mir niemand den Tipp gegeben? Während sich die modernen Autoren in nutzlosen Listen geradezu verirrten, hatten es die alten Römer schon vor langer Zeit mit genau den gleichen Problemen zu tun, die sich einem auch heute noch in heißen Klimazonen stellen: Wie kann man im Winter einen Raum warm genug halten, um Exoten anzupflanzen, aber im Sommer kühl genug, dass sie nicht eingehen? Die Antworten fanden die klugen Römer weniger im Bereich des Gartenbaus als vielmehr der Architektur. Man muss eben seine Portiken und Gartenmauern so bauen, dass sie die Sonnenstrahlen im Winter einfangen, im Sommer aber fernhalten.

Der Architekt Varro drückte es in einem im Jahr 36 v. Chr. an Palladius geschriebenen Brief deutlich aus. Im Idealfall, so schrieb er, müsste eine römische Villa auf einem nach Süden und Osten gerichteten Hügel errichtet sein. Dort sollten mit Blumen geschmückte Portiken und Arkaden an die Villa angebaut sein, aber sie sollten hohe Bögen und überstehende Dächer haben. So würden, wenn die Sonne im Winter tief steht, ihre Strahlen unter die Arkaden gelangen und den Patio sowie alle Blumen unter den Arkaden erwärmen. Aber wenn die Sonne im Sommer hoch steht, würden die Portiken dem Haus und seinen Bewohnern Schatten spenden und zugleich den kühlenden Wind hindurchlassen. Varros Kollegen schlugen zudem vor, diese Portiken um Springbrunnen herum zu bauen, da sie von den Persern gelernt hatten, dass das spritzende Wasser auf abkühlenden Fliesen mehr für einen heißen Garten tun kann, als ein Armee von Sklaven, die große Fächer wedeln.

Ich habe meine Lektionen von Varro gelernt. Die eine war, dass, ganz gleich, wie der Wintergarten gebaut ist, das Dach nie ganz offen sein sollte. Einige Querbalken und überstehendes festes Dachmaterial müssen die Sonnenstrahlen abhalten. Außerdem bemerkte ich, dass Varro nirgends Ventilationsanlagen oder künstliche Beschattung erwähnte. Seine Vorstellung von einem Gartenportiko war denkbar einfach: Gehe so gut wie möglich mit der Sonne um, sorge für Schatten, wenn du ihn brauchst (im Sommer), und ermuntere die Sonne im Winter, wenn du sie haben möchtest, hereinzukommen, dann werden die Blumen schon von alleine gedeihen.

Am Ende bekam ich meinen Wintergarten – ohne Streitereien und Tränen. Ich ließ mir einfach Zeit, Ideen zu sammeln und Skizzen zu machen, bis wir uns entschlossen, im Erdgeschoss ein neues Schlafzimmer anzubauen, und plötzlich hatten wir zwischen dem neuen Schlafzimmer und dem Esszimmer einen freien Raum.

Das Wichtigste, was wir machten, war, in den leeren, rechteckigen Raum zwei zusätzliche Wände einzuziehen, eine auf der Ostseite mit einem großen Fenster und eine auf der Südseite, die aus Glasschiebetüren besteht. Darauf kam ein spitzes Dach mit Glasscheiben, die zwischen Reihen von Dachziegel eingesetzt sind.

Zum Bauen wurden die hiesigen Steine verwendet, so dass die Mauern mehr als einen halben Meter dick sind und im Sommer breite Schatten werfen. Das so geschaffene Gartenzimmer ist volle zwei Stockwerke hoch, mit einer Galerie, die zwischen dem Esszimmer und dem Schlafzimmer verläuft. Von dort führt eine breite Travertintreppe zum Erdgeschoss hinunter, das mit einem Kalksteinboden ausgelegt ist, auf den man Blumentöpfe stellen kann. An der Ostwand sind zwei erhöhte Beete direkt auf die bloße Erde aufgehäuft worden, so dass die Bäume und Gewächse, die wir dort angepflanzt haben, ihre Wurzeln bis nach China wachsen lassen können. Die Ventilation kommt von ganz allein, denn die Fenster und Türen schließen nicht allzu dicht, so dass immer ein gesunder Luftzug von draußen hereinweht.

Die einzige Enttäuschung war für mich, dass der Bauarbeiter sich weigerte, einen Springbrunnen auch nur in Betracht zu ziehen.

»Versteh doch«, sagte Robert, »es ist einfach nicht genug Platz für einen Springbrunnen da, und wenn du hier einen einbaust, wird der ganze Raum im Winter feucht und modrig, und im Sommer stinkt es dann. Du wärst die ganze Zeit bloß mit Putzen beschäftigt.« Deshalb gab ich mich, statt auf den Zimmerbrunnen zu bestehen, mit einem ovalen Teich draußen zufrieden.

In den ersten Monaten machte ich mir Sorgen, mein Gewächshaus könnte zu schattig sein. Als ich es plante, hatte ich gehofft, hinten an der Wand blühende Zitronenbäume voller goldener Früchte halten zu können, aber es wurde bald klar, dass sie dort nicht glücklich waren; sie brauchten mehr Sonne und mussten an eine Südwand ins Freie verpflanzt werden. Doch immerhin gedieh der Jasmin dort gut, ebenso die Passionsblumen, und die Stechäpfel verloren sogar ihr dürres Aussehen und begannen wie wild in die Höhe zu schießen.

Dennoch machte ich mir weiter Sorgen. Vielleicht brauchte ich wirklich mehr Glas im Dach? Vielleicht sollte das Gewächshaus offener sein? Aber dann, als ich an einem heißen Tag im August einen Eistee in der *serra* (Gewächshaus) trank, bemerkte ich, wie erstaunlich kühl es hier war. Draußen zirpten die Zikaden, die Hunde hechelten in der Hitze und die Rosen verdorrten an ihren Stängeln. Drinnen war alles grün, belaubt und frisch. Wir hatten einen tropischen Regenwald geschaffen, oder wie Varro es genannt hätte, ein »Nymphaeum«, nur dass ein echtes Nymphaeum mehr Moos und feuchte Papyrusstauden, dafür weniger Blumen hätte. Was es auch immer war, das Ergebnis war erfrischend. Ich wünschte, ich hätte Varro und Rousseau auf ein Glas Limonade einladen können.

Ich bin kein Mensch, der ausgedehnte Einkaufsbummel liebt – nach einer halben Stunde in einem großen Einkaufszentrum wird mir gewöhnlich schwindelig –, aber beim Einkaufen von Pflanzen für das neue Gewächshaus war das etwas ganz anderes. Ich suchte in ganz Lazio nach abgelegenen Gewächshäusern und ländlichen Märkten, und nach einiger Zeit fand ich eine Reihe von Blumen, die unter Urwaldbedingungen gedeihen. Schließlich beginnen die meisten tropischen Gewächse ihr Leben auf den dunklen Böden dichter Urwälder und müssen sich erst langsam zum Sonnenlicht hinaufwinden. Zu meinen wertvollsten Funden gehören Clivien-Zwiebeln, Mitglieder der Familie der Amaryllis aus Südafrika, die zu viel Sonne übel nehmen. Diese wunderschönen zinnoberroten Lilien beginnen im März zu blühen und dann unentwegt bis in den Mai. Die Jacobinie, ein hübscher Busch mit rosa Blüten, hellt mitten im Sommer und dann wieder im Herbst dunkle Ecken auf. Sie bildet einen wohltuenden Kontrast zu den wächsernen weißen Blüten der Mandevilla und der lebhaften Blüte der Bougainvillea, die, wenn sie nicht in der grellen Sonne steht, hellere, lavendelfarbene Blüten hervorbringt (viel hübscher als das gewöhnliche leuchtende Magentarot).

Und so können wir das ganze Jahr über, wenn wir an unserem Esstisch sitzen und Eistee oder Rumpunsch trinken, in einen mystischen Garten sehen, der uns an die Inseln im Südpazifik erinnert. Oberhalb der Galerie hängt ein marokkanischer Vogelkäfig, dessen Bewohner ein ausgestopfter Wiedehopf ist, der in die *serra* flog, nicht mehr herausfand und sich das Genick brach. Unter ihm sind ständig wechselnde Töpfe voller heller Geranien aufgereiht, die einen Blütenvorhang bilden, durch den all die anderen Blumen betrachtet werden müssen. Unser hier lebender Bildhauer verspricht ständig, einen Tiger aus Gips für den Hintergrund beizusteuern, aber immer kommen andere Aufgaben dazwischen. Bis er dafür zu groß wurde, pflegte Henry für Fotos als Gewächshausaffe zu posieren, aber inzwischen ist er ohnehin auf einen anderen Kontinent gezogen.

Seltsamerweise blühen jetzt ausgerechnet die Blumen am treuesten, und zwar fast zu jeder Jahreszeit, nämlich die Engelstrompeten aus Amalfi, welche die ganze Sache ausgelöst haben. Ich habe sie in die schattigste Ecke unserer neuen *serra* gepflanzt, und nun dominieren sie den Gartenraum und erfüllen die Luft mit ihrem überwältigenden Moschusduft.

Eines Abends im Winter betrachtete Robert nach einem Tag, den er mit dem Veredeln von Olivenbäumen zugebracht hatte, mit großer Zufriedenheit unseren neuen Hausgarten.

»Weißt du«, sagte er, »diese *serra* ist das Beste, was wir gemacht haben. Warum sind wir bloß nicht schon früher auf die Idee gekommen?«

Die Rennreiter der Maremma

Im August tritt eine Pause bei der Gartenarbeit ein, und man hat wenig anderes zu tun, als zu den Rennen zu gehen –, denn der edle Sport der Pferderennen kann sich im südlichen Etrurien einer langen und glanzvollen Geschichte rühmen.

Vor beinahe dreitausend Jahren, als viele der Völker in Europa noch immer völlig unzivilisiert waren und riesige Steine durch die Gegend schleppten, strömten die sesshaften Bürger von Etruria in die gut gebauten Stadien, um sich an Wagenrennen zu erfreuen, genau wie die Leute von heute zu den Fußballspielen strömen.

Die in Tarquinia freigelegten Malereien zeigen, dass die lebenslustigen Bewohner von Etruria schon in der frühen Eisenzeit eine Vielzahl von Möglichkeiten entwickelt hatten, um sich in ihren Arenen zu vergnügen. Die Zuschauertribünen waren den Anhängern der Pferderennen vorbehalten, die wirklich genau sehen wollten, wie die Tiere über die ovalen Bahnen liefen. Darunter, unterhalb der Zuschauertribünen, waren für die Bürger, die sich entspannen oder anderen Formen zwischenmenschlichen Verkehrs hingeben wollten, Liegen aufgestellt, die wie Schlafwagenkojen aussahen. Die Römer, die ja auch nicht immer gerade Engel waren, taten so, als seien sie über diesen hedonistischen Lebensstil schockiert, und schimpften, die Etrusker seien fett, materialistisch und sexbesessen.

Sobald die Römer Etrurien erobert hatten, begannen

sie jedoch, sich selbst für den Sport der Könige zu begeistern, und es gibt eindeutige Beweise, dass es die Etrusker, nicht die Griechen waren, die die Leidenschaft für Wagenrennen an die Römer weitergaben. Denn immerhin ist der ursprüngliche Circus Maximus in Rom, eine der ältesten und aufwendigsten Pferderennstrecken der Welt, von etruskischen Königen geplant und angelegt worden.

Niemand kann mit Sicherheit sagen, wann sich diese Leidenschaft für Pferde entwickelt hat, aber Archäologen haben in der Schweiz und in Rumänien Stücke von Zaumzeug und anderer Pferdeausrüstung gefunden, die von etwa 1600 v. Chr. stammen. Die ersten gezähmten Pferde wurden zum Ziehen von Pflügen genutzt, und mit der Zeit fingen einige kühnere Etrusker an, auf die Rücken der Pferde zu steigen, statt hinter ihnen herzustolpern. Und als Nächstes organisierten sie Pferderennen.

Aus dem Jahr 600 v. Chr. stammende Reliefs zeigen entschlossene etruskische Reiter, die ohne Sattel über das Land galoppieren. Einer archaischen Konvention folgend werden die Reiter im Verhältnis zu ihren Pferden sehr klein dargestellt, doch bis 520 v. Chr. sind die so Abgebildeten so gewachsen, dass sie schwerfällig auf Pferden thronen, die für sie zu klein wirken. Eine wunderbare Reihe von vier Bronzetafeln im British Museum in London zeigt Reiter, die sich seitlich von ihren dahingaloppierenden Pferden gleiten lassen, um das letzte Stück des Rennens zu Fuß zurückzulegen – eine artistische Einlage bei Reiterfesten, die bei den etruskischen Pferdefans sehr beliebt war.

Die Begeisterung für Reiterwettkämpfe wurde von den Römern zwar rasch aufgegriffen, aber im Laufe der Zeit ging das sportliche Element der Wagenrennen verloren. Sporne und Messer wurden an den Wagenrädern angebracht, um die Rennen gefährlicher zu machen, und andere blutrünstigere Sportarten, darunter Löwen- und Gladiatorenkämpfe, wurden zur Erheiterung der Massen eingeführt. Schließlich fielen die Barbarenhorden in die Stadt ein und aus war es mit all den Genüssen und Zirkusattraktionen.

Zur Zeit der Renaissance war das Klappern von Pferdehufen in den Straßen Roms wieder zu hören. Die Via del Corso, eine mitten durch Rom führende Nord-Süd-Achse, wurde zu einem beliebten Austragungsort von Pferderennen. Die phantastische Corsa dei Barbari (Pferderrennen ohne Reiter) wurde dort jeden Winter während der Karnevalszeit abgehalten, und die in der Nähe des Nordendes des Corso verlaufende Via del Vantaggio (Straße des Vorteils) wurde so benannt, weil hier die jüngeren oder weniger erfahrenen Pferde einen Startvorsprung bekamen.

Erst als ich in die Maremma zog und meine erste Rennsaison erlebte, wurde mir klar, wie vernarrt die Leute im südlichen Etrurien in Pferde und die *buttero* (Cowboy)-Herrlichkeit sind. Mehr noch als in der Camargue in Frankreich, in der eine blühende Tourismusindustrie rund um die wilden Pferde aufgebaut wurde, hat die Maremma in Mittelitalien eine Reitertradition, die weit in die Anfänge der Geschichte zurückreicht.

Erstaunlich viele Einheimische halten Pferde. Wenn man einen Spaziergang durch die *macchia* macht, sieht man diese Tiere. Zuerst bemerkt man einen Heuballen, der über den Zaun geworfen wurde, und dann eine alte Badewanne mit steckendem Stöpsel und Wasser darin. Dann sieht man eine einsame Stute oder eine gemischte Gruppe feierlich, jeweils paarweise dastehen, Kopf an Schweif, damit der Schweif des einen Pferdes die Fliegen von den Augen seines Nachbarn fortwedeln kann.

Die hiesige Pferderasse, *cavallo maremmano* genannt,

ist wie maßgeschneidert für die Arbeit auf den rauen, sumpfigen Weiden der Maremma. Dieses stämmige rötlich-graue Tier ist ziemlich kurzbeinig und hat ungewöhnlich breite Hufe, die angeblich dem Gehen auf sumpfigem und schlammigem Untergrund angepasst sind. Dieses Pferd soll ein Nachkomme der schweren wilden Pferde der mitteleuropäischen Ebene sein und hält lange Dürreperioden im Sommer sowie Kälte und Regen im Winter im Freien aus, ohne sich einen Schnupfen oder Schlimmeres zu holen. Nirgends erreichen reinrassige Pferde auch nur annähernd diese Robustheit. (Vor ein paar Jahren brachte ein Freund von uns ein reinrassiges Rennpferd aus Irland mit, stellte es zu den Maremma-Pferden auf die Weide, und sofort bekam es eine Lungenentzündung.)

Es sind nicht nur die *butteri*, die Pferde halten. Massimo hatte immer zwei oder drei Pferde draußen auf seinen Feldern stehen, und als wir ihn nach dem Grund fragten, setzte er ein eigenartig schiefes Lächeln auf und antwortete: »*Per passione.*« Aristeo, ein Steinmetz im Ruhestand, der uns beim Veredeln unserer Olivenbäume hilft, besitzt sechs oder sieben Pferde, von denen die meisten noch nie geritten wurden.

»Ich habe Pferde im Blut«, sagte er einmal zu uns. »Mein Vater hatte welche und mein Großvater auch. Ohne ein Pferd sind wir verloren.«

Die Maremma war immer ein Land der Schafe und Rinder gewesen, und mehrere Jahrtausende lang, bis zu den Landreformen des zwanzigsten Jahrhunderts, zogen die Herden von Maremma-Schafen und die großen weißen Maremma-Rinder – die zumeist den fürstlichen Großgrundbesitzern gehörten – frei zwischen dem Meer über die Tolfa-Hügel bis zum Apennin hin und her. Der Anblick tausender Schafe und reinweißer Rinder mit langen Hörnern, die zwischen verfallenen Burgen und antiken Ruinen grasen, hat viele Künstler, insbesondere Poussin, inspiriert.

Diese Herden brauchten nicht nur Hirten zu Fuß, sondern auch Rinderhirten zu Pferde (*butteri* genannt) mit speziellen Kenntnissen, wie Brandzeichen zu setzen, die Rinder einzufangen und in die Pferche zu treiben sind, und über die Jahrhunderte hinweg war es diesen zähen und unverwüstlichen Reitern gelungen, sich eine besondere Stellung in der Gesellschaft zu sichern. Die *butteri* weigerten sich beispielsweise, Befehle des örtlichen *corporale* entgegenzunehmen, und verhandelten nur direkt mit den Landbesitzern, die ihre besonderen Fähigkeiten schätzten und sie relativ gut bezahlten. Denn ihnen war (wie Dschingis Khan) klar, dass fähige Reiter vielseitig eingesetzt werden können, von der Jagd bis zur Kriegsführung und der Postbeförderung. Einige *butteri* gingen auch einem lukrativen Nebenerwerb nach – der Räuberei. Nicht zufällig kam es gerade in den rückständigen Gegenden Etruriens, wo es viele Reiter gab, häufig vor, dass Wegelagerer in den Büschen lauerten.

Die *butteri* erlangten gegen Ende des neunzehnten Jahrhunderts ihren größten Ruhm und Gedichte wurden über ihre jährliche Wanderung geschrieben. Zu Beginn des Frühjahrs, wenn das Gras wieder zu wachsen anfing, trieben sie ihre Herden aus den Scheunen und Gehegen auf die grünenden Felder und Weiden. Zu dieser Zeit wurden Fohlen geboren, Kälber wurden mit Brandzeichen versehen, und die Einjährigen wurden zusammengetrieben und zugeritten – zuerst an einem langen Seil geführt, dann von einem Mann geritten. Bis zum Fest von San Giuseppe (am 1. Mai) mussten die Tiere von den Weiden getrieben sein, damit im späten Mai das Heu gemäht und als Wintervorrat gebündelt werden konnte, dann zogen die Herden auf höher gelegene Weiden. Dieser uralte Auftrieb, als *transumanza* bekannt, fand im

Frühsommer statt, aber in einem Gebiet mit großen Eichenwäldern wie dem von Manziana war es den *butteri* gestattet, ihr Vieh den ganzen Sommer über in dem dichten Unterholz weiden zu lassen. Eine uralte Übereinkunft, wahrscheinlich aus etruskischer Zeit, gestattet den Bewohnern der Waldgegenden, ihr Vieh gegen Bezahlung einer niedrigen Gebühr in den Gemeindewäldern grasen zu lassen, und bis heute hallen die Manziana-Wälder den ganzen Sommer hindurch von dem Muhen und Brüllen des weidenden Viehs wider.

Im Herbst werden die Tiere wieder auf das Weideland gebracht, wo sie nochmals grasen, bevor der nasse Winter beginnt. Sobald bei der *vendemmia* Ende Oktober die Trauben gelesen sind, werden sie auch in die Weinberge geführt, wo sie die übrig gebliebenen Blätter der Rebstöcke abweiden. Man lässt hier wirklich nichts verkommen. Im Winter werden dann die Gehege erneuert, die groben Zäune geflickt (die häufig aus dornigen Büschen wie zum Beispiel Brombeeren oder *bianco spino*, Weißdorn, gebaut sind) und einige der jungen Kälber werden geschlachtet. Nicht selten werden die *butteri* auch gebeten, Suchtrupps zu organisieren, um nach gestohlenen oder verirrten Rindern oder nach Hirten zu suchen, die vermisst werden. Erst vor wenigen Jahren wurde ein Hirte nach fünftägiger Suche gefunden. Offenkundig war er von einem Bienenschwarm angegriffen worden, in einen Brombeerstrauch gestürzt und an einem Herzanfall gestorben.

In den fünfziger und sechziger Jahren konnte man samstagabends in die Bars von Canale und Tolfa gehen und den einheimischen Hirten und *butteri* zuhören, die ihre *stornelli* über ihre Abenteuer sangen. Ein *buttero* fing dann an, in einem hohen, nasalen Tonfall, der stufenweise tiefer wurde, zu improvisieren, und nachdem er sich mehrere Strophen ausgedacht hatte, griff ein Freund die gleiche Geschichte mit der gleichen Melodie auf, aber gab dem Lied am Ende eine ironische oder amüsante Wendung. In ihrem jeweils abwechselnden Gesang lieferten sich die beiden Männer in Wahrheit ein musikalisches Duell, und die Zuhörer lauschten vergnügt und belohnten den Sieger mit einem weiteren Liter Wein.

»*La bottiglia piange*« (»Die Flasche weint«), brüllten sie dem *padrone* zu, wenn sie ihn herbeiriefen, um ihre Literkrüge mit herbem Weißwein nachfüllen zu lassen.

Historiker meinen, dass diese verbalen Duelle ihren Ursprung im Mittelalter hatten und Vorläufer der Oper waren; aber ein kenntnisreicherer Gelehrter hat darauf hingewiesen, dass es in Vergils Eklogen einen »Singwettkampf zwischen Korydon und Thyrsis« gibt. Die in den *stornelli* erzählten Geschichten bezogen sich auf den Stoff großer Volksepen. Es ist eigentlich paradox, dass der italienische Regisseur Sergio Leone, als er sich entschloss, Filme über Cowboys zu drehen (häufig »Spaghetti-Western« genannt), die italienische Tradition ganz vergaß und seine Handlungen und oft auch die Schauplätze von Hollywood stahl, ebenso die Hauptdarsteller wie Clint Eastwood.

Einer der Höhepunkte in der *buttero*-Geschichte war die Zeit, als Buffalo Bill und seine Wildwest-Cowboys die *butteri* zu einem Rodeo-Wettkampf herausforderten und die *butteri* gewannen. Zu diesem Triumph kam es 1919, als Buffalo Bill seine berühmte Tour durch Europa unternahm und dabei Indianer, einschließlich ihres Häuptlings Geronimo, in seinem Gefolge mitbrachte. Als die italienischen Reiter haushoch gewannen, war König Umberto so erfreut, dass er die Indianer im Quirinalspalast empfing, wobei er gestattete, dass sie ihre Ponys im Innenhof abstellten.

Das durch die Landreform und die damit einhergehende Einzäunung hervorgerufene Schwinden der Herden bedeutet, dass heutzutage nur noch wenige *butteri* regelmäßig Arbeit finden, häufig als Wald- und Wildhüter, aber es gibt zunehmend junge Männer, die nebenbei als Reiter arbeiten und sich beinahe jedes Wochenende auf lokalen Turnieren und Pferderennen messen. Diese freiberuflichen *butteri* sind hervorragende Reiter und ziehen es, wenn möglich, vor, ohne Sattel zu reiten. Sie tragen die typischen Samthüte der *butteri* und Stiefel, manchmal aber auch grobe Ledergamaschen. Wenn sie einen Sattel benutzen, dann ist es häufig der Maremma-Sattel, der dem tief ausgehöhlten Westernsattel ähnlich sieht, aber vorne und hinten stark ansteigt.

Die Pferderennsaison in der Maremma beginnt im späten Frühling, wenn die Heuernte eingefahren ist. Die größten Rennen werden häufig mit traditionellen Viehmärkten zusammengelegt – Ereignisse, zu denen Pferdehändler aus ganz Italien strömen, einschließlich einer großen Zahl von Zigeunern. Dabei handelt es sich um improvisierte Rennen mit Amateurreitern, die wenig mit den feinen Pferderennen der Großstadt zu tun haben. Die Canalesi bevorzugen Geschicklichkeitsrennen, bei welchen die *butteri* im weiten Kreis galoppieren und dabei mit Speeren Ringe, die an neben der Strecke stehenden Pfählen hängen, aufspießen. Bei anderen Rennen müssen sie vom Pferd herunterspringen und die restliche Strecke zu Fuß zurücklegen.

All dieses fieberhafte Treiben erreicht seinen Höhepunkt mit den zwei größten *buttero*-Rennen – dem Palio von Siena, der am 1. Juli und dann wieder an Mariä Himmelfahrt, dem 15. August, stattfindet. Es überrascht nicht, dass viele Sieger des Palio aus unserer Gegend zu kommen pflegten, und einer der größten Reiter überhaupt stammte tatsächlich aus Manziana. Sein Name war Beppe Gentile, und wir lernten ihn kennen, weil er im Frühsommer an einigen der Vorbereitungsrennen auf der langen unbefestigten Straße in der Nähe unseres Hauses teilnahm.

Man sah Beppe sofort an, dass man mit ihm zu rechnen hatte. Er war klein und schlank. Sehr aufrecht saß er im Sattel, ganz nach englischer Art (nicht der der Maremma), und er hielt seinen Kopf hoch. Er hatte eine animalische Schnelligkeit und sprang mit einem mühelosen Satz auf sein Pferd. Sein Gesicht war kantig und adlerartig, was ihm einen hoheitsvollen, fast aztekischen Ausdruck verlieh, und er lächelte selten. Die anderen Jockeys sprachen mit großem Respekt mit ihm.

»Das ist der große Beppe Gentile«, sagte unser Nachbar Jack. »Wenn er an einem Rennen teilnimmt, hat sonst keiner eine Chance.«

Jack erklärte mir weiter, dass Beppe fast alle großen Rennen in der Maremma gewonnen und fast ein Dutzend Mal beim Palio von Siena gesiegt hatte.

»Er ist so gut, dass sie immer im Frühling von Siena heraufkommen und ihn bitten, am dortigen Rennen teilzunehmen. Aber er macht es nur, wenn sie ihm eine Million Lire pro Rennen bezahlen. Er wird ›Beppe la Lepre‹ (Beppe, der Hase) genannt, weil er beim Start so schnell ist«, sagte Jack. »Er beginnt jedes Rennen mit einem Startvorsprung.«

»Und wie das?«

»Er hat so seine Tricks am Start«, erklärte Jack. »Die Jockeys stellen sich bei diesen Rennen zum Start auf, indem sie ihre Pferde vor und zurück dirigieren, bis sie in einer Reihe stehen, und dann kommt der Startschuss.« (Es erinnerte mich daran, wie wir unsere Bootsrennen in Duxbury starteten, als wir vor und zurück fuhren, um nur ja als erste die Linie zu überqueren.) »Er tut so, als sei sein Pferd außer Kontrolle, stiftet jede Menge Verwirrung und tänzelt im Kreis herum, und wenn er beim Startschuss nicht ganz vorne ist und in Startrichtung steht, dreht er sein Pferd noch einmal um und behauptet, es sei ein Fehlstart.«

Bei den ersten Rennen beobachtete ich Beppes Manöver, und es war genau, wie Jack es beschrieben hatte. Die Vorläufe der Rennen wurden jeweils in Gruppen von drei Pferden gestartet, und jedes Mal, wenn sein Vorlauf dran war, begann Beppes Pferd, eine große schwarze Stute, plötzlich wild und nervös herumzuspringen. Beppe machte eine große Schau aus seinem Versuch, das Tier zu beruhigen, er tätschelte es und zog ärgerlich an den Zügeln, während die große Schwarze den Kopf zurückwarf und das Weiß ihrer Augen sehen ließ. Aber am Ende kam tatsächlich der Moment, als die drei Pferde mehr oder weniger nebeneinander an der Linie standen, und dann beruhigte sich Beppes Pferd auf einmal und stürzte sich mit einem ordentlichen Vorsprung über die Linie. Wenn er keinen klaren Vorsprung hatte, drehte sich Beppes Pferd plötzlich vom Start weg, und das ganze Manöver musste wieder von vorn beginnen. Die gegnerischen Reiter konnten wenig dagegen unternehmen, außer sich selbst zu drehen und zu kreisen, aber am Ende war es doch wieder Beppe, der das nötige Durchhaltevermögen besaß und als Erster losrannte.

Wenn er erst einmal auf der Rennstrecke war, gab es kein Halten mehr. Zusammengekauert, die Schultern hochgezogen, sah er auf seinem Pferd aus wie ein Zentaurus. Er hatte eine Gerte, die er dem Pferd gelegentlich vor die Nüstern hielt, so dass es sie sah, aber nicht spürte, und er überließ den ersten Platz nur selten einem anderen Reiter.

Jahre später erfuhren wir Geschichten über den Palio, die uns mit Sorge um unseren Lokalmatadoren erfüllten. Einmal bei einem Rennen im August, so wurde erzählt, hatte Beppe einen schlechten Start erwischt und war als Sechster angekommen, und die Männer der *contrada*, die ihn angeheuert hatte, schlugen ihn und brachen ihm den rechten Arm. Sie behaupteten, er habe das Rennen absichtlich vermasselt. Aber auch nach diesem Zwischenfall wurde er wieder nach Siena gerufen und er wurde nie wieder geschlagen.

Als er einige Jahre später starb, nachdem sein Pferd in den Wäldern von Manziana gegen einen Baum gerannt war, folgten mehrere tausend Menschen seinem Sarg von der Kirche die Hauptstraße hinunter, und die Sieneser schickten eigens eine Mannschaft hervorragender Fahnenwerfer und Trommler in Renaissancekostümen, die den Sarg bis zum Friedhof begleiteten. Nicht einmal der Bürgermeister von Manziana, der ein guter Freund von Signor Andreotti war und dem die hiesige Buslinie gehörte, bekam ein solches letztes Geleit.

SEPTEMBER

Von etruskischen
Geistern und Gärten

Im wohlriechenden Hinterland Südetruriens liegen zwei
verträumte Gärten, die eine deutlich orientalische Atmosphäre ausstrahlen –, und jedes Mal, wenn ich sie besuche, habe ich das Gefühl, sie könnten von den Geistern
längst verstorbener etruskischer Steinmetze heimgesucht
sein.

Der erste dieser Gärten ist eine verzauberte Waldung
bei Bomarzo, nicht weit von Viterbo entfernt, der um
1560 von einem reichen italienischen Adligen und Soldaten namens Vicino Orsini angelegt wurde. Hier scheinen die Geister wachsam, aber alles in allem zufrieden
zu sein. Der zweite ist ein Phantasiegarten der schönen
und exzentrischen französisch-amerikanischen Bildhaue-
rin Niki de Saint Phalle. Er liegt oberhalb des Sees bei
Capalbio (an der Grenze zwischen Lazio und der Toskana) und besteht aus achtundzwanzig riesigen polychro-
men Statuen von Tarotfiguren, die in der Sonne schim-
mern. Dieser Garten wurde erst Anfang der 1990er Jahre
fertiggestellt und die Geister hier sind noch nervös und
unsicher. Ich stelle mir vor, dass ich hören kann, wie sie
bei Einbruch der Dämmerung in der sanften Abendluft
die Totenklage halten.

Eigenartigerweise haben diese beiden Gärten, der eine
ein anerkanntes Meisterwerk, der andere noch immer ein
Fragezeichen in der Kunstszene, vieles gemein. Beide
sind das Werk talentierter, aber unkonventioneller Gar-
tendesigner, und beide Gärten haben Italien ein außer-

gewöhnliches Element orientalischen Zaubers gebracht, der ursprünglich eine Eigenheit der frühen Etrusker war.

Es herrscht allgemein Übereinstimmung, dass der Bomarzo-Garten etwas Exotisches hat, und in manchen frühen Schilderungen wurde nachdrücklich betont, dass Vicino Orsini Steinmetze aus Indien – oder waren es etruskische Geister? – geholt hätte, die die riesigen Skulpturen auf seinem Anwesen schufen. Das Grundstück, das er sich für seinen Garten auswählte, war ein bewaldetes Tal unterhalb seines Besitzes in Bomarzo, welches mit großen, durch eine vulkanische Eruption ausgeworfenen Tuffsteinen angefüllt war. Er wies seine Steinmetze an, hier Dutzende exzentrischer Figuren zu hauen – zwei riesige rätselhafte Sphinxe, eine gewaltige Schildkröte mit einer Trompete blasenden Riesin auf dem Rücken, eine auf dem Gras sitzende Meerjungfrau, die beiden langen, schuppigen Flossen nach hinten ausgestreckt, ein großer Brunnen, über dem Pegasus fliegt, und ein lebensgroßer karthagischer Elefant in voller Kriegsmontur, der mit seinem Rüssel einen römischen Soldaten hochhebt.

Orsini wies seine Arbeiter zudem an, aus dem Felsen auch Gebäude zu hauen, und sie schufen ein paar wahrlich bedrohliche Bauwerke – eine albtraumhafte Villa, die ganz verrückt auf eine Seite gekippt ist, Kapellen mit großen Portiken, aber ohne Fenster, und überall stehen übergroße Monster, den Besucher anstarrende Masken und unheimliche kabbalistische Symbole.

In einem in die Wand gemeißelten Epigramm, über das eine sitzende Sphinx wacht, stellte Orsini die schelmische Frage: »*Dimmi poi se tante meraviglie sien fatte per inganno o per arte?*« (»Sag mir, sind all diese Wunder durch Zauberei oder Kunst entstanden?«)

Niki de Saint Phalle war von Bomarzo stark beeinflusst, das nur eine Stunde von dem Hang von Capalbio entfernt ist, an den sie ihren Skulpturengarten baute, und auch ihr machte es Spaß, die Besucher mit den obskuren Symbolen und Mythen ihrer Tarotkarten zu verwirren.

Als Tochter eines französischen Vaters und einer amerikanischen Mutter 1930 in Paris geboren, arbeitete Niki als Model in Paris, erschien auf den Titelseiten sowohl der *Vogue* als auch *Life*. Noch keine dreißig Jahre alt, wurde sie zu einer führenden Figur der Avantgarde, wo sie jedoch von Anfang an umstritten war. Früh ging sie eine Bindung mit dem Schweizer Bildhauer Jean Tinguely ein, mit dem sie viele Jahre verheiratet war. Beide arbeiteten gemeinsam an der Statue der riesigen nackten Göttin, die, als sie im Museum der Modernen Kunst in Stockholm ausgestellt wurde, großes Aufsehen erregte. In den sechziger Jahren machten Tinguely und Saint Phalle mit ihren »Jagdgesellschaften« erneut Schlagzeilen, als sie ihre Werke an den Wänden Pariser Galerien aufhängten und dann mit Gewehren darauf schossen.

Saint Phalle weilte häufig in Garavicchio, dem Anwesen ihres Freundes, des Fürsten Carlo Caracciolo, einem bekannten römischen Verleger und Kunstmäzen, und bald war sie in den Bann der alten etruskischen Landschaft gezogen. Tatsächlich erzählte sie Caracciolo, sie habe eines Nachts geträumt, dass sie durch einen verzauberten Garten nahe der Villa schlenderte und auf mystische Figuren von die Zukunft voraussagenden Tarotkarten traf, die sich, mit phantastischen Farben bemalt und mit Edelsteinen besetzt, aus dem Boden aufzutürmen schienen. Der Fürst bot ihr liebenswürdigerweise ein Hanggrundstück nahe der Villa Garavicchio an, auf dem sie diesen Traumgarten anlegen könne, und 1982 machte sie sich ans Werk. Es war eine lange und anstrengende Arbeit, obwohl Tinguely tapfer die Verankerungen zusammenschweißte und ein Dutzend der führenden Künstler und Töpfer zum Team gehörte. Als der

Garten mehr als zehn Jahre später fertig war, hatte Saint Phalle zweiundzwanzig riesige, mit Spiegeln oder Mosaiken versehene Statuen in knalligen Farben aufgestellt, die von Leuchtendrot bis Kobaltblau, Blattgrün, Knallrosa, Türkis und Gold reichen. Das Projekt kostete Saint Phalle an die zehn Millionen Mark, die zum größten Teil durch den Verkauf ihres Parfums in Paris hereinkamen.

Was den Wagemut betrifft, so gibt es auf der Welt nur wenige vergleichbare Skulpturengärten. In Wahrheit zeigt nur Bomarzo die gleiche schwindelerregende Zielsetzung, kombiniert mit einer Faszination für Traumwelten und die Kabbala. Und Kritiker, die beide Gärten bewundern, behaupten, die gleichen etruskischen Geister, die den Steinmetzen in Bomarzo zu Hilfe gekommen seien, wärcn vier Jahrhunderte später wiedergekehrt, um ihren Zauber auch beim Tarotgarten wirken zu lassen.

Niki selbst pflegte zu sagen: »Es war kein Zufall, dass ich diesen Garten geschaffen habe. Meine Hand wurde dabei geführt.« Als sie gefragt wurde, warum sie die Tarotkarten gewählt habe, fügte sie hinzu: »Obwohl das Leben häufig wie ein Kartenspiel zu sein scheint, sind wir geboren worden, ohne die Spielregeln zu kennen. Aber wir sollten das Spiel trotzdem fortsetzen.« Aufgrund ihrer Rätselhaftigkeit, sagte sie, seien Dichter, Philosophen und Künstler zu allen Zeiten von diesen magischen Karten angezogen worden.

Besucher, die die Via Aurelia entlangfahren, können die Figuren, die wie riesige Leuchttürme oder Warnzeichen vor dem bösen Blick glänzende rote, grüne und pinkfarbene Lichtstrahlen aussenden, schon aus einigen Kilometern Entfernung sehen. Der Parkplatz befindet sich am Fuß des Hügels, und Besucher sind gezwungen, die lange, staubige Straße zu diesen schimmernden Figuren hinaufzugehen.

Fast ganz oben erreicht man eine große Piazza, an der

sich ein mit himmelblauem Mosaik ausgelegter plätschernder Brunnen befindet. Von hier führt eine von sich windenden Seeungeheuern gesäumte Treppe zu einem großen, aufgerissenen Maul hinauf. Bei genauerer Betrachtung zeigt sich, dass dieses Maul Teil einer riesigen blauen Zementmaske mit leuchtend roten Augen ist. Über ihr befindet sich eine zweite, noch bedrohlichere Maske mit einer übergroßen weißen Brille. Oben aus dem Kopf kommt eine weiße Hand heraus. Daneben steht eine Figur, die einem O-beinigen Seemann recht ähnlich sieht und aus deren Kopf Strahlen herausragen – ein Symbol für die Sonne. Andere Statuen, die zwischen zwei bis vier Stockwerke hoch und manchmal so groß sind, dass Besucher in sie hineingehen können, stellen eine Kaiserin oder eine Sphinx (mit einem Gesicht, das an Königin Viktoria erinnert), einen Drachen oder ein Spaceshuttle dar. Saint Phalle, stets eine engagierte Feministin, sagte, sie habe den Garten gebaut »für die Frauen aller Zeiten und jeden Alters, denen es nicht erlaubt war, kreativ zu sein«.

Ein spiralförmiger Weg führt den Besucher schließlich zur obersten Ebene hinauf und hier werden die Statuen noch unheimlicher. Es gibt ein paar längliche Figuren, die wie ausgestreckte blaue Vögel oder Fische aussehen. Auf einer Seite befindet sich ein riesiger schiefer und mit Spiegeln ausgekleideter Innenhof, dessen Türen und Fenster mit geheimnisvollen Inschriften in grüner Farbe versehen sind. In einem dieser Fenster ist eine komplizierte kinetische Plastik von Tinguely ausgestellt, eine Kreuzung zwischen einem Fahrrad und einem Wasserrad. Ein lebhaft bunter Korb in der Mitte dieses Raumes enthält Stücke und Teile von Mosaikpuppen, die aus einem Kinderzimmer weggeworfen zu sein scheinen: eine kopflose Flickenpuppe in Grün und ein blauer Torso mit aufgedunsenen Armen.

Ein freundlicher Wächter kommt herbei und erzählt von den Tagen, als der Garten noch in Bau war.

»Es war sehr hässlich, als er gebaut wurde«, sagt er. »Überall lief am Hang Zement herunter und das Ganze sah wie ein großes, rostiges Durcheinander aus. Aber jetzt, wo die meisten Mosaiken aufgeklebt sind, ist alles ganz anders.«

Die Besucher dieses Skulpturengartens lassen sich in zwei Gruppen unterteilen. Zum einen kommen die Kunstliebhaber, in der Regel junge Leute in Sandalen und mit Rucksack, die stundenlang dasitzen, die Szene auf sich wirken lassen und mit den großen, grübelnden Statuen Zwiesprache halten. Einige machen sich Skizzen, andere unterhalten sich leise, aber wenn sie sich ins Besucherbuch eintragen, äußern sie sich ausnahmslos ganz begeistert.

»Das war eine der herausragenden Erfahrungen in meinem Leben.«

»C'est la huitième merveille du monde.«

Diejenigen, die den Garten ablehnen, sind weder so ruhig noch so anerkennend. Zu diesen zählen Italiener aus den Städten rund um Capalbio, ausländische Touristen, die über die Via Aurelia nach Norden fahren, und ein paar wenige Gartenliebhaber, die in der Hoffnung hierher kommen, gemischte graue Rabatten mit weißen Rosen zu sehen. Sie stürmen den Hügel hinauf und hinunter und bringen ihre Missbilligung und ihre Bestürzung zum Ausdruck.

Ein Amerikaner deutete beispielsweise auf den Reaktorturm des (inzwischen stillgelegten) Atomkraftwerks an der Küste bei Montalto di Castro, der das einzige sich am Horizont abzeichnende Gebäude ist.

»Genau das ist er«, rief er, »er ist der ideale Garten des Atomzeitalters. Eine Mutation!«

Während man den Hügel hinabwandert und all die

leuchtenden Monster hinter sich lässt, fragt man sich, was die Leute, die in zwei- oder dreihundert Jahren Garavicchio besuchen, wohl sagen werden.

Ablehnung erfuhr Saint Phalle vor etwa einem Jahr, als sie den Garten der Gemeinde von Capalbio anbot und anfragte, ob sie ihn nicht führen wolle. Zu ihrer Bestürzung lehnten einige Bürokraten der Gemeinde ihr Angebot nicht nur ab, sondern drohten, saftige Geldstrafen von ihr zu verlangen, weil sie es unterlassen habe, sich eine Baugenehmigung zu besorgen, als sie mit ihrem Projekt begann. Saint Phalle zog ihr Angebot sofort zurück und überließ den Garten stattdessen einer französischen Organisation, die sich daran machte, eine großartige Einweihung ihres monumentalen Werkes vorzubereiten, das sie als »eine der bedeutendsten Freiluft-Ausstellungen in ganz Italien« preist. Die Einweihung wurde von der Nachbargemeinde Orbetello gesponsert und die Eröffnungsfeier im dortigen Museum war ein großer Erfolg. Fotografien, Filme und Modelle wurden ausgestellt und führende italienische Kunsthistoriker präsentierten bewundernde Monographien. Aber am folgenden Tag, als ein Bus die Journalisten zum Garten bringen sollte, hieß es plötzlich, die Eröffnung sei verschoben worden. Scheinbar hatte Madame Saint Phalle, der es angeblich gesundheitlich schlecht ging, von Kalifornien aus die Einweihung aufgrund neuer Schwierigkeiten gestoppt und verfügt, dass der Garten nur von Kindern besichtigt werden dürfe.

Inzwischen ist jedoch in Grosseto eine Stiftung für die »Giardini dei Tarocchi« gegründet worden, die den Garten leitet, wobei Saint Phalle als Präsidentin fungiert. Zu den Mitgliedern gehören Fürst Carlo Caracciolo, sein Bruder Nicola sowie seine Schwester Mirella Agnelli und glücklicherweise auch die Gemeinde Capalbio. Gemeinsam haben sie erreicht, dass der Garten im Sommer wochentags am Nachmittag für die Öffentlichkeit zugänglich ist. Die etruskischen Geister von Garavicchio haben sich inzwischen ein wenig beruhigt, aber gelegentlich kann man zwischen den glänzenden Mosaiktürmen ihr Klagen immer noch hören.

Lavinia Taverna,
eine Gärtnerin durch Zufall

Ich hatte als Neuling bei meinem Kampf, in einem mir unbekannten Klima einen Garten anzulegen, das Glück, schon frühzeitig die Marchesa Lavinia Taverna kennen zu lernen. Sie hatte die ganze langwierige Angelegenheit, ein Stück ausgedorrtes Land in etwas Schönes zu verwandeln, schon hinter sich und unzählige Ratschläge für Anfänger wie mich parat.

Ihr Garten in Tor San Lorenzo südlich von Rom entstand in den fünfziger Jahren eher ungewollt, als sie und ihr Mann in der Absicht ein Stück Land kauften, daraus eine Rinderfarm zu machen. Aus der Farm wurde nie etwas, aber stattdessen verwandelte Lavinia das Gelände mehr oder weniger zufällig in einen Garten.

Die Probleme, vor die sich die Anfängerin gestellt sah, waren gewaltig. Zum einen hatte sie nie zuvor einen Garten angelegt; in der sozialen Schicht, in die sie hineingeboren wurde, wurden Gärten gewöhnlich nicht angelegt, sondern geerbt. Darüber hinaus stellte das Land selbst ein Problem dar – ein unkrautbewachsenes Stück Brachland, im Sommer staubtrocken, im Winter durchweicht und vom schädlichen salzhaltigen Wind des nahen Tyrrhenischen Meeres gepeitscht. Es gab weder einen Baum noch Gras noch eine Blume, die die Monotonie unterbrochen hätten. Außerdem war das Land gefährlich, es lag direkt im Zentrum des alten Landekopfs von Anzio, wo die Alliierten 1944 monatelang von der deutschen Feuerkraft gefesselt wurden. Deshalb mussten zuerst Blindgänger und Minen geräumt werden, bevor man ungefährdet darauf arbeiten konnte.

Aber irgendwie war es Lavinia nach der Methode von Versuch und Irrtum und mit großem Mut gelungen, allmählich La Landriana zu schaffen, einen der schönsten und bedeutendsten Gärten im Italien des zwanzigsten Jahrhunderts. Außerdem setzte sie dem alten Klischee ein Ende, dass nämlich die besten modernen Gärten in Italien immer von Ausländern angelegt würden.

Mitte der neunziger Jahre, als Gerüchte aufkamen, die Marchesa überlege, La Landriana dem Publikum zugänglich zu machen, fuhr ich hin, um sie zu interviewen. Man hatte mich gewarnt, es könnte schwierig sein, Lavinia zu befragen, weil sie eine furchteinflößende Frau mit strengen Ansichten sei. Doch stattdessen traf ich eine bezaubernde weißhaarige Dame, wahrscheinlich Anfang der Siebzig, die einen Strohhut trug, ein Notizheft bei sich hatte und von zwei herumspringenden Hunden begleitet wurde.

»Ich muss Ihnen gleich sagen, dass ich diesen Garten sozusagen von hinten her aufgezäumt habe«, teilte sie mir mit. »Ich hatte gar nicht vor, hier etwas anzupflanzen. In Wahrheit war ich damit zufrieden, die Sommer mit unseren vier Kindern in unserer Villa am Comer See zu verbringen. Das hier war ausschließlich eine geschäftliche Angelegenheit, und ich kam nur hierher, um meinem Mann Gesellschaft zu leisten. Mein einziger Versuch, hier etwas zu verbessern, bestand darin, zwei große weiße Sonnenschirme in den Vorgarten zu stellen, damit wir uns darunter ausruhen konnten, wenn wir zum Picknick herkamen. Aber dann fing ich an, bloß zum Spaß Pflanzen zu sammeln, und jetzt habe ich diesen riesigen Garten mit dreiunddreißig separaten Gartenbereichen und es ist kein Fleckchen mehr frei für Rinder.«

Sie schlug vor, einen Spaziergang hinunter zum künstlichen See zu machen, und im Gehen erzählte sie mir ein wenig aus ihrer Vergangenheit. Ihre Karriere als Gärtnerin begann eines sonnigen Nachmittags im März 1958, als sie in ihrer Tasche nach den Schlüsseln zu dem verfallenen Bauernhaus kramte, das zu der Rinderfarm gehörte. Sie fand die Schlüssel nicht, stattdessen aber ein kleines Päckchen Godetiensamen, das ihr eine Freundin geschenkt hatte. Ganz in Gedanken, riss sie das Päckchen auf und verstreute die Samen in einem Bogen nahe der Tür. Keine Sekunde hätte sie sich vorstellen können, dass dieser winzige Löffel voll Samen den Anfang ihres geliebten Gartens markieren würde.

Aber die Godetiensamen gingen auf und blühten im ersten Sommer so üppig, dass die Marchesa mehr Samen bestellte und anfing, das Farmhaus umzugestalten (dabei hatte sie geschworen, nie darin zu wohnen). Nach etwa einem Jahr erhielt sie Schiffsladungen von winterblühenden Pflanzen aus Australien, alten Rosen aus London und blühenden Kirsch- und Holzapfelbäumen aus Japan.

Sie sagte, ihr Problem sei, dass sie ihre Karriere als Pflanzensammlerin, nicht als Gärtnerin begonnen habe. Sie bestellte weiterhin Pflanzen, die ihr gefielen, und als sie ankamen, pflanzten sie und ihr Hausmädchen Domenica diese in Gruppen aus wie Ausstellungsstücke bei einer Blumenschau. Bald gewöhnte sie sich an, über ihre neuen Pflanzen in botanischen Lehrbüchern und Enzyklopädien nachzuschlagen, und im Laufe der Zeit wurde sie eine solche Gartenbauexpertin, dass sie in der Lage war, das beste und nützlichste je erschienene Buch über das Gärtnern im Mittelmeerraum, *Un Giardino Mediterraneo*, zu schreiben. Zudem machte sie sich über die Geschichte und Kultur der großen Gärten in Europa kundig, insbesondere über ihre Lieblingsgärten in England, aber eigenartigerweise reiste sie nie dorthin, um sich einen dieser von ihr so bewunderten Gärten anzusehen.

»Ich war hier auf dem Land wirklich sehr isoliert«, sagte sie mir beim Gehen. »Ich konnte mich nur mit sehr wenigen Leuten über das Gärtnern unterhalten, deshalb musste ich mir alles selbst beibringen. Glücklicherweise habe ich einen guten Freund, Donato Sanminiatelli, der seinen eigenen Garten am Lago di Bracciano angelegt hat, und ich bat ihn, hierher zu kommen und sich anzusehen, was ich hier machte. Er kam und sagte mir, dass das, was mir fehle, ein Gesamtplan sei, ein Organisationsprinzip für meinen Garten.«

Sanminiatelli meinte, Lavinia könne professionellen Rat brauchen, und brachte sie dazu, seinen Freund, den englischen Landschaftsarchitekten Russell Page zu konsultieren, der für ihn in Bracciano arbeitete. 1967 kam Page nach La Landriana, warf einen kurzen Blick auf ihren Garten und sagte der Marchesa: »Er ist zu chaotisch! Da muss mehr Ruhe rein.«

Dann baute er ihr, um ihr zu zeigen, was er meinte, einen bezaubernden Steingarten am Rand ihres vorderen Rasens, fügte Olivenbäume und Schirmpinien als Hintergrund ein, mit grauen Pflanzen darunter. Danach verbrachte er viele Stunden damit, mit einem Hammer und Pfählen über das Grundstück zu wandern und eine Reihe von Wegen abzustecken, die mit Hecken begrenzt werden sollten, und unterteilte den Garten somit in mehrere getrennte »Gartenzimmer«. Zudem schlug er vor, einen recht großen Teich am unteren Ende des Grundstücks zu graben, um den Blick durch das Glitzern des Wassers zu erweitern und zugleich die Voraussetzungen für ein dringend benötigtes Bewässerungssystem zu schaffen.

Page, der ein guter Freund von ihr wurde, schaffte es, die enormen Energien der Marchesa in Richtung eines disziplinierteren Ansatzes der Gartenplanung zu lenken –, aber kaum war er aus dem Tor, da fing sie an, die Blumen und Bäume, die er gepflanzt hatte, umzusetzen.

»Page war wirklich mein Maestro; er hat mir fast alles beigebracht, was ich weiß«, sagte sie mir, »aber einige seiner Pflanzungen haben mir nicht gefallen – vor allem seine Vorliebe für Koniferen. Ich finde, die meisten Koniferen, mit Ausnahme von Zypressen und ein paar Pinienarten, sind zu bombastisch, und ich kann auch Palmen, Sagobäume und Kakteen nicht ausstehen. Die sind zu schwer, zu afrikanisch.« Dann führte sie mich auf eine kleine Lichtung oben auf dem Hügel.

»Hier stand eine große Waldung von Arizonica-Zypressen und Fichten, die mein Mann Fede und Page gepflanzt hatten«, sagte sie. »Ich mochte sie absolut nicht, deshalb wies ich meine Gärtner an, alle mitten in der Nacht abzusägen.«

Innerlich schnappte ich nach Luft. Was könnte verblüffender sein als eine Dame, die es wagte, sich den Anweisungen eines der berühmtesten Landschaftsarchitekten ganz Europas zu widersetzen, und zugleich das Risiko einzugehen, den Zorn ihres willensstarken und Koniferen liebenden Mannes auf sich zu ziehen?

Als wir uns dem künstlichen See näherten, war ich halb auf eine Art Sumpf, umgeben von einem schwarzen Plastikrand und Haufen von Schlamm, gefasst, aber stattdessen kamen wir zu einer hübschen, klaren Wasserfläche, auf der Callas und Seerosen blühten und an deren Ufer eine schöne alte Sumpfzypresse stand. Enten schwammen auf dem tiefgrünen Wasser und zwei Graureiher stiegen vom gegenüberliegenden Ufer auf.

»Page hatte einen kleinen See empfohlen, eigentlich einen Pfuhl, aber ich sagte den Bulldozerfahrern, sie sollten ihn größer machen, und dann, als sie den Damm hochzogen, wies ich sie an, ihn mindestens einen Meter höher anzulegen. Das verlangte wirklich Mut, weil jeder in der Familie meinen See boykottierte. Aber die Arbeiter waren auf meiner Seite und halfen mir insgeheim. Heute wünsche ich mir, ich hätte den Mut aufgebracht, ihn noch tiefer zu machen.«

Sie führte mich hinüber zu den beiden Rosengärten oberhalb des Sees, wo ich sofort von der gewagten Individualität ihrer Anlage fasziniert war. Denn während die meisten Rosengärtner in Europa an der Doktrin festhalten, dass Rosen empfindliche Pflanzen seien und wie Patienten auf einer Intensivstation in abgetrennte, hygienische Beete isoliert werden müssten, hatte Lavinia die Kühnheit besessen, ihre Rosen wie Konfetti auf der weiten Wiese zu verstreuen.

Im Garten zur Rechten war eine Rosensorte gepflanzt, die China-Rose »Mutabilis«, die den unschätzbaren Vorzug hat, das ganze Jahr über zu blühen. »Die ›Mutabilis‹ hat nur fünf Blütenblätter«, sagte sie mir, »aber die Blüten wechseln jeden Tag ihre Farbe, von Pink über Rosa-gelb bis zu einem bronzenen Rot. Mir hat diese Rose so gefallen, dass ich sie immer weiter vermehrte, bis ich mehr als dreihundert Sträucher hatte. Ich weiß selbst nicht, warum ich das gemacht habe, aber am Ende hatte ich gar keine andere Wahl, als ihnen einen eigenen Gartenbereich zu geben, weil sie zu anderen Rosen nicht passen.« Der englische Rosenzüchter Peter Beales war davon so beeindruckt, dass er den »Mutabilis«-Garten in seinem Buch *Visions of Roses* als einen der großartigsten Rosengärten der Welt aufnahm.

Mit diesem einen Triumph noch nicht zufrieden, ging Lavinia auf der anderen Seite des Hügels ganz andere Wege und pflanzte dort fünfhundert Büsche altmodischer Rosen, die sie für die romantischsten überhaupt hielt.

Hier beschränkte sie sich auf die Farben Pink, Rosa und Weiß – und pflanzte zwischen die Rosen Gruppen von *Pavonia hostata*, einem ungewöhnlichen südamerikanischen Gewächs, das im Hochsommer, wenn die Rosen nicht blühen, Unmengen malvenähnlicher pinkfarbener Blüten mit tiefrosa Zentren hervorbringt. Und die Büsche sind mit verschiedenen Lavendelarten unterpflanzt.

Nachdem wir den Hügel wieder hinaufgestiegen waren, führte mich Lavinia weiter, damit ich mir oben die beiden berühmten Page-Gärten ansehen konnte. Der erste, als Olivengarten bezeichnet, liegt auf einer romantischen Lichtung unter einer kräftigen Korkeiche und besteht aus zwei Reihen von Olivenbäumen mit zwei achteckigen Steinbrunnen. Page hatte einen einfachen mediterranen Olivenhain im Sinn, aber Lavinia meinte, er bräuchte mehr Farbe, und bepflanzte den ganzen Garten mit Unmengen malvenfarbener und gelber Blumen und Zwiebelgewächse, um einen Kontrast zu den gräulich-grünen Farbtönen der Olivenblätter zu bilden.

Der zweite Page-Garten in der Nähe wurde als Rosengarten geplant und besteht aus sechs diagonal versetzten quadratischen Beeten. Der Designer füllte diese Beete mit verschiedenen Rosenbüschen, die, so dachte er, dem künstlerischen Farbgespür der Marchesa entsprechen würden – es sollte ihr »Farbkasten, Palette und Leinwand« sein –, aber Lavinia war es bald leid, die gleichen Rosen in der gleichen Anordnung zu sehen, und ging daran, den ganzen Garten mit Hochstamm-Orangenbäumchen neu zu bepflanzen, die rigoros zurechtgestutzt wurden und wie runde Lutscher aussehen. Darunter setzte sie Gruppen myrtenartiger Büsche, die so geschnitten sind, dass sie Strandbällen ähneln. Das reizvolle Resultat, einerseits die kleinen Bälle, andererseits die großen Kugeln der Orangenbäume, wirkt, als handele es sich um die Kegelbahn eines Riesen.

Als wir weitergingen, erklärte mir Lavinia, dass sie an Pages Arrangement wahrscheinlich zu viele drastische Veränderungen vorgenommen habe, nachdem der Maestro gegangen sei, sodass der Garten nach dem Hoch in den Nach-Page-Siebzigern in den Achtzigern einen Tiefpunkt erreichte und in einem solch deprimierenden Zustand war, dass sie ernsthaft erwog, einfach aufzugeben. Glücklicherweise entschloss sie sich 1985, noch einen letzten Versuch zu starten, den Garten in den Griff zu bekommen. Erbarmungslos riss sie alle Pflanzen, die zu anspruchsvoll waren, heraus, und zum ersten Mal unterwarf sie das offene Gartengelände einem strengen Plan und pflanzte viele Kilometer Lorbeerhecken, um separate »Gartenräume« zu schaffen.

»Was Sie jetzt sehen, ist im Wesentlichen ein nagelneuer Garten. Und dieses Mal war ich ganz rigoros«, sagte sie seufzend.

Als wir von einem Gartenraum zum anderen gingen, wurde mir allmählich klar, dass die meisten der Räume zwei oder drei komplette Umwandlungen hinter sich hatten, bevor Lavinia mit ihnen zufrieden gewesen war. Der formelle spanische Teichgarten zum Beispiel hatte zunächst als tropisch-arabischer Garten begonnen, war dann ein Hortensien-, schließlich ein Gardeniengarten geworden und am Ende voller Pfingstrosen. Die lange Einfassung aus blauen Schmucklilien, *Agapanthus*, die unter den *kaki*-Bäumen (Persimonen) blühten, mussten an eine sonnigere Stelle versetzt werden, als die Persimonen größer wurden und zu viel Schatten warfen. Eine Gruppe der kletternden »Cocktail«-Rosen nahe beim Haus sah, als sie noch klein war, ordentlich aus, wirkte aber mit zunehmendem Alter immer vulgärer, bis sie zum Hühnerstall verbannt wurde. Und ein ganzer »Roter Garten«, den die Marchesa für aggressiv hielt, wurde ausgegraben und in einer Senke hinter dem See versteckt. Aber sie schmiedete ständig aufs Neue Pläne, ihn wieder auferstehen zu lassen.

Die Geschichte dieser Veränderungen war in den Ohren von Gärtnern wie mir Musik, die von einem Fehler zum nächsten stolpern, weil wir fast nie auf Experten treffen, die zugeben, dass bei ihnen auch mal etwas schief geht. Wenn man ihnen zuhört, planen sie ihre Gärten genauestens, ihre Pflanzen wachsen in der Erde an, als seien sie dort geboren, und gedeihen bis in alle Ewigkeit.

Lavinia Taverna dagegen erzählte mir ganz unverhohlen die Geschichten all ihrer Fehlschläge. Da war zum Beispiel das Scheitern ihres Steingartens. Sie und Page hatten sich entschlossen, ein großes steinernes Amphitheater zu bauen, das sie mit üppig wachsenden Alpenblumen bepflanzen wollten. Die Steine wurden herbeigeschafft, und eine Gruppe von Arbeitern schuftete, um eine richtige Dränage zu graben und hunderte der schönsten Steingartengewächse, die aus der Schweiz bestellt worden waren, zu pflanzen. Aber ach, die Pflanzen klebten einfach auf den Steinen fest und weigerten sich zu wachsen. Verzweifelte Versuche wurden unternommen, sie aufzupäppeln, aber eines traurigen Tages wurde klar, dass der Garten am Absterben war und als verloren aufgegeben werden musste. Der untere Teil wurde eingeebnet und mit Obstbäumen bepflanzt, und die restlichen Stellen wurden mit sonnenliebenden mediterranen Gewächsen bepflanzt, die prompt zu welken begannen, weil die Obstbäume zu viel Schatten warfen.

Die Geschichte des grauen Gartens an der vorderen Terrasse ist ebenfalls lehrreich. Als Page diesen Garten unter einer Reihe von Kiefern plante, bedachte er nicht, dass die Bäume den grauen Pflanzen im Laufe der Zeit einen Großteil des benötigten Sonnenscheins rauben und zudem saure Nadeln abwerfen würden, die die lehmliebenden Pflanzen vergifteten. Jahrelang wurde um diesen Garten gekämpft, er musste jedes Jahr komplett neu bepflanzt werden, aber im Frühjahr 1996 beschloss die Marchesa, ihn hinunter in einen Hain von Oliven zu versetzen (die flache, unschädliche Wurzeln haben). Das Ergebnis ist ein vergrößerter grauer Garten nahe am Eingang des Anwesens, der unter dem schütteren Schatten der Olivenbäume so weich wie ein Gemälde von Renoir schimmert. Am schönsten ist es im April, wenn lange Stiele des Natternkopfs (von den Kanarischen Inseln) ihre leuchtend blauen hohen Blüten hinaufschicken, die dann bis in die Olivenzweige ragen.

Lavinia erklärte mir, dass es immer ihr Ziel gewesen sei, einen englischen Cottagegarten zu kopieren, aber bei genauerem Hinsehen dachte ich mir, dass, genau wie ein tasmanischer Wolf einem europäischen Wolf nur oberflächlich gleicht, die Ähnlichkeit ihres Gartens mit einem englischen Cottagegarten doch eher der Phantasie als der Realität entsprach. Obwohl sie die zarten Mehrjährigen wie *Delphinium* (Rittersporn), die die englischen Gärten füllen, nicht anpflanzen konnte, erzielte sie nahezu die gleichen Effekte mit ähnlich aussehenden, aber robusteren mediterranen Pflanzen. Sie verwendete Dutzende von Sträuchern wie beispielsweise Myrten, Rosmarin und Schneeballarten, um Farbe und Masse zu schaffen, und sie pflanzte ihre Hecken lieber aus Lorbeerbüschen statt aus Buchsbaum und Eiben, die in Italien schwieriger gedeihen. Um das Austrocknen der Erde und den Staub zu vermeiden, die italienische Gärten im Sommer so eintönig machen, pflanzte sie viele Hektar mit leuchtenden Bodendeckern, sodass die Erde nie bloßliegt.

Als ich sie nach ihren zukünftigen Plänen fragte, sagte mir Lavinia, dass sie nicht etwa beschlossen habe, ihren Garten der Öffentlichkeit zugänglich zu machen, um Geld zu verdienen, sondern weil sie hoffe, dass die Zukunft ihres Gartens, wenn nun Eintritt dafür bezahlt werden müsse, gesicherter sei.

»Niemand in meiner Familie hat großes Interesse an dem Garten«, sagte sie mir, »und ich fürchte, dass sie ihn, wenn er sich nicht selbst trägt, aufgeben werden.« Unglücklicherweise besitzt Italien keine Institution wie den National Trust in Großbritannien, der das Knowhow und die Mittel hat, bedeutende moderne Gärten zu übernehmen.

Nicht lange nach diesem Interview musste die Marchesa, die eifrig Pläne für neue Gärten für das einundzwanzigste Jahrhundert schmiedete, nach einem eher leichten Schlaganfall ins Krankenhaus eingeliefert werden, wo sie ganz überraschend starb. Es wird berichtet, dass der Garten vielleicht von ihrem früheren Partner, Mario Margheriti, übernommen wird, der direkt neben La Landriana die größte Gärtnerei Italiens aufgebaut hat. Gegenwärtig hofft die Familie, dass der Garten für das Publikum geöffnet bleiben wird, so wie es sich die Marchesa gewünscht hatte.

Ich erinnere mich noch gut, wie ich Lavinia und Margheriti das letzte Mal zusammen gesehen habe. Es war an einem Vormittag im April und die Marchesa gab ein großes Mittagessen im Freien. Anlass war die Eröffnung ihrer »Primavera Landriana«, eines Gartenbasars, der Züchter und Gärtner aus ganz Italien ebenso anlockte wie Kritiker und Sammler aus England und Frankreich. Die Gäste liefen im warmen Frühlingssonnenschein auf der Suche nach Tischen umher – Abgeordnete, Diplomaten, Prominente aus Rom, alte Freunde und Gartenexperten wie zum Beispiel der Landschaftsarchitekt Paolo Peyrone und der Rosenzüchter Peter Beales. Ich bemerkte, dass sich Lavinia Taverna überhaupt nicht um ihre Gäste kümmerte, sondern in einer Ecke mit Mario Margheriti und der jungen Annalisa, ihrer sehr geschätzten

Chefgärtnerin, ins Gespräch vertieft war. Sie forderte mich auf, mich zu ihnen zu gesellen.

»Vielleicht können Sie uns helfen«, sagte sie zu mir. »Ich komme gerade vom Olivengarten und bin sehr unglücklich. Die neueste Clematis, die wir neben die Olivenbäume gepflanzt haben, blüht gerade auf, und sie ist nicht malvenfarbig, wie mir versprochen wurde, sondern hat einen scheußlichen Purpurton. Ich brauche aber ein richtiges Mauve. Es muss zu den Olivenblättern und all den gelben Tulpen passen.«

Ich schlug vor, einige der neuen Rittersporhsorten auszuprobieren, aber sie schüttelte den Kopf.

»Nein, nein«, sagte sie, »die habe ich auch gesehen, sie passen nicht. Sie sind entweder königsblau oder lavendelfarbig, sie sind nicht mauve.«

Dann fiel Annalisa ein, dass gerade ein paar neue Veilchen von einem Züchter aus Frankreich angekommen waren, und sie schien sich daran zu erinnern, dass einige von ihnen malvenfarbig sein könnten.

»Würde es Ihnen etwas ausmachen, mir ein oder zwei zu holen?«, fragte Lavinia. »Ich warte hier, bis Sie zurück sind. Wenn die Farbe gut ist, möchte ich noch heute Nachmittag vierzig oder fünfzig davon pflanzen.«

Als sie schließlich am Tisch neben dem britischen und dem amerikanischen Botschafter Platz nahm, waren diese bereits mit ihrer Lasagne fertig und mit dem nächsten Gang, einer Fischspeise, beschäftigt.

Bei einem meiner letzten Besuche führte sie mich hinunter hinter den See, damit ich mir zwei neue Pflanzungen ansehen konnte, von denen sie annahm, dass sie in vielleicht fünfzehn Jahren ausgewachsen sein würden. Eine, die sie »Sunset Boulevard« taufte, war damals nur eine Linie schmaler Laubbäume, aber es waren besondere Bäume, die sie eigens ausgewählt hatte, weil sie eines Tages eine lebhafte Herbstfärbung annehmen würden (was in Italien nicht häufig vorkommt). Dahinter hatte sie eine noch größere Gruppe von jungen Bäumen gepflanzt, die, wie sie hoffte, zu einem dichten Wald heranwachsen und einen Ort für kühle Sommerspaziergänge abgeben würden.

»Ich weiß, vielleicht werde ich nie durch diese Wälder gehen«, sagte Lavinia lächelnd, »aber man sollte einer Gärtnerin niemals ihre Träume nehmen. Wenn ein Garten aufhört, sich zu verändern, ist er nicht mehr wirklich am Leben.«

OKTOBER

Schweinejagd

Frühling und Herbst sind die beiden Jahreszeiten, die von einer außergewöhnlichen Gefahr gekennzeichnet sind, nämlich dem Auftauchen herumstreunender Tiere. In unserem ersten Frühjahr dachten wir noch, dass all die Kühe, Schafe und Schweine zufällig hereingekommen sein müssten, aber mit der Zeit wurde uns klar, dass die Sache mit dem Gras zusammenhing – dass es also doch einen Grund dafür gab.

Das Problem, genügend Gras für die Tiere zu finden, ist seit Jahrhunderten die Hauptsorge der Bauern und Hirten rund um die Tolfa-Hügel. Da seit jeher ein Großteil des Landes abwesenden Großgrundbesitzern gehörte, stand den armen Hirten und *butteri* nur wenig eigenes Weideland zur Verfügung. Das Ergebnis dieses Ungleichgewichts waren unzählige verzweifelte Tricks, mit denen sie an Gras für ihre Tiere zu kommen versuchten, und die Folklore ist voller Geschichten von »fliegenden Kühen«, »Schafen, die über Zäune klettern,« und »Schweinen, die bei Vollmond durchdrehen«.

Diese Folklore war uns noch unbekannt, als eines Tages ein ziemlich ungepflegter Schäfer namens Ascanio, kurz nachdem wir unser Grundstück gekauft hatten, humpelnd und mit verschmitztem Grinsen auf uns zukam. Er tauchte im Frühjahr plötzlich auf unserem Feld auf, während wir unter dem Mandelbaum Picknick machten. Begleitet wurde er von zwei großen Maremma-Hunden.

Während er über das Feld auf uns zuging, blieb Ascanio mehrere Male stehen, riss Grasbüschel aus und untersuchte die Samen. Diese zeigte er uns, als er näher kam.

»Das ist ein Jammer mit Ihrem Gras«, sagte er. »Es ist in einem erbärmlichen Zustand, und ich bezweifle, dass es sich überhaupt lohnt, es zu mähen. Die einzige Rettung wäre Dung – guter Schafsdung. Wenn ich meine Schafe die nächsten Monate hier ließe, würde der Dung die Erde anreichern und dafür sorgen, dass das Gras besser wächst.«

»Aber würden die Schafe keine Schäden anrichten?«, fragte Robert.

»Auf Ihrem Grundstück gibt es nichts, was die Schafe beschädigen könnten«, antwortete Ascanio mit einem Blick zur Seite auf unsere Olivenbäume. »Sie werden nur das Unkraut in Grenzen halten und zugleich Ihren Boden düngen.«

Für uns klang das nach einem vernünftigen Vorschlag, aber wir machten Ascanio darauf aufmerksam, dass wir, selbst wenn wir die Schafe im Winter und Anfang des Frühlings willkommen heißen würden, sie ab Ende April nicht mehr gerne hier hätten, weil dann alle unsere Wildblumen (so hofften wir inständig) aufblühen würden.

»Nein, nein«, antwortete Ascanio, »ich führe meine Schafe sowieso Ende April fort. Ab Mai wird es für sie zu heiß, deshalb treibe ich sie entweder in die Berge hinauf oder in den Wald.«

Das klang bestens, deshalb wurde auf der Stelle ein informeller Handel abgeschlossen. Ascanio konnte bei kühlerem Wetter seine Schafe auf unser Land führen, wo sie weiden und das Unkraut in Schach halten würden, und ab Ende April wäre er dann fort. Von Geld war gar nicht die Rede, aber er wies darauf hin, dass wir eine Düngung bekämen, die man mit keinem Geld der Welt bezahlen könne.

Bevor er zu seiner Herde zurückging, schüttelte Ascanio Robert die Hand und murmelte etwas über die Erlaubnis, seine Schafe den Rest des Winters weiden zu lassen, *erba compresa* (Gras inbegriffen).

»Der glaubt tatsächlich, seine Schafe werden Gras fressen«, sagte Robert zu mir, als Ascanio davonging, »dabei gibt es hier doch nichts als Steine und Disteln.«

Einen Monat später, als wir anfingen, ein paar Möbel in unser halb fertiges Haus zu bringen, waren wir erfreut, eine hübsche Schafherde auf unserem Weideland grasen zu sehen, während der Sohn des Hirten, Gianni, unter einem Feigenbaum vor sich hin döste. Was für ein herrlicher Anblick, dachten wir, unsere eigenen Schafe auf unserer eigenen Wiese!

Doch das Bild wurde etwas getrübt, als wir sahen, dass die Schafe in Wahrheit in unserem Olivenhain weideten und einige von ihnen an den Stämmen und niedrigeren Zweigen der Olivenbäume zu knabbern schienen. »Das haben sie bisher noch nie gemacht«, beruhigte uns Gianni, sich verschlafen die Augen reibend. »Ich habe sie jetzt eine Woche hier, und sie sind nie an die Oliven gegangen.«

Wir untersuchten unsere Bäume und konnten nur ein paar Zweige entdecken, die abgebrochen zu sein schienen, deshalb machten wir keinen Aufstand. Und nach diesem Vorkommnis fanden wir jedes Mal, wenn wir kamen, um an unserem Haus zu arbeiten, die Schafe friedlich auf den Wiesen grasen.

Dann kam der April mit seinen leichten Regenfällen, und Ende des Monats erschien Ascanio, um seine Schafe fortzutreiben.

»Ich bringe sie für eine Weile in den Wald«, sagte er, »dann wird das Gras hier sehr gut wachsen.«

Wir maßen diesen Worten keine große Bedeutung bei, aber er hatte ganz Recht. Unser Gras schoss in den ersten Maiwochen etwa 60 Zentimeter in die Höhe, und bald war es fast so hoch wie unser fünfjähriger Sohn Henry und machte keine Anstalten, den Wuchs einzustellen.

Signor Fiorello, unser Bauleiter, ließ eine Bemerkung über unser herrliches Gras fallen und sagte, falls wir nicht wüssten, was wir damit anfangen sollten, könnte er seinen Schwager vorbeischicken, der es mähen, bündeln und fortschaffen könne, sodass das Grundstück für den Sommer ordentlich wäre. Unter anderem würde das ja auch die Brandgefahr mindern.

Wir waren über dieses Angebot erfreut, und eine Woche später, genau an dem Tag, als wir vorhatten, unsere erste Nacht in unserem Haus zu verbringen, schickte Fiorellos Schwager einen kleinen Traktor mit einem Mähbalken vorbei und begann systematisch unsere Wiesen zu mähen. Als wir an diesem Abend zu Bett gingen, erfüllte der Duft frisch gemähten Grases die Luft, und Nachtigallen sangen, als wäre dies ihre allerletzte Arie.

»So habe ich mir das Leben vorgestellt«, murmelte ich, als wir uns auf unseren Campingliegen niederließen, »frisch gemähtes Heu, Nachtigallen und Mondschein.«

Genau in diesem Augenblick zerriss ein lauter Aufschrei die nächtliche Stille.

»Sie haben mein Gras gestohlen, sie haben mein Gras gestohlen«, schrie jemand.

Wir sprangen aus unseren Betten und gingen hinaus auf die Einfahrt, wo ein kleiner Fiat 500 neben dem Pumpenhaus abgestellt war. Der erste Mensch, den wir erblickten, war der Hirte Ascanio, der sich einen Regenmantel über den Schlafanzug geworfen hatte. Ihm folgte seine Frau, eine große Gestalt, die ein rosa geblümtes Nachthemd und einen passenden leichten Morgenmantel trug. Sie stürzte mit Tränen in den Augen auf uns zu.

»Sie haben unser Gras gestohlen«, jammerte sie. »Wir zeigen Sie bei den Carabinieri an.«

»Das ist richtig«, stimmte Ascanio ein. »Unser Nachbar Angelo ist gerade zu uns gekommen und hat uns gesagt, dass Sie Ihr Heu dem Schwager von Fiorello gegeben haben. Er hat ihn mit seinem Traktor davonfahren sehen.«

»Warum nicht? Es ist mein Heu«, sagte Robert ein wenig spitz.

»Nein, es ist nicht Ihr Heu, es ist unseres«, schrie Signora Ascanio, »und Sie werden für Ihre Falschheit bezahlen.«

»Sehen Sie«, sagte Robert und wurde allmählich wütend. »Es war nett von mir, Ihre verdammten Schafe auf mein Land zu lassen, wo sie die Rinde von meinen Olivenbäumen abgeknabbert haben, aber ich wäre ja verrückt, wenn ich Ihnen auch noch mein Heu geben würde.«

»Ja, das müssen Sie, das müssen Sie«, gab Ascanio mit blitzenden Augen zurück. »Das war die Abmachung – *erba compresa.*« Gras inbegriffen.

Robert warf mir einen unsicheren Blick zu.

»Er sagt, ich habe mit ihm einen Handel abgeschlossen – er bekommt auch das Heu.«

»*Dieses* Heu bekommt er nicht«, versicherte ich ihm und klang überzeugter, als ich es in Wahrheit war. »Es ist *unser* Heu, und wir machen damit, was wir wollen.«

Das Problem war nur, dass ich mich irrte.

Wir fragten am nächsten Tag unsere Bauarbeiter, und sie bestätigten, dass es viele uralte Regeln bei Verträgen zwischen einem Hirten und einem Landbesitzer gebe, und eine davon besage, dass ein Hirte, wenn er seine Schafe den ganzen Winter weiden lässt, auch das Gras mähen, bündeln und mitnehmen darf, nachdem seine Schafe fort sind. Mit anderen Worten, seine Schafe bekommen das Gras, ob es nun grün auf dem Feld wächst oder gebündelt und verpackt ist und trocken serviert wird wie Frühstücksmüsli.

Das Einzige, was uns vielleicht nützen könnte, sagten die Bauarbeiter, sei die Tatsache, dass der Vertrag nur mündlich abgeschlossen wurde und der Hirte die übliche Gegenleistung nicht angeboten habe, nämlich zu Ostern ein bis dahin nur mit Milch gefüttertes *abbacchio* (junges Lamm) abzuliefern. Außerdem gebe es ja noch die Sache mit den abgeknabberten Olivenstämmen.

Nach geraumer Zeit vereinbarten wir über Mittelsmänner, dass der Schäfer seine Anzeige gegen uns zurückziehen würde, wenn wir ihm die horrende Summe von 50 000 Lire bezahlten, und wir würden unsere Anzeige gegen ihn zurückziehen, wenn er uns versprach, nie wieder auf unseren Heuwiesen aufzukreuzen.

»Da sind Sie aber gut weggekommen«, sagte unser Bauvorarbeiter. »Es gibt noch ein anderes Gesetz, das besagt, dass ein Schäfer, wenn er seine Schafe mehr als fünf Jahre lang auf Ihrem Land hat und Sie das Land nicht nutzen, um darauf irgendwelche Feldfrüchte anzupflanzen, automatisch Besitzer dieses Landes wird. Ich habe zwei Cousins, die auf diese Weise zwei Wiesen verloren haben.«

Daraufhin schlossen wir keine Verträge mehr mit Schäfern ab. Aber es hatte den Anschein, als würden immer, wenn ein Schäfer die an unser Grundstück grenzende Straße entlangkam, unweigerlich ein paar Tiere auf unser Land »ausreißen«, die dann verjagt werden mussten.

Bei jeder dieser Gelegenheiten rannte der Schäfer herein, um die ausgerissenen Schafe oder Kühe zurückzuholen, und schwor, er habe es nicht gemerkt, als sie davonliefen. Aber immer wieder, vor allem, wenn wir eine Weile fort gewesen waren, fanden wir bei unserer Rückkehr fünfzig Schafe zufrieden direkt hinter unserem Tor grasen. Und immer schwor der Schäfer, dass sich die Schafe einfach durch unser Tor gezwängt haben müssten, als er nicht da war, weil er gerade ein verlorenes Lamm gesucht habe.

In vielen der kleinen Orte in unserer Region, in denen Viehwirtschaft betrieben wurde, galt es als heroische Tat, wenn man sein Vieh sich am Gras des Fürsten gütlich tun ließ. Die Bauern des Städtchens Pisciarelli, das unweit des Nordufers des Lago di Bracciano liegt, hielten ihre Herden am Leben, indem sie sie jede Nacht auf den saftigen Weiden des Principe Odescalchi von Bracciano weiden ließen. Und obwohl der Fürst eigens Wächter gegen Wilderer eingestellt hatte, gelang es diesen selten, den Grasdieben aus Pisciarelli *manette* (Handschellen) anzulegen. Dieser Triumph der einheimischen Bauern wurde von den Pisciarellesi nicht etwa als Diebstahl betrachtet, sondern als mutige Tat der Unabhängigkeit bejubelt. Der Gedanke dahinter war, dass die Bauern, wenn sie ihr Vieh nicht weiden lassen könnten, schnell verarmen würden und am Ende den Fürsten um Arbeit – zu seinen Bedingungen – bitten müssten. Andererseits blieben sie dadurch, dass sie ihr Vieh auf den Weiden des Fürsten grasen ließen, frei und unabhängig, kühne Kämpfer gegen die Tyrannei der gleichgültigen Aristokraten.

Ich bin mir nicht sicher, ob die einheimischen Viehbauern uns als Ersatz für den Fürsten betrachteten – ich denke eher, das taten sie nicht –, aber dennoch bleibt es eine Tatsache, dass wir und viele unserer Nachbarn ständig auf der Hut vor eindringenden Tieren sein mussten, vor allem im Herbst, wenn unsere Krautköpfe, die Tomaten und Zucchini reif waren und unsere Bäume köstliche Früchte wie Birnen, Äpfel, Feigen, Nüsse und sogar Guaven hervorbrachten. All das war bei Schafen, Kühen, Schweinen – und bei einer denkenswerten Begebenheit, einem ausgewachsenen Schafbock – heiß begehrt.

Eines Morgens im Frühherbst kam Henry in unser Schlafzimmer gestürmt.

»Mummy, komm, da sind Bullen in unserem *orto*. Sie fressen alle unsere Tomaten auf.«

Ich sauste im Morgenmantel hinaus, und tatsächlich, in unserem Gemüsegarten neben dem Pumpenhaus standen drei kräftige junge *vitelloni* (Kälber, noch keine Bullen), die unsere Tomatenpflanzen mit Stumpf und Stiel auffraßen und alles andere, was im Garten wuchs, niedertrampelten.

Ich rannte mit fuchtelnden Armen auf sie zu und gab bedrohliche Geräusche von mir. Robert, der bereits im Atelier an der Arbeit war, kam auf der Stelle heraus und schlug mit seinem Ziselierhammer gegen eine Kupferplatte.

Die *vitelloni* blickten mit milder Verachtung zu uns auf und fraßen weiter, deshalb sauste Robert zu dem größten Tier und gab ihm mit der Kupferplatte einen Schlag auf den Hinterbacken. Das Tier tat vor Überraschung einen Satz und trottete dann ins Feld hinaus, wobei es im Gehen eine Reihe reifer Paprikaschoten zertrampelte. Dann wandte sich Robert den beiden anderen zu, schlug verärgert auf sie ein, und nacheinander verließen sie den *orto* und brachten sich auf dem offeneren Feld in Sicherheit. Leider hinterließen sie aber überall auf der gut gewässerten Erde tiefe Hufspuren.

In diesem Moment kam unser Nachbar Luigi, der den Lärm gehört hatte, über unser Feld gerannt und schrie:

»Schließen Sie das Tor, schließen Sie das Tor. Ich habe den Jagdaufseher gerufen, und er kommt gleich und sperrt die *bestiacce* (schrecklichen Bestien) ein, damit sie nicht noch mehr Unheil anrichten.«

Henry rannte los, um das Tor zu schließen, während ich im *orto* Wache hielt. Luigi und Robert schafften es mit weiterem Schreien und Armschwingen, die Kälber in eine eingezäunte Ecke des Feldes zu treiben, wo sie dann unsicher und von der ganzen Aufregung ein wenig verwirrt herumstanden.

Nach erstaunlich kurzer Zeit hörten wir das Dröhnen eines starken Motorrads, und der Jagdaufseher von Canale, Lamberto, tauchte am Tor auf. Lamberto war in der Gegend um Canale eine bekannte Persönlichkeit, mit einer schicken khakifarbenen Uniform bekleidet, mit Dienstabzeichen auf der Brust und einer langen Fasanenfeder an seiner Militärkappe. Der Gesamteindruck wurde allerdings geschmälert, sobald er den Mund aufmachte, weil er mit hoher, piepsiger Stimme sprach.

»Ich habe Rodolfo gesagt, er soll sofort herüberkommen«, sagte er, »weil ich mir sicher bin, dass das seine Tiere sind. Es ist nicht das erste Mal, dass sie auf Fresstour gegangen sind.«

Während er das sagte, kam ein uraltes, schmutzbedecktes Motorrad in Sicht, auf dem Rodolfo mit der gekränkten Miene eines zu Unrecht Beschuldigten saß. Er warf einen Blick auf die großen Kälber und schüttelte den Kopf.

»Nein, das sind nicht meine«, sagte er und machte mit seinem Motorrad kehrt. »Ich sperre alle meine Tiere sicher ein. Die rennen nicht einfach über die Wiesen und fressen anderer Leute Kohlköpfe.«

»Okay«, sagte Lamberto und zog einen langen Strick aus der Gepäckbox seines Motorrads. »Ich nehme sie einfach mit und lasse sie über Nacht im Pferch von Canale, und wir verkaufen sie in einigen Tagen bei der Auktion.«

Als er das hörte, blieb Rodolfo wie angewurzelt stehen und ging dann davon, um sich die Tiere doch genauer anzusehen.

»Wissen Sie was? Das sind tatsächlich meine«, sagte er schließlich. »Aber irgendwer muss sie herausgelassen haben, bloß um mich in Schwierigkeiten zu bringen.«

»Soso«, sagte Lamberto. »Wenn es deine sind, dann solltest du lieber schnell einen Laster herschaffen. Und dann in mein Büro kommen, damit wir über die Schäden sprechen können.«

Das war das Letzte, was wir von den *vitelloni* hörten, aber in den folgenden Wochen hatten wir Besuch von vier ausgerissenen Pferden, die sich einen Spaß daraus machten, auf unserem Feld herumzugaloppieren und die heruntergefallenen Äpfel zu fressen, und einigen Kühen, die zahmer waren als die *vitelloni* und kehrtmachten und davonrannten, als wir mit Rechen und Heugabeln auf sie zuliefen.

Dann, an einem schönen Sonntagmorgen, als wir gerade unseren Frühstückstee austranken, blickten wir auf und sahen ein sehr großes Tier mit langen, gebogenen Hörnern, das den Hauptweg zum Haus herunterschritt, als sei es zum Tee eingeladen. Die Kinder dachten, es sei wieder ein Bulle, aber da sowohl Robert als auch ich im April geboren sind, erkannten wir den Widder des Tierkreiszeichens sofort.

»Nein«, sagte ich, »das ist ein Widder – ein männliches Schaf.« Robert griff nach einem Blatt Papier, damit er dieses außergewöhnliche Tier zeichnen konnte, das zum Feigenbaum ging und anfing, die neuen dunkelroten Feigen abzufressen. Aber kaum hatte der Widder eine hinuntergeschluckt, da kam ein Mann in einem schwarzen Anzug, der ein Seil bei sich hatte, den Weg heruntergerannt. Es stellte sich heraus, dass er der Besitzer dieses Tieres war, das er rund um Canale zum Decken der Mutterschafe verlieh. Das Tier brachte ihm am Tag durchschnittlich 100 000 Lire ein. Natürlich band er den Widder eilig fest und führte ihn schnell davon, damit dieser vor Sonnenuntergang noch weiter seinem Geschäft nachgehen konnte.

Wenn man den von Tieren verursachten Schaden auf einer Skala von eins bis zehn beziffert, dann erreichen die schrecklichen Herden herumwütender Schweine zweifellos volle zehn Punkte, während es Pferde nur auf vier und *vitelloni* auf acht bringen. Denn die Schweine sind schlauer als andere Tiere; sie ziehen in Familienverbänden herum, bestehend aus Mutterschweinen, die sehr aggressiv sind und jeden angreifen, der sich an ihre Jungen heranwagt, und aus kleinen Schweinen, die noch aggressiver, wie Traktoren gebaut und in der Lage sind, sich ihren Weg durch eine solide Backsteinmauer zu graben oder stoßen, wenn sich auf der anderen Seite etwas Fressbares befindet. Im Vergleich zu diesen Teufeln sehen selbst wütende deutsche Schäferhunde wie Schoßhündchen aus. In einem gedeihenden *orto* losgelassen, kann eine gemischte Bande von Schweinen das ganze Gemüse schneller zu Kompost verarbeiten, als ein Holzhäcksler in den Borghese-Gärten eine kleine Eiche zerkleinern kann.

Das Frustrierendste an den in Canale herumvagabundierenden Schweineherden war, dass wir alle wussten, wer sie uns schickte. Ihr Besitzer war ein sehr übellauniger Sarde namens Olera, der in einer Hütte drüben in den Hügeln bei Sasso lebte und so furchterregend war, dass selbst die Carabinieri Angst vor ihm hatten. Es war bekannt, dass er auf Leute schoss, die es wagten, an seinem Grundstück vorbeizureiten, und dass er mehrere Male in Messerstechereien vor Bars in Canale verwickelt gewesen war.

Scheinbar hielt sich Olera stets auf dem Laufenden, wann unsere verschiedenen Feldfrüchte reif waren, weil seine Schweineherden unweigerlich auftauchten, sobald wir uns daran machen wollten, die Kürbisse oder Paprikaschoten zu ernten, oder sobald die Äpfel von unseren Bäumen zu fallen begannen. Eines Abends, kurz vor Sonnenuntergang, hörten wir vom Feld das wohlbekannte Grunzen und entdeckten eine überdurchschnittlich große Schweineherde, die unter den Apfelbäumen herumwühlte. Robert rief Luigi, der ebenfalls unter den Raubzügen der Schweine zu leiden hatte, und die beiden setzten einen im Voraus ausgeheckten Plan um. Luigi ging mit einem langen Pfahl auf die weiblichen Schweine zu, um sie so von Angriffen abzuhalten, und Robert schnappte eines der kleineren Ferkel und steckte das wie ein wilder Tiger kämpfende Etwas in einen Sack. Dann packten beide Männer den sich windenden, tretenden Sack und rannten mit ihm ins Atelier, das Mutterschwein in rasendem Galopp hinterher. Sie stopften den Sack in eine jener stabilen Holzkisten, die für das Verschiffen von Statuen geeignet sind. Das Ferkel verschwendete keine Zeit, befreite sich in Windeseile aus dem Sack und fing an, gegen die Latten der Holzkiste zu treten und zerbrach mit Leichtigkeit den Deckel, sodass Robert ein großes Eichenstück holen musste, um ihn zu verstärken. Dann trugen sie die Kiste, aus Furcht, der kleine Teufel könnte doch noch entkommen, ins Badezimmer und schlossen die Tür ab. Am nächsten Morgen fuhren sie die Kiste mitsamt dem noch immer um sich tretenden Ferkel als Beweis für das unbefugte Betreten des Grundstücks nach Manziana zum Präsidium der Carabinieri und erstatteten gegen Olera wegen vorsätzlicher Sachbeschädigung Anzeige. Die Carabinieri sagten, sie würden der Sache mit dem gefürchteten Sarden nachgehen, doch wir hörten nie mehr etwas von ihnen. Genauso wenig erfuhren wir, was mit dem Ferkel geschehen war, obwohl wir bezweifeln, dass es seinem Besitzer zurückgegeben wurde.

Am Ende waren es die einheimischen Bauern, die die Sache mit der Bedrohung durch Olera in den Griff bekamen. Eine amerikanische Malerin und Freundin von uns, Ann Louise, pflegte während der heißen Monate ein kleines Haus drunten in Santiori zu mieten, und sie war an Wochenenden oft mit ihrer Freundin Josie unterwegs, um zu malen.

Eines Nachts im Herbst, es war Vollmond, wurden wir um Mitternacht durch verängstigte Rufe an der Haustür aufgeweckt. Wir gingen hinaus und fanden Ann Louise und Josie, die Decken über ihre Nachthemden geworfen hatten und vor Angst zitterten.

»Oh, drunten in Santiori ist es schrecklich«, stieß Ann Louise hervor. »Da herrscht Krieg. Jede Menge Schweine rennen herum und zertrampeln die Blumen und grunzen wie verrückt. Viele Männer liegen mit Gewehren in den Büschen versteckt, und immer wieder geht ein Schuss los, und noch mehr Schweine schreien getroffen auf. Es ist ganz furchtbar. Wir wollen nicht zurück.«

Natürlich boten wir den Frauen an, den Rest der Nacht bei uns zu schlafen. Am nächsten Morgen berichtete Luigi, dass man in der Gegend von Santiori drei tote Schweine und hunderte leerer Patronenhülsen gefunden habe. Da die Tiere erst wenige Stunden zuvor erschossen worden waren, waren die einheimischen Bauern jetzt schwer damit beschäftigt, sie zu Würsten, Schinken, Leberwurst, Schweinehaxen und köstlichen Koteletts zu verarbeiten. Wir hörten auch, dass Olera wegen der Schlachtung seiner Tiere Anzeige »gegen Unbekannt« erstattet hatte. Doch nach mehrwöchigen Ermittlungen gaben die Carabinieri zu Protokoll, dass es ihnen nicht gelungen sei, die Schuldigen zu ermitteln, und man davon ausgehen könne, dass es sich wie üblich um albanische Viehdiebe von außerhalb handele.

Verrückt nach Pilzen

Man muss eine Weile auf dem Land gelebt haben, bevor man die fanatische Begeisterung verstehen kann, welche die Pilzsaison bei den Einheimischen auslöst. Es ist wie ein Ausbruch von Malaria oder Hepatitis; sie befällt einen urplötzlich und kann einem dann ein Leben lang anhängen.

Als ich in der Stadt wohnte, waren mir Pilze ziemlich egal. Sie waren für mich lediglich eine sonderbare Gemüsesorte. Ich bestellte meine Pizzas gerne *con funghi* und war auch nicht abgeneigt, einen Teller mit *Spaghetti con funghi* zu essen, wenn sie gut zubereitet waren, aber ich gehörte nicht zu jenen, die mit offenem Mund dastehen, wenn ein Marktverkäufer einen Korb voll Pilze auf seinem Stand ausschüttet, noch kümmerte es mich, ob er große *porcini* verkaufte oder die einfache weiße Gartenvariante. Für mich waren es einfach Pilze und interessierten mich – wie Spinat – nicht sonderlich.

Aber dann kam ein Nachmittag Ende September, als alle unsere Bauarbeiter aus Tolfa auf einen Schlag verschwunden waren. Der Einzige, der sie hatte gehen sehen, war der Brunnenbauer.

»Diese Leute aus Tolfa sind nicht normal«, sagte er. »Sie sind in die *funghi* gegangen.«

»Woher wissen Sie das? Haben sie es Ihnen gesagt?«

»Nicht direkt«, antwortete der Brunnenbauer. »Ich habe lediglich zwei und zwei zusammengezählt.«

Die Tolfetani hätten sich den ganzen Morgen über ganz normal verhalten, sagte er, aber um die Mittagszeit sei ein gewisser Lorenzo Sgriscia, ein Schweißer aus Tolfa, vorbeigekommen, der unsere Terrasse wegen der schmiedeeisernen Geländer ausmessen musste. Sgriscia stand in dem Ruf, der fanatischste *fungarolo* (Pilzsucher) im mittleren Lazio zu sein. Während seines Besuches hatte er Mauro, der mit einem Mädchen aus Canale befreundet war, zur Seite genommen und ihn gefragt, ob er etwas von einem Quelltopf in einer Gegend namens *La Fontana della Femmina Morta* (Quelle der toten Frau) wisse. In der *macchia* zwischen uns und der Maremma gibt es viele dieser Quelltöpfe, die den einheimischen Herden Wasser liefern, und eine erstaunliche Zahl davon ist nach Frauen benannt, die ein unglückliches Ende gefunden haben (eine Tatsache, die auf eine lange Tradition von Ehefrauentötungen, zumindest von Frauenmorden schließen lässt).

Mauro hatte bestätigt, dass es am Ende der unbefestigten Straße Richtung Sasso tatsächlich eine solche Quelle gebe, und Sgriscia war kurz darauf aufgebrochen. Etwa eineinhalb Stunden später kam er zurück, grüßte die anderen Tolfetani und behauptete, er sei bloß fortgefahren, um seinen Auspuff reparieren zu lassen. Als aber seine Freunde auf die Ladefläche seines Lasters schielten, entdeckten sie drei große, mit einem Poncho bedeckte Körbe.

Da wussten die Tolfetani Bescheid, und sobald Sgriscia außer Sichtweite war, zwängten sie sich in Vincenzos Fiat 500 und machten sich zur Femmina Morta auf. Am späten Nachmittag tauchten die fünf Männer vor Kameradschaftlichkeit schier platzend wieder auf, und in jeder Ecke ihres kleinen Autos, auf dem Boden, im Handschuhfach und dem winzigen Kofferraum waren aberhunderte von Pilzen, weiße, rosafarbene, orangene, braune und graue. Hätten sie die Neujahrslotterie gewonnen oder den Jackpot des Totocalcio geknackt, hätten sie wohl keine größere kindliche Freude empfinden können.

Ich erinnere mich, dass der nächste Tag einer jener goldenen Tage war, an denen alle Vögel in den höchsten Tönen zwitschern. Unsere Arbeiter aus Tolfa kamen mit zwei Lastwagen an und brachten fünf Ehefrauen, sieben Kinder, zwei Hunde und jede Menge Schachteln und Kisten mit. Ohne auch nur über die Notwendigkeit eines arbeits- oder schulfreien Tages zu reden, stiegen wir in unsere verschiedenen Fahrzeuge ein und holperten in Richtung Westen zur Quelle der Femmina Morta davon.

Der Anblick, der sich uns rund um die Quelle bot, hätte selbst einen starken Mann in Freudentränen ausbrechen lassen können. Die Pilze waren so dicht gewachsen, dass die Hasen im Zickzack rennnen mussten, um nicht darüber zu stolpern. Die Tolfetani meinten, sie hätten noch nie bessere Wachstumsbedingungen für Pilze gesehen: Es war warm, aber nicht zu warm, die Sonne beschien an manchen Stellen den Boden, der halb schattig, halb sonnig war, und das Gras war weich und angenehm unter den Füßen. Zudem lag ein herzerwärmender Pilzgeruch in der Luft, wie jener verführerische Duft von feuchten Gamaschen, die am Feuer trocknen, vermischt mit einem Hauch gerösteter Kastanien und dem Geruch eines feuchten Bauernschranks.

Wir stellten unsere Kisten neben den Autos auf die Erde und machten uns, bewaffnet mit dicken Stöcken und Körben (niemals Plastiktüten), auf Schatzsuche. Gigetto, der stämmige Steinmetz aus Tolfa, erklärte uns Neulingen die Vorgehensweise.

»Das Wichtigste ist, nur Pilze zu nehmen, die man kennt«, sagte er. »Nehmt den *porcino* und den *ovolo* und lasst alle anderen stehen.«

Der *porcino*, erklärte er, sei ein dicker brauner oder beiger Pilzstiel mit einem riesigen Hut darauf, genau jene Art von Pilz, unter denen in Kindermärchen Babys gefunden werden. Der zweite Pilz, den er uns sammeln ließ, war der berühmte *ovolo*, der in Form eines kleinen weißen Golfballs aus der Erde sprießt und dann seine zarte weiße Hülle abwirft und seinen leuchtend orangefarbenen Hut darunter sehen lässt, der sich langsam wie ein Schirm öffnet.

Beide, sowohl der *porcino* als auch der *ovolo*, sind große Pilze; die reifen Exemplare können bis zu einem halben Pfund wiegen; und laut Gigetto konnte man sie mit den wirklich giftigen nicht verwechseln. Alle andere Pilze dürften wir auf keinen Fall nehmen.

So zogen wir also los und im Handumdrehen waren wir alle tief in die Pilzwelt eingetaucht. Zuerst fand ich hinter Stechginster versteckt eine ganze *porcini*-Familie, und nur wenige Schritte weiter, am Rand des Kastanienwaldes verborgen, war eine lange Reihe von *ovoli*. Einige lugten gerade erst glänzend weiß und voller Kraft aus der Erde heraus, und daneben standen schon ganz reife Exemplare, deren Hüte bereits orange leuchteten.

Das Tollste an diesem Tag, war, dass alle glücklich waren. Selbst die kleinen Kinder füllten ihre Körbe. Man konnte vor lauter Pilzen kaum gehen.

Freudenschreie hallten durch den herbstlichen Wald.

»*Che bello!*« (»Wie schön!«)

»*Una meraviglia!*« (»Wunderbar!«)

»*A Mamma, vieni qui. Tu non lo crederesti!*« (»Schau dir das bloß an!«)

Die Frau von Vincenzo, dem Vorarbeiter, war ganz außer sich vor Freude.

»*Che soddisfazione, che soddisfazione*«, rief sie immer wieder. (»Welch ein Glück!«) »In meinem ganzen Leben habe ich noch nie einen solchen Tag in den Pilzen erlebt.«

Die Männer schienen weniger Zeit für Jubelschreie zu haben. Sie waren altgediente Waldarbeiter, welche die uralten Regeln befolgten, sich behände und leise durch das Unterholz fortbewegten und sich, für den Fall, dass andere *fungaroli* (Pilzsammler) in der Gegend waren, still verhielten. Sie sammelten gut die doppelte Menge als der Rest von uns.

Da offenkundig war, dass Gigetto der beste Sammler der Gruppe war, fragte ich ihn, ob ich ihm folgen und ihm zusehen dürfe.

»Natürlich können Sie das, wenn Sie mir nachkommen«, sagte er mit einem verschmitzten Grinsen. Damit stürzte er sich ins Dickicht und ich kroch hinter ihm her.

Das Wichtigste war für ihn, schnell vorwärtszukommen, sich an den Waldrändern in großen Kreisen sehr rasch vorzuarbeiten. Als er an jene weiche Stelle kam, wo Sonne und Schatten sich mischten und die Erde feucht war, verlangsamte er sein Tempo ein wenig. Von dem Moment an, als er ein paar Pilze fand, ging er sehr vorsichtig vor und testete jede verdächtige Blattgruppe mit seinem Stock ab. Außerdem nutzte er ihn, um Steine umzudrehen. Aber wenn er einen Pilz gepflückt hatte, tat er die Erde und Blätter sorgfältig so zurück, wie er sie vorgefunden hatte. Auf diese Weise konnten sich die Pilzsporen für das nächste Jahr weiterentwickeln. Aus dem gleichen Grund benutzen erfahrene *fungaroli* keine Plastiktüten, weil darin die gepflückten Pilze abgekapselt sind und ihre Sporen nicht herunterfallen können. Pilze in einem offenen Korb hinterlassen mit größerer Wahrscheinlichkeit eine Spur von verstreuten Wurzeln und anderen Stückchen, die weiterleben und im folgenden Jahr wieder herrliche Pilze hervorbringen.

Ein weiteres Kennzeichen eines guten *fungarolo*, so fand ich heraus, ist ein sehr scharfes Auge. Wie ein guter Vogelbeobachter kann ein Pilzsammler eine Anhäufung von Pilzen ausmachen, wo andere Leute nur Büsche sehen. Er braucht nur ein leichtes beiges Leuchten oder eine verdächtige Unebenheit zu Füßen einer alten Eiche zu erkennen und schon hat er wieder sechs Pilze entdeckt. Zudem spielt die Erinnerung eine wichtige Rolle. Ich war mit einigen *fungaroli* unterwegs, die sich erinnern konnten, wo sie vor einem oder gar zwei Jahren eine bestimmte Pilzsorte gefunden hatten. Häufig können sie dann auch noch sagen, wie sie diese spezielle Portion gekocht hatten und wie sie schmeckte.

Eine weitere Sache habe ich herausgefunden, und zwar, dass große Hunde bei der Suche nach Pilzen absolut keine Hilfe sind. Die Hunde der Tolfetani sprangen ausgelassen um uns herum und genossen den Spaß, aber jedes Mal, wenn wir auf Pilze stießen, beugten sie sich herunter, schnupperten geräuschvoll daran und rollten sich gelegentlich sogar darin herum, aber sie konnten eindeutig gute Pilze nicht von schlechten unterscheiden.

Als wir uns nach diesem Morgen in der Femmina Morta schließlich wieder bei den Fahrzeugen versammelten, stellten wir fest, dass wir fünf große Kisten *funghi* zusammengetragen hatten. Wir brachten sie in unsere erst kürzlich fertig gestellte Küche, und die Frauen aus Tolfa machten sich an die Arbeit und bereiteten das Mittagessen zu.

Der erste Gang bestand aus Pilzsalat, aus rohen Scheiben der festesten und weißesten *ovoli* gemacht und mit Stücken des guten Gruyère-Käses und einer großzügigen Hand voll *rughetta* (Rucola)-Salat vermischt. (Dieses würzige senfähnliche Grünzeug wurde in letzter Zeit auch außerhalb Italiens sehr beliebt.) Eine Salatsauce aus Olivenöl, zerdrücktem Knoblauch und Balsamessig rundete alles ab.

Wenn man ein Gericht aus rohen Pilzen zubereitet, muss man sie unbedingt gründlich putzen, und das ist eine Kunst für sich. Die Damen aus Tolfa warnten vor zu gründlichem Waschen, weil dadurch der köstliche Geschmack verwässert wird. Es ist besser, die Pilze mit einem feuchten Tuch abzureiben, um allen Schmutz zu entfernen. Wenn sie sehr schwer zu putzen sind, kann man die dunklen Stellen der Pilze auch herausschneiden. Pilze sollten nie, auch nicht für kurze Zeit, in Wasser gelegt werden.

Als zweiten Gang gab es *spaghetti al porcino*, einfach eine Spaghettisauce aus in heißem Öl zusammen mit reichlich Knoblauch und gehackter Petersilie angebratenen Pilzscheiben. Diese kräftige Sauce wird heiß über sehr dünne Spaghetti, *spaghettini* genannt, gegossen. Ob geriebener *parmigiano*-Käse zu diesem königlichen Mahl gehört, ist umstritten; die Damen aus Tolfa entschieden sich jedenfalls dafür.

Der dritte Gang (für jene, die noch Hunger hatten) bestand aus *porcini alla gratella*, was einfach große, gegrillte *porcini* bedeutet. Dafür nimmt man nur die Hüte der Pilze und hebt die Stiele für eine Spaghettisauce auf. Man beträufelt die Hüte mit Olivenöl, wendet sie dann in einer vorbereiteten Mischung aus Semmelbröseln, Petersilie und Knoblauch, würzt sie mit Salz und Pfeffer und stellt sie auf einer Platte direkt unter den Grill. Sie werden nur zehn Minuten gegrillt, ein- oder zweimal gewendet, und dabei wird ein bisschen Öl zugefügt. Richtig gegrillt, sind diese *porcini* ein würdiges Mahl für einen Maharadscha, innen weich und fast auf der Zunge zergehend, aber außen am Rand schön knusprig.

Zu Pilzen passt selbstverständlich ein guter Weißwein, vorzugsweise aus Cerveteri oder weiter aus dem Norden, weil der Wein von den Tolfa-Hügeln ein wenig herb ist.

Als die ernste Angelegenheit des Essens vorbei war, gingen die Frauen aus Tolfa daran, den Rest der Pilze einzulegen. Die Allerbesten wurden herausgesucht, dann kurz gekocht und in Olivenöl eingelegt, eine Prozedur, die mich immer ein wenig nervös macht, weil ich dabei an eine bakterielle Lebensmittelvergiftung denken muss. Die restlichen Pilze wurden auf weichen Tüchern zum Trocknen in die Sonne gelegt, bis fast keine Feuchtigkeit mehr darin war. Diese getrockneten Pilze werden im Winter für Spaghettisaucen und Suppen verwendet.

Nie wieder hatten wir einen so großartigen Tag wie diesen allerersten in der Femmina Morta, aber mit der Zeit lernten wir auch die Pilze kennen, die direkt in unserer Nähe wachsen – kleine Goldstücke, die wertvoller sind als Perlen und die man in Italien *galletti* (junge Hähne) und in Deutschland Pfifferlinge nennt.

Genau zehn Tage nach dem ersten Herbstregen gehen wir auf die Suche nach ihnen und finden sie immer an der mal schattigen, mal sonnigen Stelle am Rand der Eichenwälder, weil dies eine jener Pilzsorten ist, die stets in der Nähe von Baumwurzeln wachsen.

Zuerst sehen wir nichts, und dann ruft plötzlich jemand:

»Da sind welche!«

Wir sehen einen goldenen Schimmer, fast unter einem Eichenblatt versteckt. Vorsichtig ziehen wir die Blätter zur Seite und finden einen kleinen, trichterförmigen *galletto* etwa von der Größe eines Eierbechers, mit festem Fruchtfleisch wie ein Trüffel. Wir schieben die darumliegenden Blätter weg und finden sechs weitere Pilze dicht am Boden zusammengedrängt. Dann entdecken wir, wenn wir ganz vorsichtig weitergehen, um sie nicht zu zertreten, einen neuen kleinen Goldfleck, dann noch einen.

Bald haben wir einen Korb voll *galletti*. Wir tragen sie zum Haus hinauf, putzen sie sorgfältig und geben sie dann mit Petersilie und Olivenöl in eine Pfanne und machen daraus eine dicke Spaghettisauce. Man kann über Trüffel sagen, was man will, ich ziehe *spaghetti con galletti* jederzeit vor.

Später im Herbst erscheinen die gewöhnlichen Feldpilze, der *prataiolo* (Butterpilz), nicht in den Wäldern, sondern draußen auf den sonnigen Feldern, und wir pflücken sie kiloweise. Diese Pilze sind mit den kultivierten Sorten verwandt, aber sie schmecken erdiger.

Alle anderen Pilze sind tabu. Mich können Parasolpilze nicht locken, auch wenn in allen Büchern steht, sie seien so gesund wie Muttermilch. Neben unserem Pumpenhaus wachsen tellergroße Exemplare und einmal im Oktober briet ich sie im Herd für zwei Gäste aus Verona. Mit diesen Pilzen war eindeutig etwas nicht in Ordnung, denn vier von fünf Leuten, die sie gegessen hatten, wurde in der Nacht ziemlich schlecht. Später wurde uns gesagt, dass manche Pilze, selbst die angeblich »sicheren«, giftig werden können, wenn sie in der Nähe giftiger Sorten wachsen.

Unsere Nachbarin Immaculata, die mit Armando, dem Busfahrer und Metallbauer, verheiratet ist, ist eine Pilz-Fanatikerin und verbringt einen Großteil des Oktobers mit der Suche nach Pilzen, dem Trocknen oder in Öl Einlegen. Eines Nachmittags, vor gar nicht allzu langer Zeit, kam ihr Schwiegersohn Bruno mit einem Korb voll blaubrauner Pilze nach Hause, die, so hatten seine Freunde geschworen, essbar seien. Immaculata briet ein paar an und tat sie auf Sandwiches für die Vesperbox ihres Mannes. Am nächsten Morgen war Armando gerade Richtung Rom aufgebrochen, da kam Bruno hereingestürzt und berichtete, dass seine Freunde es sich mit den blauen Pilzen noch einmal überlegt hätten und zum Schluss gekommen seien, dass sie doch giftig sein müssten.

Ganz verzweifelt rief Immaculata im Büro der römischen Busgesellschaft ATAC an, um Armando zu warnen, und die Leute von der ATAC setzten sich sogleich an ihre Funkgeräte. Etwa eine Stunde später, als Armando gerade mit seinem Bus 202 den Corso di Francia entlangfuhr, überholte ihn ein großer orangener Bus und versperrte ihm den Weg.

»Sind Sie Colombo Armando aus Canale Monterano?

Bekommen Sie keinen Schreck! Es geht um Ihr Vesper-brot! Essen Sie es nicht! Die Pilze darauf sind giftig!«

Armando versicherte, dass er sein Vesperbrot noch nicht angerührt habe, und setzte seine Fahrt langsam Richtung olympisches Dorf fort, als der Fahrer eines zweiten Busses, der in entgegengesetzter Richtung fuhr, ihm winkte, er solle anhalten.

»Armando«, brüllte der Fahrer, »pass auf! Iss die Pilze nicht!«

Mehrere vorn sitzende Fahrgäste tauschten besorgte Blicke aus.

Als der Bus 202 zur Ampel an der Viale Tiziano kam, wurde Armando wieder zum Anhalten genötigt, diesmal von einem Polizisten auf einem Motorrad mit Stiefeln und Helm.

»Sind Sie Colombo Armando aus Canale Monterano, Provincia di Roma? Haben Sie Ihr Vesperbrot gegessen? Nein? Dann werfen Sie es fort. Es sind giftige Pilze da-rin.«

Einige der weiblichen Fahrgäste standen auf und stiegen aus dem Bus aus.

Als er mit seinen Runden fertig war, fühlte sich Armando hungrig, weil er nichts zu Mittag gegessen hatte, deshalb hielt er bei einer Trattoria beim Bahnhof an, um dort etwas zu essen.

Was er gegessen hat? »Spaghetti mit Knoblauch und Öl«, sagte Armando. »Wieso sollte ich ein Risiko einge-hen?«

NOVEMBER

Die Zeit zum Bäumepflanzen

Führende Vertreter der modernen Gartenbau-Bewegung in Italien sind überzeugt, dass Bäume das Rückgrat eines jeden gut geplanten Gartens sein sollten. Aber das entspricht nicht der allgemeinen Einstellung der Italiener gegenüber Bäumen. Der normale italienische Bauer mag Bäume überhaupt nicht, und sobald er ein neues Grundstück kauft oder erbt, geht er zuerst einmal hin und fällt sämtliche Bäume. Sie werden nämlich als unwesentlich und überflüssig betrachtet; sie verstellen das Land, das dann nicht mit essbaren Feldfrüchten bepflanzt werden kann; sie lassen im Herbst die Blätter fallen und bieten herumschleichenden Räubern und Schlangen Schutz.

Gelegentlich lässt ein Bauer vielleicht einen großen Baum, wie beispielsweise eine Platane, stehen, die seinem Haus Schatten spendet, und manchmal auch einen zweiten, der seinem Auto, seinem Traktor oder seiner Kuh Schutz bietet. Zudem lässt er vielleicht auch ein paar Bäume am Rand seines Grundstücks wachsen, wo sie seine Feldfrüchte nicht behindern, aber selbstverständlich fällt er sie alle fünf oder sechs Jahre, wenn er Feuerholz braucht. Von dieser allgemeinen Regel gibt es nur wenige Ausnahmen. Natürlich wird der Olivenbaum aufgrund seiner Früchte respektiert und sogar verehrt, ebenso Obstbäume – Apfel-, Kirsch-, Pflaumen-, Feigenbäume und Persimonen – und Nussbäume wie Mandelbäume und Haselnusssträucher. Aber wenn ein Baum nichts Essbares hervorbringt, ist er überflüssig.

Für Zierbäume haben Italiener keinen Sinn. Die einzigen, die sie als solche anerkennen, sind die Zypresse und die Platane, und sie haben eine schlechte Meinung über beide. Die Zypresse wird verabscheut, weil sie auf Friedhöfen gepflanzt wird, und die Platane, die als Schattenspender an Straßenränder gesetzt wurde, wird als Behinderung des zügigen Autoverkehrs betrachtet. Italienische Autofans betreiben derzeit eine Kampagne mit dem Ziel, die meisten alten Baumreihen entlang der Landstraßen fällen zu lassen.

Italienische Baumschulen bieten, wenn sie überhaupt Bäume verkaufen, nur die gewöhnlichsten und gesellschaftlich akzeptierten Arten wie Magnolien und Zedern oder aber ausgefallene metallisch blaue oder gelbe Koniferen an. Deshalb besitzt eine Dorfgröße wie der einheimische Doktor oder Bankdirektor, wenn er den Drang verspürt, seinen Vorgarten mit ein paar »Zierbäumen« zu verschönern, am Ende unweigerlich eine Magnolie oder Libanonzeder, die bald höher ist als seine Villa, alle anderen Pflanzungen kaputt macht und seinem Haus das ganze Licht nimmt.

In den letzten Jahren sind Bäume jedoch von der Regierung ins Visier genommen worden. Das italienische Landwirtschaftsministerium ist sich plötzlich des Problems der Abholzung bewusst geworden, das jeden Herbst zu verheerenden Überflutungen der Flussufer führt; und um die Wiederaufforstung zu beschleunigen, teilen die staatlichen Gärtnereien jedem, der welche haben möchte, Baumsämlinge aus. (Vorausgesetzt natürlich, man bringt die notwendigen Dokumente unterschrieben mit und besticht die richtigen Gärtnereiangestellten.) Der »Ente Cellulosa«, eine Regierungseinrichtung, die mit der Förderung der Papierproduktion beauftragt ist, bietet jedem, der bereit ist, für jedes Exemplar eine symbolische Summe zu bezahlen, auch größere Bäume an – zum Beispiel Eukalyptusbäume und Monterey-Kiefern.

Darüber hinaus hat der Wohlstand der Nachkriegszeit dazu geführt, dass viele junge berufstätige Italiener sich Zweithäuser auf dem Land gebaut haben. Diese jugendlichen Naturenthusiasten, viele davon Mitglieder der Partei der Grünen, lesen jeden Monat *Maison & Jardin* und italienische Gartenzeitschriften und sind mehr gereist als die ältere Generation. Sie wissen daher, dass die Welt der Bäume mehr zu bieten hat als nur Platanen und Zypressen. Sie wünschen sich grüne Terrassen, auf denen sie abends essen können, und wollen diese Terrassen mit hübschen blühenden Bäumen umgeben. Und so ist der Winter für viele neue italienische Gärtner zur Baumpflanzzeit geworden.

Da unsere ersten Bemühungen beim Bäumepflanzen mit Bulldozer und Dynamit so traumatisch gewesen waren, hatten wir beschlossen, die weitere Bepflanzung langsam anzugehen, und wir schworen uns, dass wir uns diesmal im Voraus Pläne machen würden, was wo gepflanzt werden sollte. Wir wollten jeden Winter nur ein paar wenige Bäume setzen und die meisten Löcher von Hand graben. Auf diese Weise konnten wir die neuen Schösslinge im Sommer ganz genau im Auge behalten und sicherstellen, dass sie genug Wasser bekamen, um ihre erste Hitzeperiode zu überstehen. Wenn sie erst einmal gut angewachsen seien, würden wir dann im folgenden Herbst mit kleineren Pflanzungen weitermachen. Wir waren, was die Bäume betraf, tatsächlich gar nicht so schlecht dran, wie wir zunächst dachten. Mit Hilfe des Bulldozers hatten wir entlang unserer Einfahrt zwei Zypressenreihen gesetzt, sodass das Haus einen formalen Eingang hatte. Außerdem hatten wir nördlich des Hauses eine zweite Reihe immergrüner Bäume als Schutz vor der Tramontana gepflanzt.

Zehn Zypressen hatten wir noch in Töpfen gelassen und machten uns daran, sie nach und nach als Akzente rund ums Haus zu pflanzen. Jeweils eine setzten wir auf jeder Seite der Hauptrabatte beim Pumpenhaus, zwei direkt neben dem Pumpenhaus, und sechs weitere markieren die Ecken der unteren Terrasse, sodass sie die weite Sicht ins Tal einrahmen.

Unsere italienischen Freunde beklagten, wir würden Friedhofsbäume pflanzen, die melancholisch machen und Unglück bringen würden, aber wir erinnerten sie daran, dass die wagemutigeren Toskaner ihre Landschaft schon lange mit Zypressen zieren. Außerdem hatten wir den Eindruck, Zypressen aus italienischen Gärten zu verbannen, sei, als verbanne man die Spaghetti aus der italienischen Küche. In einem heißen, trockenen Land, wo ein Großteil der Vegetation niedrig und buschig ist, geht nichts über ein vertikal aufragendes Dunkelgrün als Kontrast und Abwechslung. Die Zypresse ist so schön und derart dramatisch, dass Landschaftsmaler von ihr angelockt werden wie von einer Flamme. Man denke nur an Cézanne, der die Zypresse nutzte, um seinen provençalischen Landschaftsbildern Höhe und Farbe zu verleihen; oder an van Gogh, der den Baum als gequälte Spirale malte, die sich windet, als sei sie im Auge eines Zyklons gefangen.

Eigenartigerweise variiert die Gestalt der italienischen Zypresse sehr stark. Obwohl alle Bäume, die wir pflanzten, vom gleichen Ort kamen, wuchsen einige unserer Zypressen schmal und schlank wie Fahnenmasten in die Höhe, während andere, direkt daneben, rund und zerrupft aussehen und Äste haben, die einen Meter oder mehr zur Seite abstehen.

Ich versuchte, in der Gartenenzyklopädie eine Erklärung dafür zu finden, aber die Abhandlung war unergiebig. An einer Stelle hieß es, dass Zypressen mit dem Alter dicker werden, was ja leider auch bei anderen Spezies vorkommt; aber das konnte mich nicht überzeugen, weil ich viele andere Zypressen hatte, die von Anfang an schlank waren und es auch geblieben sind.

In dem Buch war auch von zwei Arten italienischer Zypressen die Rede, von denen eine *horizontalis*, die andere *pyramidalis* heiße, aber in meiner Gärtnerei hatte man nie etwas von dieser Unterscheidung gehört. Man kannte hier nur zwei Arten von *pyramidalis*, eine angeblich weibliche (und rundliche) und die zweite, die, wie man meinte, eine »veredelte männliche« und mit Sicherheit dünn wie ein Bleistift sei. Unnötig zu erwähnen, dass die veredelten männlichen Bäume fast doppelt so viel kosteten wie die weiblichen.

Abgesehen davon, dass diese Unterscheidung ganz unverhohlen sexistisch ist, ist sie auch botanisch unkorrekt, weil alle Koniferen, einschließlich der Zypressen, sowohl männliche als auch weibliche Blüten am selben Baum hervorbringen, sodass es so etwas wie eine männliche Zypresse gar nicht gibt. Sie sind alle herausfordernd bisexuell!

Dennoch halten die Italiener an dieser Unterscheidung fest, und als Test kaufte ich ein paar der »veredelten männlichen« Zypressen und pflanzte sie in den unteren Garten. Inzwischen sind sie sehr groß und eindeutig schlank, aber sie sind dennoch nicht die schlankesten im Garten. Das sind nämlich zwei der »normalen« Zypressen, die ich vor Jahren von unserer Einfahrt entfernen musste, weil sie dort zu dicht standen. Nachdem ich sie versetzt hatte, wurden sie von einem äußerst heftigen Südwind umgeworfen und mussten wieder eingesetzt und mit Pfählen gestützt werden. Diese beiden sind dünn wie Bohnenstangen geblieben. Könnte es sein, dass sie aufgrund all ihrer Schwierigkeiten so dünn geblieben sind und dass ihr Leiden, als sie vom Wind umgeblasen wurden, für ihre außergewöhnliche Schlankheit verantwortlich ist?

Ich stellte diese Frage Alan Mitchell, dem englischen Baumexperten, und er schüttelte den Kopf. Er sagte, manche Eiben im Osten Irlands behielten immer ihre Kegelform bei, während jene an der Westküste hartnäckig klein und gedrungen blieben. Das Gleiche sei bei manchen Pappeln zu beobachten.

»Es könnte etwas mit dem Wind zu tun haben. Es könnte an der Bodenbeschaffenheit liegen«, sagte Mitchell. »Bis jetzt weiß niemand das so ganz genau.«

Was die übrigen Bäume rund ums Haus angeht, so beschlossen wir, bei Nadelbäumen zu bleiben, weil wir beide in Neuengland aufgewachsen sind und genug hatten von kahlen schwarzen Ästen vor dem kalten Winterhimmel. Später waren wir froh über diese Entscheidung, da sich viele unserer Freunde, die große Laubbäume wie Eichen oder Platanen nahe an ihre Häuser gepflanzt hatten, beklagten, sie würden im Herbst die ganze Zeit nur damit zubringen, Berge von heruntergefallenen Blättern, die weggeschafft oder verbrannt werden mussten, zusammenzurechen und in Säcke zu verpacken.

Solange ich zurückdenken kann, sehnte ich mich stets insgeheim nach einem Mimosenbaum, deshalb war dies der erste Baum, den wir nach den Zypressen pflanzten. Der Mimosenbaum gedieh prächtig in unserem Vorgarten, einem kleinen, bepflanzten Bereich bei der Eingangstür, und schon bald erhellte er unsere Februartage mit großen Rispen überschäumender gelber Blüten. Aber unsere Freude währte nur kurz. Denn kaum waren die Blüten herausgekommen, begannen sie zu verblassen und eine hässliche braune Farbe anzunehmen, und von da an tat der Baum wenig mehr, als verwelkte Blüten, Samenhülsen und abgebrochene Zweige abzuwerfen. Er war eine botanische Katastrophe. Nichts wollte unter dem Baum wachsen, und je mehr wir darunter jäteten, umso mehr kleine Mimosensämlinge kamen zum Vorschein. Etwa nach einem Jahr sägten wir das verdammte Ding um und pflanzten stattdessen Pfingstrosen. Glücklicherweise haben sich ein paar Sämlinge draußen hinter unseren Olivenhain verirrt und dort Wurzeln geschlagen, sodass wir uns bei den jeweiligen Festen der italienischen Feministinnen immer einen Mimosenzweig holen können.

Nach meinen früheren Bemerkungen über die hiesige verrückte Begeisterung für Magnolien, ist es mir etwas peinlich einzugestehen, dass ich in unserem unteren Garten zwei Magnolien gepflanzt habe. Die eine war der große, pyramidenförmige Baum, *Magnolia grandiflora*, der zwar hübsche weiße Blüten, aber auch Blätter hat, die an der Unterseite Rost aufweisen und unentwegt zu tropfen scheinen. Die zweite war eine *Magnolia grandiflora var. gloriosa*. Sie ist im Wuchs nicht ganz so gleichmäßig, hat aber noch größere Blüten und ihre Blätter stellen kein sonderliches Problem dar. Als offenkundig wurde, dass wir in unserem Garten nicht genug Platz für beide Magnolien hatten, beschlossen wir, nur die *gloriosa* mit ihren riesigen, tellerförmigen Blüten zu behalten und die andere zu entfernen.

Als der Arzt von Canale hörte, dass eine Magnolie zu haben sei, schickte er zwei Arbeiter herunter, die sie mitsamt Wurzeln ausgruben und in seinen Garten versetzten, wo sie jetzt jeden Juni prächtig blüht. Magnolien und Olivenbäume scheinen sich in unserem Teil Italiens leicht versetzen zu lassen.

Auf der anderen Seite unserer unteren Terrasse pflanzten wir zwei hübsche kleine Persimonen, nachdem wir eine ähnliche Pflanzung in Bernard Berensons Villa, I Tatti, bei Florenz bewundert hatten. Diese offiziell als *Diospyros kaki* bezeichneten Bäume waren eine gute Wahl. Sie haben eine flaumige, runde Form wie auf einem Kinderbild und ihre herzförmigen Blätter sind den ganzen Sommer über schön. Wenn die im Spätherbst abfallen, sehen die glänzenden zinnoberroten Persimonen wie die Dekoration an einem Weihnachtsbaum aus. Oft pflücken wir sie erst an Weihnachten, denn Persimonen schmecken wie Löschpapier, wenn sie nicht mindestens einen Monat gereift sind. Aber wenn sie reif sind, sind sie saftig wie Pfirsiche.

An den Ecken der unteren Terrasse pflanzten wir außerdem zwei Feigenbäume. Einer ist eine besondere Hybride, die uns jeden Sommer drei Ernten liefert, beginnend im Juni, wenn Feigen noch so rar sind wie Pfaueneier. Unsere zweite Feigensorte wird *cuore* genannt und bringt uns ab September köstliche herzförmige Feigen. Diese sind viel zu saftig, als dass man sie trocknen könnte, aber sie ergeben ein wunderbares Feigenkompott, wenn man sie in einem Sirup aus Zucker und Zimt kocht. Draußen im Olivenhain haben wir noch mehrere andere Feigenbäume, die kleine rosa-weiße Feigen hervorbringen, welche freundlicherweise schon von allein in der Sonne trocknen, bevor man sie vom Baum pflückt.

Um auch immer Nüsse zu den getrockneten Feigen zu haben, haben wir zudem mehrere Reihen Haselnusssträucher, *Corylus avellana*, hinten in unserem Feld gepflanzt. Die Haselnuss ist ein ganz unproblematischer Nussbaum, der keine Feinde hat und wenig Pflege benötigt. Auch das Pflücken ist kein Problem; die Nüsse fallen einfach herunter, wenn sie reif sind, man braucht sie also nur aufzusammeln, die äußere Schale zu entfernen und sie dann ein paar Tage in der Sonne zu trocknen. In Italien werden die Bäume entweder als Hochstamm oder als Büsche, um drei große Stämme gruppiert, verkauft, und wir entschieden uns für die Buschform. Manche der größeren Büsche sind eigentlich kleine Bäume, die angenehmen Schatten für Picknickbänke spenden.

Zwar fallen die Blätter im Herbst ab, doch die Bäume bringen mitten im Winter hübsche gelbe Kätzchen hervor. Die Haselnüsse sind in Italien eine wichtige Feldfrucht und wachsen in der Gegend von Viterbo in großen Plantagen, wo der Boden um sie herum ständig von Unkraut befreit wird. Soviel ich weiß, landen sie am Ende in den Schoko-Nuss-Riegeln von Hershey.

Ein weiterer Obstbaum, den wir in die Mitte unseres Vorgartens setzten, war ein kleiner, immergrüner Guavenbaum, *Feijoa sellowiana*. Aus der Ferne sieht er mit seinen auf der Unterseite silbergrauen und einer weißlichen Schicht bedeckten Blättern genau wie ein kleiner Olivenbaum aus. Aber die Ähnlichkeit ist trügerisch. Im Juni zeigt sich plötzlich eine Fülle wächserner weißer Blüten, die der Orangenblüte ähnlich sehen, allerdings weit herausragende und leuchtend rote Staubgefäße haben. Die Blütenblätter sind süß und essbar, sie schmecken wie kandierte Veilchen und sind im Obstsalat der große Hit. Man muss beim Pflücken der Blütenblätter nur darauf achten, dass man das Blütenzentrum, die Staubgefäße, intakt lässt, damit sie sich bis zum Spätherbst in Früchte verwandeln können.

Die Guavenfrüchte sind grünlich und sehen wie recht kleine Limonen aus. Wenn man sie schält, zeigt sich weiches, rötliches Fruchtfleisch, das halb nach Zitrone, halb nach Banane schmeckt und viel Vitamin C enthält. Das sind die Guaven, aus denen das berühmte Guavengelee gemacht wird, früher die Hauptzutat des Frischkäse-Guaven-Sandwich.

Eine weitere exotische Frucht, die inzwischen auch in Italien große Beachtung findet, ist die Kiwi aus Neuseeland. Diese Frucht, die wie eine haarige braune Pflaume aussieht, wächst in Wahrheit an einem Rebengewächs wie die Trauben, und wenn man sie pflanzt, muss zu jeweils drei oder vier weiblichen Büschen ein männlicher gesetzt werden. Wir haben nie Kiwis gepflanzt, weil unser Platzangebot für Bäume begrenzt ist, aber mehrere unserer Freunde haben welche und erfreuen sich inzwischen riesiger Ernten.

Als vor wenigen Jahren zum ersten Mal Kiwis auf italienischen Märkten angeboten wurden, waren sie so exotisch wie Mangos oder Avocados und kosteten tausend oder zweitausend Lire das Stück. Leuchtend grüne Kiwischeiben mit den schwarzen Samen darin waren die Hauptattraktion auf eleganten Obstkuchen. Etwa zwei Jahre später brach der Kiwi-Markt jedoch zusammen, als italienische Bauern anfingen, die schwarzen Samen von den Obstkuchen zu stibitzen und Kiwi-Pflanzungen anzulegen, ohne Neuseeland um Erlaubnis zu fragen. Jetzt gibt es auf den italienischen Märkten so viele Kiwis, dass der Preis für die Frucht auf tausend Lire für ein ganzes Kilo gefallen ist. Die neuseeländischen Kiwi-Anbauer knirschen wohl mit den Zähnen, und auch den italienischen Samendieben dürfte inzwischen das Lachen vergangen sein.

Einmal gab man uns im Cellulosa-Amt fünf kleine Pflanzen des *Eucalyptus globulus*, eher bekannt unter dem Namen Fieberbaum, und wir setzten sie in eine Reihe hinter das Bildhaueratelier, in der Hoffnung, dass sie Windschutz und dem Künstler außerdem ein wenig Abgeschiedenheit bieten würden.

Die kleinen Sämlinge wuchsen wie der Teufel, nach wenigen Jahren hatten sie eine Höhe von dreißig Metern erreicht und überragen jetzt das Atelier und alles andere. Der *globulus* ist eigenartig, da er mit kleinen runden Blättern zu wachsen beginnt, dann aber, wenn er älter wird, lange gräuliche Blätter bekommt. Und auch die grauweiße Rinde schält sich ganz merkwürdig in großen Streifen ab und fällt zu Boden. Diese Rinde ist ein hervorragendes Anzündholz.

Es wurde behauptet, der Eukalyptus neige trotz seiner tiefen Wurzeln dazu, bei starkem Wind umzustürzen. Eine Reihe von Windbrechern aus Eukalyptus in unserer Nähe haben auch tatsächlich starke Sturmschäden davongetragen, doch in unserem Garten verloren die großen Bäume zwar viele Äste, sind aber selbst bei den stärksten Windböen stehen geblieben.

Auf unserem unteren Feld, das sich bis zum Kamm des Flusstals erstreckt, stehen mehrere alte Olivenbäume, die wir sorgfältig kultiviert, veredelt und sowohl mit chemischem Dünger als auch mit Kompost versehen haben. Nie werde ich müde, von unserer Terrasse auf die graugrünen Olivenbäume zu blicken; und am liebsten tue ich das am frühen Abend, wenn sie sich deutlich gegen den blasser werdenden Himmel und die fernen graublauen Hügel von Sasso abzeichnen. Im Zwielicht wirken die Olivenbäume vorübergehend eindimensional wie das allerfeinste Filigran und erinnern mich an die Muster aus weißem Marmor an alten muslimischen Grabstätten.

Im Herbst liefern sie uns gutes grünes Öl, allerdings sind wir es allmählich leid geworden, sie an kalten Novembertagen zu pflücken, und lassen sie jetzt für irgendeinen Bauern draußen hängen, der sie alle pflückt und uns im Gegenzug ein paar Liter Öl dafür gibt.

Ein paar pfiffige Gärtner, zum Beispiel ein österreichisches Paar, das in der Nähe des Lago di Bracciano lebt, haben es geschafft, einen ganzen Garten, man sollte es vielleicht besser einen Park nennen, ausschließlich mit Olivenbäumen zu gestalten.

Sie mähen das Gras rund um die Olivenstämme ganz kurz und ordentlich. Dann wässern sie es regelmäßig, sodass es eine schöne leuchtend grüne Farbe hat. Die Kombination aus dem hellgrünen Gras, den knorrigen grauen Stämmen und blassen olivgrauen Blättern hat eine sehr friedvolle Wirkung, und sie verstärken diese Symphonie aus Grau und Grün, indem sie im Frühjahr ein paar Gruppen von Narzissen und im Sommer rosa Geranien dazwischensetzen.

Der Park sieht wie der schön gepflegte weiße und grüne Wintergarten einer stattlichen Villa aus. Ich würde selbst gerne so etwas ausprobieren, aber ich fürchte, das ständige Wässern könnte am Ende den Trockenheit liebenden Olivenbäumen schaden (wie es im Olivengarten in La Landriana geschehen ist), deshalb haben wir unseren Olivenhain so gelassen, wie er war. Er wird jetzt einmal jährlich gemäht, und zwar im Mai, wenn das Gras besonders gut ist. Im Frühling wachsen auf den Feldern Mohnblumen, wilde Lupinen und Gänseblümchen, und im Herbst blühen sie erneut, zusammen mit wilden Möhren, Leinkraut und Wiesensalbei.

Wir wollten ein paar größere immergrüne Bäume draußen an unseren Grundstücksgrenzen pflanzen, um für ein wenig mehr Masse und Substanz zu sorgen, die den Oliven fehlten. Glücklicherweise standen schon zwei große Steineichen direkt unterhalb der Oliven, und wir schnitten das ganze Unterholz um sie herum heraus, damit sie richtig hervorstechen. Die Steineiche, offiziell *Quercus ilex*, wird von vielen als der großartigste aller mediterranen Bäume betrachtet, und auch ich würde ihn auf meiner Liste sehr weit oben ansiedeln. Er ist ein langsam wachsender Baum, der am Anfang wie eine Stechpalme aussieht, aber wenn er heranwächst, füllt er sich allmählich, bis sich eine riesige runde Krone bildet, die so kompakt und symmetrisch ist, dass es aussieht, als sei sie zurechtgestutzt. Die immergrünen Blätter der Steineiche haben die Größe von Olivenblättern, sind aber rund und ledrig, und wenn sich im Frühling neue Blätter bilden, sind sie von einem zarten weißlichen Grün, das mit der Zeit sehr dunkel wird.

Was weitere große immergrüne Bäume anbelangt, so gaben uns die Leute von der Forstverwaltung ein recht interessantes Sortiment. Einer der schönsten Bäume davon ist der *Pinus pinea*, das heißt die Pinie, die auf jeder Postkarte der Bucht von Neapel zu sehen ist. Die Pinie ist ein wirklich edler Baum, und wie bei einer großen Kathedrale dauert es lange, bis er seine volle Größe erreicht. Er beginnt sein Leben als kleiner, struppiger Sämling, macht dann das Stadium eines jungen Christbaums durch, beginnt aber schließlich seine unteren Zweige zu verlieren und nimmt am Ende nach fünfzig oder sechzig Jahren (vielleicht sogar noch mehr) die klassische Schirmform an. Seine Zapfen stehen hoch im Kurs, da man sie aufknacken und die kleinen Pinienkerne, *pignoli* genannt, herausholen kann, die für Spaghettisaucen (vor allem für *pesto*) und für raffinierte Pasteten und Kuchen gerne Verwendung finden.

Jenen, die nicht die Geduld haben, abzuwarten, bis die Pinie herangewachsen ist, bietet das Forstamt jetzt eine unglaublich schnellwüchsige Pinie an, die aus Amerika kommt. *Pinus radiata*, bei den Amerikanern Monterey-Kiefer genannt, kommt aus Kalifornien und ist eine Kiefer für warmes Klima, die wie eine Rakete in die Höhe schießt. Als wir unsere ersten Sämlinge bekamen, waren sie etwa fünfzehn Zentimeter groß. Nach einem Jahr hatten sie sechzig Zentimeter erreicht, dann spurteten sie auf vier, schließlich auf zwölf Meter. In weniger als fünfzehn Jahren waren unsere Monterey-Kiefern zu den höchsten Bäumen in unserem Tal herangewachsen, während sie weiterhin die hübsche symmetrische Gestalt eines Weihnachtsbaums behalten haben. Eulen, Elstern und Goldpirole bauen ihre Nester in den weit ausladenden Ästen.

Weil wir diese Kiefern kostenlos bekamen und weil sie so schnell wuchsen, glaubten wir, es handele sich bei ihnen wohl um wertlose Bäume. Wir kamen zu dem Schluss, dass alles, was so schnell wächst, zwangsläufig kurzlebig und unkrautartig sein müsse, und wir waren überzeugt, dass das Holz, welches die Forstverwaltung zur Herstellung von Papier empfahl, gewiss recht wertlos war.

Wir täuschten uns in jeder Hinsicht. Bei einem Besuch der Gärten von Dartington Hall in Devon bewunderten wir vor kurzem ein paar edle Kiefern, die, so wurde uns gesagt, mehr als zweihundert Jahre alt sind – die ältesten Bäume auf dem Anwesen. Man stelle sich unser Staunen vor, als wir erfuhren, dass es sich um unsere alten Freunde, die Monterey-Kiefern, handelte.

Diese uralten Bäume strahlten eine Ehrwürdigkeit aus, die nur ein sehr alter Baum erlangen kann. Sie hatten so mächtige Stämme, dass zwei Männer die Arme ganz ausstrecken müssen, um sie umfassen zu können. Die Stämme ragten kahl und schlicht etwa achtzehn Meter in die Höhe und breiteten sich dann fächerförmig zu riesigen Kuppeln aus, ganz ähnlich wie die Kronen der Schirmpinien.

Alan Mitchell erklärte uns später, dass die Engländer sich schon vor langer Zeit für die Monterey-Kiefer begeisterten (vielleicht wurde sie von David Douglas in den 1820ern nach England zurückverschickt) und ihr den gleichen Respekt erweisen wie der Eibe und dem Buchsbaum. Eine nach den verheerenden Hurrikans, die England 1987 und 1990 heimsuchten, durchgeführte Begutachtung ergab, dass einer der sturmfestesten Bäume die *radiata* war. Lang lebe Monterey!

Niemand schien zu wissen, wann die Bäume in Dartington ihre außergewöhnliche Schirmform angenommen hatten, aber da sie so schnellwüchsig sind, scheint es wahrscheinlich, dass sie dieses kugelförmige Stadium schon als recht junge Bäume erlangten. Die Bäume in Italien sind noch zu jung, um ihre unteren Äste schon zu verlieren, aber wir betrachten sie inzwischen mit größerem Respekt, weil uns klar ist, dass sie noch in zweihundert Jahren kräftig und robust dastehen werden – falls nicht irgendein grausamer Mensch sie irgendwann absägt.

Leider kann ihr neuer Status als erstklassige Bäume einen Makel nicht verbergen, den wir an allen *radiatas* in unserer Gegend festgestellt haben: Sie werden nämlich bevorzugt von einer besonders hartnäckigen Sorte von Kieferschädlingen heimgesucht, die als die Prozessionsspinner, *Thaumotopoea pityocampa*, bekannt ist. Dieser Schädling legt immer im Herbst seine Eier in die obersten Äste der *radiatas*, und aus den Eiern schlüpfen schwarz-gelbe Raupen, die sich in die zarten Kiefernknospen vorfressen und an den Bäumen große Schäden anrichten. Dass sie am Werk sind, erkennt man an den großen zeltartigen Kokons, die an den oberen Ästen hängen. Schließlich kommen die fast ausgewachsenen Raupen, bevor sie sich verpuppen, von den Bäumen herunter und kriechen in langen, geraden Reihen – wie römische Legionen –, eine hinter der anderen, durch die Landschaft, fressen sich noch ein letztes Mal satt und verwandeln sich dann in Falter.

Ich habe einmal den Fehler begangen, einen dieser Kokons, der von einem Baum gefallen war, aufzuheben, um ihn mir genauer anzusehen. Innerhalb weniger Minuten fingen meine Hände zu jucken an und das Jucken breitete sich über mein Gesicht und meinen Hals aus. Es bildeten sich schließlich lange Striemen, die mehrere Tage lang unangenehm waren. Später wurde mir gesagt, diese Insekten seien so giftig, dass immer wieder Bauern, die sie berührt hatten, ins Krankenhaus eingeliefert werden müssten, und viele Leute bekämen Allergien, wenn sie die Luft in der Nähe der befallenen Bäume einatmeten.

Die italienische Art, mit ihnen fertig zu werden, ist, sich ein Gewehr zu beschaffen, die Kokons von den Bäumen zu schießen und sie dann zu verbrennen, wobei die ganze Zeit Schutzkleidung getragen wird. Wir haben bis jetzt noch nicht zu diesem letzten Ausweg gegriffen, weil wir kein Gewehr haben und unsere Bäume so groß sind, dass die Raupen anscheinend keinen allzu großen Schaden anrichten können. Doch ich habe viele kleinere *radiatas* gesehen, die von diesem unheimlichen Insekt wirklich schlimm abgefressen waren.

Eine andere Koniferenart, die bei uns fast zu gut gewachsen ist, war die norwegische Fichte, ein wunderbarer Baum, den uns unser Kinderarzt brachte, nachdem er ihm als Weihnachtsbaum gedient hatte. Wir hatten auch andere Weihnachtsbäume bekommen, die aber bis zum Valentinstag stets eingegangen waren, deshalb schenkten wir der Fichte wenig Aufmerksamkeit, nachdem wir sie in ein flaches Loch hinter unserer Küchentür gesteckt hatten. Aber siehe da, sie begann zu wachsen, und jetzt, da auch unsere Kinder erwachsen sind und ihr Zuhause verlassen haben, ragt sie über unser dreistöckiges Haus hinaus. Jedes Mal, wenn sie auf Urlaub nach Hause kommen, Henry aus Boston, Jenny aus Mexiko, schauen sie zu unserer Riesenfichte hinauf und sagen:

»Du meine Güte, wie ist das nur möglich?«

Grabräuber

DeDe war die erste mir bekannte Frau vom Lande, die den Unterschied zwischen einer Tulpe und einer Dahlie kannte. Die meisten der Bauersfrauen um Canale behaupteten, große Blumenliebhaberinnen zu sein, und sie freuten sich jedes Mal, wenn ich ihnen ein paar Stecklinge von Riesenmaßliebchen oder eine gestreifte Geranie schenkte, aber sie hatten keinerlei Interesse an weitergehenden Details der Gartenbaukunst.

Alle Blumenzwiebeln, seien es nun Lilien, Iris oder Amaryllis, waren für sie einfach Zwiebeln, und alle Korbblütler waren *margherite* (Gänseblümchen), ganz gleich, ob es sich um Chrysanthemen oder Sonnenblumen handelte. Sie hatten eine besondere Vorliebe für Rosen und waren recht geschickt im Ziehen neuer Pflanzen aus Stecklingen, die sie im November in die Erde taten. Aber sie waren nicht bereit, Geld für neue Blumensorten auszugeben. Deshalb pflegte sich jedes Dorf auf eine einzige Rosensorte zu spezialisieren und Stecklinge wurden von einer Hausfrau zur nächsten weitergegeben. Die Canalesi beispielsweise bevorzugten »Queen Elizabeth«.

Alle übrigen Blumen pflanzten sie in Töpfe oder alte Ölkanister, damit sie auch ja keinen Platz im weit einträglicheren *orto* (Gemüsegarten) wegnahmen. Aber die Frauen kannten sich mit dem Gartenbau immerhin so gut aus, dass sie sorgfältig Unkraut jäteten und ihre Sämlinge mit einer großzügigen Gabe guten Komposts versorgten.

Es gab jedoch einen Garten, der sich mir irgendwie aus dem Einerlei dieser begrenzten Welt abzuheben schien, und das war ein Streifen Land direkt an der Straße nach Quadroni, auf dem Ende Mai herrlicher Riesenmohn blühte. Das war nicht der gewöhnliche Klatschmohn, der früher in Europa im Frühling die Kornfelder purpurrot färbte, auch nicht der gelbe und orangefarbene, der in Kalifornien so geschätzt wird, sondern es handelte sich um rosa, malvenfarbigen und grauen Mohn, der in den Enzyklopädien unter *Papaver somniferum* aufgelistet wird, einfacher ausgedrückt, um Schlafmohn. Inzwischen sind diese wunderbaren Gewächse, mit Blüten wie aus feinstem Seidenpapier in den allerzartesten Pastelltönen, für mich die Königinnen in der Welt des Mohns, bei weitem schöner als die leuchtend roten und pinkfarbenen orientalischen Mohnarten und Klassen besser als der eher zurückhaltende Shirley-Mohn, der von einem schottischen Geistlichen namens Shirley aus einer Mutante des Feldmohns gezüchtet wurde. Ich pflegte Mitte Mai stets den Umweg über die Straße nach Quadroni zu nehmen, nur um diesen gefransten Schlafmohn sehnsuchtsvoll anzustarren und mich zu fragen, woher die Besitzerin ihn wohl hatte und wie es ihr gelungen war, ihn anzupflanzen. (Denn wie jeder, der englische Samenkataloge eingehend studiert, weiß, ist es in Europa verboten, Schlafmohn anzupflanzen.)

Die Antwort bekam ich schon wenige Tage später, als unser Freund Franco, der in Quadroni wohnende Installateur, die Besitzerin des Mohngartens mitbrachte, die sich mein Gewächshaus ansehen wollte.

»Hier ist meine Nachbarin DeDe«, sagte er. »Sie ist die Signora, die den Mohn anpflanzt, von dem Sie die ganze Zeit schwärmen. Ich habe ihr von Ihrem Garten erzählt und sie möchte ihn sich gerne ansehen.«

Signora DeDe (eine Abkürzung für Deborah) sah meiner Meinung nach gar nicht nach einer Opiumpflanzerin aus. Sie war eine kleine Frau im späten mittleren Alter mit rabenschwarzen Haaren, und als wir uns die Hände schüttelten, merkte ich, dass ihre Fingernägel rau und ihre Haut aufgesprungen waren – die Hände einer echten Gärtnerin. Das Alarmierendste an ihr war jedoch ihr Husten; er war tief und chronisch. Als wir einander vorgestellt wurden, fing sie zu husten an, und sogleich begann sie in ihren Taschen nach den Zigaretten und dem Feuerzeug zu kramen.

»Warten Sie eine Minute«, japste sie. »Ich muss diesen Husten pflegen.« Sie nahm einen tiefen Zug von ihrer Zigarette, keuchte eine Minute lang, und dann hörte der Husten auf.

Ich fragte sie, ob sie nicht gerne ein Glas Wasser oder eine Tasse Kaffee hätte, aber sie tat das einfach als überflüssig ab.

»Nein, nein«, sagte sie und fuchtelte mit der Hand, »ich bin gekommen, um mir den Garten anzusehen. Also gehen wir.« Da wusste ich sofort, dass wir gute Freundinnen werden würden.

Wir machten einen eingehenden Rundgang durch meinen Garten, sowohl draußen als auch im Gewächshaus, und sie inspizierte höchst konzentriert jede Pflanze und jede Blume, wobei sie sich bei jeder Blüte wieder eine Zigarette anzündete. Ich fragte sie, ob sie nicht gerne ein paar Stecklinge hätte, und sie gab zu, dass sie sich darüber freuen würde. So füllten wir nach und nach eine Plastiktüte mit Stecklingen des *Pelargonium odoratissimum*, der *Brugmansia arborea* (Engelstrompete) und der *Lavatera* (Buschmalve) »Barnsley«. Im Gegensatz zu den meisten Gartenbesuchern, die schon müde werden, kaum dass sie eine oder zwei blühende Engelstrompeten betrachtet haben, war Signora DeDe von meinen weniger spektakulären Blumen noch genauso fasziniert und sah sich selbst bescheidene kleine Ehrenpreisbüsche, Stauden blühender *Convolvulus mauritanicus* (Winden) und Schlüsselblumenkissen eingehend an. Sie blieb sogar volle zehn Minuten stehen und begutachtete meine Kisten mit Sämlingen, und zu meiner großen Überraschung fragte sie, ob sie nicht auch ein paar davon haben könnte.

Ich versicherte ihr, dass ich die Sämlinge als Sicherheitsvorkehrung gerne auch an andere Leute verteilte.

»Auf diese Weise besteht, wenn mir alle Pflanzen einer Sorte eingehen, eine Chance, sie später von einer Freundin zurückzubekommen«, sagte ich. Als ich zwei winzige Sämlinge der Paulownie (Kaiserbaum) ausgrub, die ich in China bekommen hatte, wusste ich selbstverständlich nicht, dass Signora DeDe mir zehn Jahre später einen davon als prächtigen jungen Baum wiedergeben würde.

Als wir die Pflanzen in die Tüte steckten, wagte ich es, sie auf ihren verbotenen Mohn anzusprechen.

»Ach, der«, sagte DeDe. »Eine Freundin hat mir eine Hand voll Samen gegeben. Im nächsten September können Sie so viele haben, wie Sie nur wollen.« Es war, als würde sie mir Diamanten anbieten. Ich fragte sie, ob es irgendwie gefährlich werden könnte, wenn man verbotene Pflanzen hielt, aber ihr Gesicht blieb so ausdruckslos, dass ich beschloss, das Thema fallen zu lassen. Wenn nicht einmal DeDe wusste, dass sie verbotenen Schlafmohn angepflanzt hatte, standen die Chancen nicht schlecht, dass es auch die hiesigen Carabinieri nicht ahnten.

Als sie ins Auto stieg, zündete sie sich wieder eine Zigarette an.

»Sie haben einen sehr schönen Garten, Signora Giovanna«, sagte sie. »Sehr schön, aber da ist etwas, was mich überrascht. Ihre Geranien sind schmächtig und schwächlich, als hätten sie Rachitis. Sie geben sich mit den meisten Ihrer Pflanzen sehr viel Mühe, deshalb erstaunt es mich, dass Sie gerade bei dieser einfachen Pflanze scheitern.«

Ich kam mir wie ein Schulmädchen vor, das eine schlechte Note geschrieben hat.

»Ich weiß«, sagte ich, »was soll ich tun?«

»*Stabbio*«, sagte sie, »*stabbio, stabbio* (Stallmist).« (Man hatte mir beigebracht, dass Pelargonien in nährstoffarmer Erde gedeihen würden, je nährstoffarmer, umso besser.) Dann drückte sie ihre Zigarette aus, keuchte eine Minute und nahm mir das Versprechen ab, am nächsten Tag zu ihr zu kommen und mir ihren Garten anzusehen.

»Ist das nicht wunderbar?«, sagte ich zu Robert. »Jetzt

habe ich jemanden, mit dem ich mich über Blumen unterhalten kann.«

Am nächsten Tag ging ich zu DeDe und von da an besuchten wir uns in der Vegetationszeit gegenseitig etwa einmal wöchentlich. Ihr Garten war keineswegs ein richtig geplanter, sondern einfach ein Hinterhof mit ein paar Weinstöcken und Kletterrosen, und an den Rändern hatte sie eine Sammlung von Blumentöpfen, alten Kisten und Blechdosen stehen, in denen sie alle möglichen seltenen und exotischen Stecklinge heranzog. Zwei Dosen waren der *Campanula pyramidalis* vorbehalten, einer Glockenblumenart, die im Sommer etwa einen Meter hoch wird und dann eine endlose Reihe leuchtend blauer Glockenblüten hervorbringt. Außerdem besaß sie ausgefallene Lupinen und ein paar sehr eigenartige Amaryllis, die sie, wie sie behauptete, in Sorrento gefunden hatte. Sie waren kleiner als die holländischen Arten, kupferrot, und ich fand sie einfach unwiderstehlich. Zudem hatte sie Samen einiger sehr seltener Petunienarten gefunden, die zebraartig gestreift waren.

Bei unseren Besuchen waren wir so sehr mit Blumen und Gärtnertipps beschäftigt, dass wir wenig Zeit für überflüssige Gesprächsthemen hatten. Wir gewöhnten uns an, gleich für etwa eine Stunde durch unsere Gärten zu schlendern, jeweils die Stecklinge oder Samen auszutauschen, die gerade vorhanden waren, und über Anzuchtmethoden, das Wetter und die Schädlinge zu reden.

Bei diesen Rundgängen kamen wir selten auf die Familie zu sprechen – geschweige denn auf Ehemänner –, aber mir gelang es, herauszubekommen, dass sie einen Mann namens Lorenzo hatte, der den größten Teil seines Lebens als Portier im Verkehrsministerium verbracht hatte. Erst vor kurzem hatte er sich zur Ruhe gesetzt und war nach Quadroni gezogen (wo er auch aufgewachsen war), und für mich war offenkundig, dass er in ihrem

Herzen einen Platz irgendwo zwischen dem japanischen Käfer und dem Rosenbohrer einnahm.

Eines Tages, als ich sie besuchen kam, war sie gerade dabei, zwölf tropfende rot-gelbe Fußballtrikots und dazu vierundzwanzig weiße Stutzen auf ihre Wäscheleine zu hängen.

»Daran ist ganz allein mein Mann schuld«, schimpfte sie und nahm sich Zeit für eine Zigarette. »Er wurde zum Verwalter der Oberschule gemacht, was bedeutet, dass er Coach des Fußballteams ist, und jetzt raten Sie mal, wer die Trikots waschen darf! Und das alles nur wegen diesem elenden Bürgermeister.«

Ich konnte mir keinen rechten Reim auf diesen Ausbruch machen, wohl aber etwa einen Tag später, als ich Lorenzo zum ersten Mal traf. Er war ein recht kleiner Mann mit ergrauten Haaren, schneller Sprechweise und einem sehr nervösen Lächeln. Außerdem war etwas an seiner schmeichlerischen Art, was mich sogleich an eine spezielle Kategorie von italienischen Bürokraten erinnerte, die als *portaborsa* (Taschenträger) bezeichnet werden. In England wäre er vielleicht ein politischer Laufbursche, in Russland ein Apparatschik gewesen; in welcher Umgebung auch immer, man würde ihn unweigerlich wie eine Libelle um irgendeinen wichtigen Politiker herumschwirren sehen.

Lorenzo beeilte sich, mir mitzuteilen, dass er ein entfernter Verwandter des Bürgermeisters von Manziana sei, eines ehrgeizigen Typen, der vor dreißig Jahren als Carabiniere in die Stadt gekommen und im Laufe der Zeit zum größten Landbesitzer der Stadt, zum Besitzer des einzigen Busbetriebs und vor vielen Jahren zum Bürgermeister (einem theoretisch unbezahlten Amt) aufgestiegen sei. Als rechte Hand dieser distinguierten Persönlichkeit übte Lorenzo eine Vielzahl von Funktionen aus, die nichts miteinander zu tun zu haben schienen. Er fuhr den Schulbus, er chauffierte den Bürgermeister zu Parteiversammlungen in Lazio herum, er arbeitete als Einkäufer für die Schulen von Manziana und war Coach des besten Schulfußballteams (daher die schmutzigen Trikots). Immer am Freitag tauchte er aus mir unerfindlichen Gründen auf dem dortigen Markt auf, wo man beobachten konnte, wie er für irgendwelche Fischgeschäfte aus Civitavecchia Schwertfische zerlegte, ausnahm und in Papier einwickelte. Franco, der Installateur, machte zudem Andeutungen, dass ein Teil seines Einkommens aus dem Kauf und Verkauf von etruskischen Objekten stammte, die die hiesigen *tomborali* (Grabräuber) ausgruben.

Und dann fuhr Lorenzo DeDe irgendwann zu einem ihrer wöchentlichen Besuche in meinem Garten zu uns herüber und nutzte die Gelegenheit, Robert in seinem Atelier zu besuchen. Die beiden verstanden sich auf Anhieb bestens; Lorenzo war von dem berühmten Wachsarbeiter beeindruckt, dessen Statuen auf fünf Kontinenten standen, und Robert seinerseits war fasziniert, einen der hiesigen Politiker zu treffen, der alles über die Müllgebühren und die neue Umgehungsstraße nach Bracciano wusste. Deshalb gehörten die Besuche von Lorenzo und DeDe bald zu unserem wöchentlichen Ablauf, und selbst wenn wir auf Reisen waren, gewöhnten sie sich an, dennoch herunterzukommen, sich umzusehen und sicherzustellen, dass auf unserem Grundstück alles in Ordnung war. Selbstverständlich durften sie die Feigen oder Sauerkirschen oder jedes andere Obst pflücken, das während unserer Abwesenheit gerade reif wurde.

So geschah es, dass Lorenzo, begleitet von zwei Männern, eines Samstagnachmittags in einem metallisch schwarzen Mercedes vorfuhr. Den einen erkannte ich als Gianfranco, seinen Cousin, der drüben an der Straße nach Sasso einen großen Bauernhof betrieb und Trauben und exzellente Melonen erzeugte. Gianfranco war jünger als Lorenzo, ein großer, hübscher, ständig sonnengebräunter Kerl mit aschblonden Haaren. Der dritte Mann war sogar noch größer als Gianfranco, hatte aber keinerlei Bräune. Er hätte gut und gerne Automechaniker oder Busfahrer sein können.

Lorenzo führte die beiden Besucher zu Roberts Atelier hinauf, wo ich gerade Rosen veredelte, und Lorenzo sagte zu mir, es handele sich um eine private Unterredung mit Cook. Ich wollte mich zurückziehen, aber Robert sagte, und das gereichte ihm zur Ehre: »Nein, nein, Giovanna kann bleiben. Alles, was Sie mir sagen, können Sie auch ihr mitteilen.«

Alle drei Besucher warfen mir einen recht überraschten Blick zu, denn nur sehr wenigen italienischen Frauen würde von ihren Männern so viel Unterstützung zuteil werden.

Dann setzte sich Lorenzo hin, zündete sich eine Zigarette an und begann, Robert die Geschichte zu erzählen. Es gehe um etruskische Töpfe, sagte er. Ein »Bauer«, der zwischen Sasso und Cerveteri wohnte und der die Töpfe beim Pflügen seines eigenen Landes ausgegraben hatte, habe Gianfranco und seinem Freund ein paar sehr schöne Töpfe gezeigt. Gianfranco war überzeugt, dass er sie ordentlich zu Geld machen könne, wenn er sie an einen wichtigen Mittelsmann namens Claudio, einen Antiquitätenhändler aus Rom, verkaufen würde. Claudio, der irgendwelche Beziehungen zu einem regelmäßig in die Schweiz fahrenden Lastwagenfahrer besaß, hatte bereits einen dieser Töpfe gesehen und gemeint, dass er, wenn auch die anderen vier von gleicher Qualität seien, bereit sei, 250 Millionen Lire (knapp 250 000 DM) für alle fünf zusammen zu zahlen. Die Sache hatte nur einen Haken: Claudio, der nicht auf den Kopf gefallen war, zögerte, einem Bauern etruskische Töpfe abzukaufen, denn auch wenn er sie auf seinem eigenen Land ausgegraben hatte, waren sie dennoch Eigentum des italienischen Staates. Schließlich bestand ja im Prinzip die schreckliche Möglichkeit, so meinte Claudio, dass die Töpfe von Grabräubern stammten. Deshalb waren sie auf die Idee gekommen, einen »Ausländer« ausfindig zu machen, der in der Gegend lebte und bereit war zu behaupten, dass die Töpfe schon lange Teil seiner Sammlung seien, und Lorenzo hatte gemeint, sein guter Freund Cook könne einverstanden sein, die Rolle des Topfbesitzers zu übernehmen. Claudio war mit dieser Vereinbarung einverstanden, wollte aber den »Ausländer« treffen und außerdem alle fünf Töpfe sehen, bevor er den Handel abschloss. Deshalb war für den nächsten Mittag ein Treffen im Haus von Lorenzos Tochter abgemacht worden.

Da hatte ich genug gehört.

»Als wir hier in die Gegend gezogen sind, hat man uns gewarnt, dass wir nichts mit etruskischen Töpfen zu tun haben sollten«, sagte ich. »Unser *geometra* hat uns gewarnt, und auch unsere Freunde haben uns darauf aufmerksam gemacht, dass die Carabinieri ein scharfes Auge auf die ganze Grabräuberei werfen und dass sie es Ausländern wie uns ganz besonders übelnehmen, wenn wir darin verwickelt sind. Es ist sehr gefährlich und außerdem illegal.«

Unsere Besucher tauschten Blicke aus und taten so, als seien sie zu Unrecht beschuldigt.

»Wer bittet Sie denn, irgendwelche Gesetze zu brechen?«, rief Lorenzo empört aus. »Wir wollen doch nur, dass Cook für zehn Minuten – fünf Minuten – herüberkommt und dem Antiquitätenhändler sagt, dass die Töpfe ihm gehören. Welches Gesetz bricht man denn dadurch?«

Dann wandte er sich um und sah Robert direkt an.

»Roberto«, sagte er, »ich bitte dich als alten Freund um

diesen kleinen Gefallen. Ich hatte in letzter Zeit ein paar finanzielle Rückschläge zu verkraften. Mein alter Fiat fällt demnächst auseinander und ich brauche einen neuen.«

»Ich bin trotzdem dagegen«, sagte ich, während ich in Richtung Tür ging.

Zwanzig Minuten später kam Robert zum Haus herunter.

»Siehst du, Liebling«, sagte er, »ich habe ihnen gesagt, dass ich nicht behaupten kann, die Sachen seien Teil meiner Sammlung. Ich habe gesagt, dass das einfach nicht stimmt.«

»Und was dann?«

»Lorenzo ist hinausgegangen, um sein Handy zu holen, und eine Minute später ist er zurückgekommen und hat mir gesagt, dass er einen anderen Freund angerufen habe, einen Engländer, der in Bracciano lebt und der bereit sei zu behaupten, dass die Töpfe bisher ihm gehörten. Lorenzo sagte, er würde mich nur bitten, am nächsten Morgen, wenn der Händler da sei, herüberzukommen, die Töpfe in Augenschein zu nehmen und ihm zu sagen, ob sie meiner Meinung nach authentisch aussehen.«

Viertel vor zwölf am nächsten Tag stellten wir unser Auto vor dem Haus von Lorenzos Tochter ab und gingen hinein. Das Haus war eine italienische Version eines Klosters in ShangriLa, mit großen Rundumterrassen aus Beton auf jeder Etage und überhängenden Dachvorsprüngen.

Lorenzo und seine beiden Freunde erwarteten Robert an der Eingangstür, und er wurde eilig in ein privates Besprechungszimmer geführt, während mir kurzerhand gesagt wurde, ich solle hinaufgehen, oben sei La Signora DeDe. Meine Freundin stand unglücklich in der Küche, trank schwarzen Kaffee und rauchte, und als ich sie fragte, was sie von der Sache halte, antwortete sie: »Ich weiß nicht, was die vorhaben, aber ich wünschte, sie würden es sein lassen.«

Wir beugten uns über das Terrassengeländer, um zu sehen, was unten vor sich ging. Und von Zeit zu Zeit kamen die vier Männer heraus und fragten, ob Claudio inzwischen angekommen sei. Robert sah zu mir hinauf.

»Sie haben nur drei Töpfe hier«, rief er herauf, »aber meines Erachtens sehen sie ziemlich gut aus. Mach dir keine Sorgen.«

Schließlich war draußen das Motorengeräusch eines großen ausländischen Autos zu hören, und ein dunkelroter BMW sauste auf der schmalen Landstraße vorüber, wendete dann und fuhr wieder am Haus vorbei. Schließlich wurde er etwa 50 Meter vom Haus entfernt geparkt. Wie Detektive in einem Thriller beobachteten DeDe und ich staunend, wie ein junger Mann mit leuchtend roten Haaren in einem gut geschnittenen Anzug, einen großen schweinsledernen Aktenkoffer in der Hand, auf den Eingang zu eilte.

»Das ist der Mann mit dem Geld«, sagte DeDe in missbilligendem Tonfall. »Sie behaupten, er könne seine Schwiegermutter in die Schweiz schmuggeln, ohne dass die Zollbeamten es merken.«

Ich war schrecklich aufgeregt, als Lorenzo unten die Tür öffnete und den Neuankömmling hereinließ. Die beiden gingen sogleich in das Besprechungszimmer, während DeDe und ich uns in die Küche zurückzogen und noch eine weitere Tasse Kaffee tranken.

»Ich wünschte, Lorenzo würde sich einfach bloß mit dem Fußballteam und dem Busfahren beschäftigen und die ganzen anderen Sachen sein lassen!«, sagte DeDe finster.

Etwa fünfzehn Minuten nach der Ankunft knallte unten die Eingangstür, und wir eilten auf den Balkon hinaus und sahen den rothaarigen Kunsthändler den Weg durch den Vorgarten davonrennen. Eine Minute später heulte der Motor des BMW wie die Triebwerke einer Boeing 747 auf und das Auto raste die Straße hinunter.

Die vier Männer kamen aus dem Zimmer heraus und Robert rief zu mir herauf: »Du kannst jetzt runterkommen, Liebling, der Mann ist fort.«

Wir gingen hinunter und stellten fest, dass die vier Männer niedergeschlagen aussahen.

»Ist alles geregelt?«, fragte ich. »Sind die Töpfe auf dem Weg in die Schweiz?«

Gianfranco und sein großer Freund warfen mir böse Blicke zu, und Robert lächelte und deutete auf ein Paket auf dem Tisch.

»Die Töpfe sind noch da«, sagte er. »Er holt sie morgen ab.«

Lorenzo räusperte sich und sah mich sehr konzentriert an.

»Es gibt da ein kleines Problem«, erklärte er. »Wir können ihm nur die drei Töpfe zeigen, und Claudio besteht darauf, alle fünf zu sehen, sonst kommen wir nicht ins Geschäft.«

»Dann holen Sie halt alle fünf. Was hindert Sie daran?«

»Der Bauer, der die Töpfe gefunden hat. Er will uns erst dann alle fünf aushändigen, wenn wir ihm eine Anzahlung von 50 Millionen Lire [knapp 50 000 DM] geben. Selbstverständlich bekommen wir unser Geld morgen zurück. Aber er möchte den Betrag heute Abend haben.«

Ich stand auf.

Lorenzo redete hastig weiter: »Ich habe ein kleines Sparkonto für meine beiden Enkelinnen von etwa 8 Millionen Lire. Das darf ich DeDe nicht sagen, aber ich könnte das Geld morgen früh holen. Es ist ja nur für ein paar Stunden.«

»Dann fehlen immer noch 42 Millionen«, sagte Gianfranco. Alle drei Männer sahen Robert an. »Wir würden demjenigen, der das Geld für einen Tag vorschießt, die Töpfe sogar als Sicherheit überlassen.«

Robert gab sich weiter teilnahmslos.

»So ein Pech, ich habe nicht so viel Geld flüssig«, sagte er.

Lorenzo warf ihm kurz einen Blick zu.

»Ich dachte, Sie hätten gesagt, dass Sie ein Konto bei der Banco di Santo Spirito in Canale hätten!«

»Darauf sind nur ein paar Millionen«, sagte Robert in unverbindlichem Tonfall.

Ich ging zur Tür und bald kam auch Robert zum Auto.

»Lorenzo war sehr hartnäckig«, sagte er. »Er hat mich als seinem Freund gefragt, ob ich, bloß bis morgen, die 42 Millionen nicht aufnehmen könnte. Er hat angeboten, mir die drei Töpfe gleich jetzt als Sicherheit für den Kredit mitzugeben.«

»Du hast doch wohl nicht zugestimmt, oder?«

»Wo denkst du denn hin? Ich bin doch nicht verrückt. Aber er hat sich trotzdem bei mir bedankt und gesagt, dass er mich anrufen und mir erzählen wird, wie es ausgegangen ist.«

Ich winkte DeDe zum Abschied, die sich inzwischen wieder ganz nervös über das Balkongeländer beugte.

»Was hältst du von den Töpfen?«, fragte ich Robert.

»Mir haben sie gut gefallen.«

»Und was hast du dem Händler gesagt?«

»Ich habe ihm bloß gesagt, dass mir die Töpfe recht gut gefielen, obwohl ich natürlich kein Experte sei. Und dann hat er etwas Lustiges gesagt: Er sagte, dass ich es wissen müsse, da sie ja schließlich Teil meiner Sammlung gewesen seien. Natürlich habe ich ihm gesagt, dass ich nie eine Sammlung gehabt habe.«

»Und was hat er darauf geantwortet?«

»Er hat leicht genickt, als würde er mich nicht hören, und dann hat er seine Mappe aufgemacht, hat ein paar

Fotos herausgeholt, und in der Mappe hatte er – genau wie im Film – große, dicke Bündel 10 000-Lire-Scheine festgeschnallt.«

Wir fuhren also nach Hause und aßen zu Mittag. Eigentlich erwarteten wir, im Laufe des Tages von Lorenzo zu hören, aber er meldete sich weder an diesem Abend noch am folgenden. Signora DeDe machte die Sache auch nicht gerade besser, als sie am dritten Tag anrief und mir mit sorgenvoller Stimme mitteilte, dass sie und Lorenzo langsam befürchteten, der Mittelsmann, Claudio, könne in Wahrheit ein verdeckter Ermittler der Carabinieri sein und uns alle vielleicht wegen Bildung einer kriminellen Vereinigung verhaften. Natürlich versetzte uns diese Nachricht in Panik.

Womöglich hatte der Antiquitätenhändler, Claudio, ein Aufnahmegerät bei sich gehabt und würde jetzt drohen, Robert als Händler gestohlener etruskischer Tonwaren zu entlarven? Vielleicht war er auch tatsächlich ein verdeckter Ermittler der Carabinieri? Oder war es nur eine Warnung an uns, nur ja nichts weiterzuerzählen?

Wir besprachen das Problem mit ein paar italienischen Freunden, und sie waren sich alle sicher, dass wir gezielt Opfer eines uralten Schwindels geworden seien. Claudio, so sagten sie, sei weder Antiquitätenhändler noch ein Detektiv der Carabinieri. Er sei der vierte Mann der Gaunerbande, und seine Rolle bestehe darin, Robert davon zu überzeugen, dass er bereit sei, 250 Millionen Lire zu bezahlen, sobald er die fünf Töpfe hätte. Der Trick war, Robert dazu zu überreden, die für die Bezahlung des Bauern notwendigen 42 Millionen »zu leihen«, und zur Sicherheit für dieses Darlehen würden ihm die drei Töpfe überlassen werden. Wir sollten also glauben, dass die drei Töpfe weit mehr wert seien als die jämmerlichen 42 Millionen, aber alle unsere italienischen Freunde waren überzeugt, dass die Töpfe Fälschungen waren. Außerdem glaubten sie, dass es den Engländer, der angeblich behauptet hatte, die Töpfe seien seine gewesen, nur in Lorenzos Phantasie gegeben habe.

Etwa drei Monate später, als wir auf dem Freitagmarkt Fisch kauften, merkten wir, dass es Lorenzo, unser alter Freund, war, der unsere Forelle putzte. Als er uns sah, schob er uns hastig zu einer ruhigen Stelle hinter dem Fischstand.

»Ich habe schlechte Nachrichten, ganz schreckliche«, zischte er und wischte sich das Fischmesser an der Hose ab. »Die beiden Kerle aus Ladispoli, die beiden, die versucht haben, diese fünf Töpfe zu verkaufen, sind beide im Gefängnis gelandet! Wegen Erpressung und Hehlerei.«

Wir hielten die Luft an.

»Sie sind am Ende denunziert worden, zuerst von einem Mann aus Oriolo, der ihnen 150 Millionen geliehen hatte, damit sie die Töpfe kaufen konnten, und dann von einem Arzt aus Barbarano, der auf die gleiche Weise etwa 85 Millionen verloren hat. Und es wird behauptet, dass noch zwei weitere Anzeigen vorliegen von Leuten, die ihre Namen nicht angeben wollten, weil sie sonst der Komplizenschaft angeklagt werden könnten.«

Wir starrten ihn völlig fassungslos an.

»Was soll ich dazu sagen?«, redete Lorenzo hastig weiter. »Ich war ein Idiot. Ich bin von denen da hineingezogen worden, dabei wollte ich ihnen einen Gefallen tun. Ich habe ihnen wirklich geglaubt, als sie sagten, sie bräuchten nur einen Amerikaner, der behaupten solle, dass er der Besitzer der Töpfe sei. Ich war dumm, schrecklich dumm.«

Wir nickten, aber ich glaube, dass ihm keiner von uns die Geschichte wirklich abnahm. Die einzige Feststellung, der wir uneingeschränkt Glauben schenkten, war Lorenzos Eingeständnis, dass er ein Idiot gewesen sei. Er

war ein Dummkopf gewesen, sich in die Sache hinein-
ziehen zu lassen, und er hatte auch sein Opfer dumm
gewählt. Robert war nicht der Typ, der sich auf ver-
wickelte levantinische Intrigen einlässt. Er war durchaus bereit, bei einer kleinen, harmlosen Scharade mitzu-
machen, solange sie seinem Freund helfen und seinen
guten Willen unter Beweis stellen würde. Aber ihm war
nie in den Sinn gekommen, nicht einmal im Entferntes-
ten, das über Nacht geforderte Geld – die 42 Millionen –
aufzutreiben. Er war mit Sicherheit sparsam. Tollkühn
war er aber ganz gewiss nicht.

Fast zwei Jahre lang hörten wir nichts von Lorenzo
und DeDe, und dann rief sie mich an und teilte mir mit,
dass die Paulownia etwa vier Jahre, nachdem ich ihr den
Sämling gegeben hatte, endlich blühte. Eigenartigerweise war es dieser Anruf, der mich überzeugte, dass DeDe
mit dem Topf-Betrug nichts zu tun hatte. Denn ich bezweifle, dass sie andernfalls den Mut gehabt hätte, mich
wegen des alten Geschenks eines ganz kleinen Sämlings
anzurufen.

DEZEMBER

Freud und Leid im winterlichen Gewächshaus

*I*n der Welt des Gartenbaus scheint es üblich zu sein, Blumen, die man über die Weihnachtsfeiertage zum Blühen bringt, besondere Beachtung zu schenken. Die englischen Besitzer des berühmten Hanbury Botanical Garden in Ventimiglia hatten es sich zur Gewohnheit gemacht, dem *Gardener's Chronicle* in London eine Liste all jener Pflanzen zuzusenden, die über Neujahr blühten. 1875 schickten sie eine Liste mit 103 Namen und bis 1886 war die Zahl auf 500 Sorten angestiegen. Im Jahr 1985, als der Garten dem italienischen Staat überlassen worden war, der ihn weitgehend vernachlässigte, lag die Zahl an Neujahr nur noch bei 232. (Jetzt steigt sie anscheinend wieder an.)

Ich hatte nie vorgehabt, eine Liste der Blumen, die mitten im Winter in unserem Gewächshaus blühen, zu versenden, obwohl ich zugebe, dass ich viel Zeit darauf verwandt habe, die richtigen Pflanzen ausfindig zu machen, damit dort in jedem Monat des Jahres etwas blüht. Zweifelsohne ist jene Engelstrompete (oder auch Stechapfel) (*Brugmansia suaveolens*), ein Mitglied der Familie der Kartoffeln, der dramatischste und auffälligste Baum, den ich besitze. Wir haben mit ein paar wahllos gezogenen Stecklingen aus Amalfi angefangen. Sie haben zwar draußen im Garten – allerdings nur mit Müh und Not – überlebt, aber nie geblüht. Als ich sie jedoch ins Haus holte und sie in den Halbschatten pflanzte, war es, als würde man Aale in der Sargassosee aussetzen – sie hatten ein perfektes Zuhause gefunden und haben es uns seither stets gedankt.

Die Engelstrompete ist gewöhnlich ein recht kleiner Baum mit großen grünen Blättern und den erstaunlichen trompetenförmigen Blüten, die oft über dreißig Zentimeter lang sind. Meist sind sie weiß, aber wenn man herumsucht, findet man auch welche, die pink, gelb oder lavendelfarbig sind. Diese Schönheiten öffnen ihre neuen Blüten gewöhnlich genau zu dem Zeitpunkt, wenn die Sonne untergeht; anfangs sehen sie etwas steif aus, wie pelzige weiße Schirme, und sie scheinen in einer Art tropischem Tanz vor und zurück zu schwingen – geschmeidig und schlangenartig –, und dann entfalten sie sich langsam, eine Falte nach der anderen. Wenn sie sich erst einmal ganz geöffnet haben, steht die Blüte der Engelstrompete im rechten Winkel von ihrem Zweig ab. Das Außergewöhnlichste daran ist ihr Duft, der stark, süß und ein wenig unheimlich ist. Das ist nicht verwunderlich, weil sie ein starkes Narkotikum, Stramonium, enthält und alle ihre Teile hochgiftig sind. Laut Theophrast hat ein Biss in ein Blütenblatt oder ein Blatt der Engelstrompete eine leicht narkotisierende Wirkung, doch ein ganzer Mund voll kann tödlich sein.

Die Pflanzen stammen ursprünglich aus Südamerika, und Archäologen behaupten, dass die Inkas Engelstrompeten-Plantagen innerhalb ihrer Tempelmauern anlegten und man zur Schmerzlinderung, zur Behandlung von Rheumatismus und Epilepsie einen kleinen Bissen von den Blättern nahm. Auch die frühen Siedler in Amerika kannten die Pflanze. Kapitän John Smith erwähnt in seinen Tagebüchern, die im frühen siebzehnten Jahrhundert veröffentlicht wurden, dass einige seiner Männer die Samen eines »eigenartigen Apfels« aßen, die sie in Jamestown gefunden hatten, und sich dann ganz seltsam benahmen, als seien sie betrunken.

Man könnte meinen, dass mich dieser Erfolg mit den weißen Engelstrompeten zufrieden gestellt hätte, aber das war keineswegs der Fall; bald begann ich mich nach Engelstrompeten in anderen Farben zu sehnen. Und dann entdeckte ich in der Gärtnerei von Chris Harries in Nairobi eine kleine Pflanze, bei der es sich, wie die Verkäuferin mir versicherte, um eine rosa Engelstrompete handelte. Sie schnitt sie so zusammen, dass sie in meinen Rucksack passte, und ich pflanzte sie, als wir nach Hause zurückkehrten, sorgfältig in die vorderste Reihe des Gewächshauses.

Die kleine Pflanze schien nur widerwillig anzuwachsen, deshalb päppelten wir sie mehrere Monate lang mit zusätzlichen Gaben von Stallmist und Kompost auf; und dann, eines Abends im Mai fing nach langem Kampf die erste schüchterne Blütenknospe an, sich zu entfalten. Wir sahen ganz aufgeregt zu, wie die Blütenblätter aufzuspringen begannen, doch schließlich kam die Enttäuschung.

»Aber sie ist ja gar nicht rosa«, rief mein Mann aus, »sie ist weiß!«

Die lang ersehnte Blüte war in der Tat eine unglückliche Mischung aus weiß und gelblich.

An diesem Abend waren wir zum Essen eingeladen, und so erfreuten wir unsere Gastgeber natürlich mit Berichten über unsere rosa Engelstrompete, die gar nicht rosa war, aber da Geschichten über Fehlschläge mit Blumen nicht so hoch im Kurs stehen wie der Dorfklatsch, stieß unsere Erzählung nur auf wenig Interesse.

Als wir gegen Mitternacht nach Hause kamen, wollte ich meiner missratenen Engelstrompete Gute Nacht sagen.

Und siehe da, in den drei Stunden, die wir weg waren, hatte sich die Farbe unserer Engelstrompete verändert. Sie war nicht richtig rosa. Sie war hellrosa-lachsfarben, an den äußeren Rändern am dunkelsten und zur Mitte hin zu einem hübschen Garnelen-Rosa verblassend. Aber es war immerhin ein Rosa, und seit jener Nacht ist sie so groß geworden, dass sie bis ans Dach des Gewächshauses reicht.

Ich habe einige Forschungen über diese Pflanze angestellt und glaube, dass sie eine Hybride ist, bekannt unter dem Namen *Datura x candida* »Grand Marnier«, die von dem französischen Hybridzüchter Marnier-Lapostelle im Botanischen Garten in Saint Jean am Cap Ferrat gezüchtet wurde. Offenbar kreuzte er die gewöhnliche weiße Engelstrompete mit der orangeroten *Datura sanguinea*, die schmale, röhrenförmige Blüten hat und aus Peru stammt.

Zu ihren sonstigen Reizen kommt hinzu, dass Engelstrompeten sehr blühfreudig sind. Sobald es im Frühling ein bisschen wärmer wird, fangen sie an, ihre Blüten hervorzubringen, und sie blühen den ganzen Sommer hindurch bis in den Herbst hinein. Manche Leute behaupten, sie würden bei Vollmond am schönsten blühen. Letztes Jahr stand die lachsfarbene Engelstrompete sogar von Weihnachten bis Mitte Januar in herrlicher Blüte.

Die Engelstrompete ist jedoch nicht die einzige Blume, die in unserem Gewächshaus wunderbar gedieh und Blüten in leuchtenden Farben hervorbrachte. Erstaunliches Glück hatte ich auch mit der Clivia, einem kräftigen Zwiebelgewächs aus Südafrika, das breite, bandförmige Blätter und Dolden mit zwölf bis zwanzig scharlachroten trichterförmigen Blüten hat, deren Blütenhälse hellgelb sind.

Clivien lieben den Schatten, in der Wachstumszeit reichlich Wasser und sehr nährstoffreichen Boden. Immer wenn ich mit einer blühunwilligen Clivia Schwierigkeiten habe, topfe ich sie um und gebe ihr eine ordentliche

Dosis verrotteten Stallmist. In der Regel blüht sie dann im nächsten Sommer. Clivienzwiebeln müssen sorgfältig eingepflanzt werden, und zwar so, dass die Hälfte jeder Zwiebel noch aus der Erde herausragt, die fleischigen Wurzeln aber bedeckt sind. (Wenn sie nicht bedeckt sind, neigen sie dazu, einen weißen Pilz zu bekommen, der das Wachstum hemmt.) Neue Pflanzen kann man sich ziehen, indem man die Brutzwiebeln von der Hauptknolle abtrennt.

Inzwischen ist es mir gelungen, acht große Clivien heranzuziehen, die den ganzen Frühling über herrlich leuchtende sternenförmige Blüten hervorbringen. In einem Jahr begann der erste Topf Anfang März zu blühen und die vier anderen standen noch Ende Mai in voller Blüte.

Auch der Südpazifik hat seinen Teil an tropischen Pflanzen für unser Gewächshaus beigesteuert. Wir wurden zu einer Kreuzfahrt zu den kleineren der Gesellschaftsinseln eingeladen und die letzten zehn Tage verbrachten wir auf Tahiti mit dem Sammeln von Samen.

Ich kann mir keinen Ort der Erde vorstellen, der für einen Pflanzenliebhaber aufregender ist. Schon allein durch die Straßen irgendeines tahitianischen Dorfes zu schlendern, war wie ein Rundgang durch ein großes tropisches Gewächshaus, mit Baumfarnen von zehn Metern Höhe und Gruppen von pink- und orangefarbenem Blumenrohr, *Canna*, das am Straßenrand blühte. An den Bananenstauden rankten Jade-Pflanzen empor, riesige Buntwurzpflanzen mit blassgrünen und weißen Blättern wogten über die Hecken von Vorgärten, und in jedem Hinterhof oder Garten leuchteten Flammenbäume auf.

Ich sammelte ganze Taschen voll Samen, aber zurückblickend denke ich, dass meine größten Schätze zwei Bäume waren, eine pinkfarbene Bauhinia und eine gelbe Cassia. Den Cassia-Baum, *cassia corymbosa*, fand ich in voller Blüte gleich außerhalb von Papeete, seine goldenen traubenförmigen Blüten leuchteten im Sonnenlicht, und ich sammelte alle Samenhülsen auf, die ich finden konnte.

Wieder zu Hause, legte ich sie über Nacht ins Wasser, ritzte sie dann mit einem Messer ein, sodass die Feuchtigkeit eindringen konnte, und nach kürzester Zeit hatte ich mehrere hübsche kleine Cassia-Bäumchen, die in Töpfen auf der Terrasse wuchsen. Ich wusste, dass sie etwas Besonderes waren, als ich bemerkte, dass die zarten, farnartigen, an den Stielen geometrisch angeordneten Blätter sich schlossen, sobald die Sonne unterging.

Drei dieser Bäume wurden recht groß, aber die Winterkälte setzte zweien stark zu und ließ sie sofort eingehen. Deshalb stellte ich den überlebenden Baum schnell in eine schattige Ecke meines Gewächshauses und schon nach wenigen Monaten begann er zu blühen. Jetzt kann ich darauf zählen, dass er meinem Gewächshaus jeden Juli einen gelben Blütenschauer schenkt, und häufig blüht er im September ein zweites Mal.

Die Bauhinia ist dagegen ein weit empfindlicherer Baum, den ich in der Nähe eines kleinen Cafés bei der Gauguin-Bucht auf Tahiti fand. Er ist ein reizvoller Baum mit eigenartig herzförmigen Blättern wie der Huf eines Ochsen. Großartig an ihm sind seine Blüten, die scharf geschnittene Ränder haben wie rosa Orchideen. Es ist mir gelungen, an einem mondlosen Abend eine Handvoll Samenhülsen zu stibitzen, und jetzt habe ich zwei Bauhinien am sonnigsten Platz meines Gewächshauses stehen. Eine von ihnen hat geblüht und uns vier zartrosa und weiße Blüten gebracht, die große Aufmerksamkeit erregten.

Aber von allen Blumen, die ich in meinem Gewächshaus habe, sind die Passionsblumen diejenigen, die meine Phantasie am meisten beflügeln. Und ihr Reiz hat sich erst jüngst durch die Entdeckung, dass sie möglicherweise Chemikalien enthalten, die bei der Krebsbekämpfung helfen können, noch verstärkt. Auf die erste Passionsblume stieß ich fast per Zufall – ein unscheinbares braunes Päckchen in meinem Samengeschäft, auf dem von Hand »Passiflora« geschrieben stand. Es kam mir unwahrscheinlich vor, dass ein so anonymes Ding jemals keimen würde, aber bald hatte ich ein Gewächs von über einem Meter Höhe, das über die ganze hintere Wand der *serra* hinaufkletterte.

Zunächst hatte sie keine Blüten, aber plötzlich, zwei Jahre später, im Juni, entdeckte ich ein wenig Weiß und Blau zwischen dem Blattwerk und sah meine erste Blüte. Es war ein toller Anblick. Die Blüte der Passionsblume ist in Schichten aufgebaut wie eine altmodische Valentinskarte aus Spitzen. Die unterste Schicht sieht aus wie ein Gänseblümchen mit zehn ausgestreckten wächsernen weißen Blütenblättern. Darauf befindet sich ein eigenartiger blauer Kranz, aus dem kreisförmig fransige blaue Randblütenblätter herausragen. Dann kommen fünf grüne Staubgefäße, die wie die Speichen eines Rades angeordnet sind, und aus ihnen ragen drei große wächserne Narben hervor.

Es ist nicht verwunderlich, dass diese komplexe, vierstöckige Blume die Phantasie der Menschen angeregt hat. Als europäische Missionare im brasilianischen Dschungel auf diese Blume stießen, warfen sie nur einen Blick auf diesen kranzförmigen Heiligenschein, der die Blüte umgibt, und kamen zu dem Schluss, dass das Ganze die Passion Christi verkörpere. Die Blütenblätter seien die Apostel, aber da es nur zehn sind, wurde beschlossen, dass Petrus und Judas fehlen. Die Staubgefäße, so wurde erklärt, seien die fünf Wundmale der Kreuzigung, und die Nebenkrone sollte die Dornenkrone darstellen.

Meine Lieblingspassionsblume ist eine tropische Art

der *Passiflora edulis*, die Früchte hervorbringt, welche für tropische Cocktails verwendet werden. Ich habe mehrere Pflanzen aus Samen gezogen, und im folgenden Mai stellte ich mit Freude fest, dass einige der Pflanzen blühten. Sie waren in der Blütenmitte blau und weiß und hatten einen weißen Rand, der wie ein gut gedämpfter Faltenrock ganz ordentlich gefaltet war. Diese Pflanze liefert uns inzwischen zwanzig bis dreißig hübsche lilagrüne Früchte, etwa in der Größe von Zitronen, die ein hervorragendes Passionsblumen-Gelee ergeben, das bei jedem Sonntags-Brunch dazu führt, dass jede Unterhaltung vorübergehend verstummt.

Meine jüngste Entdeckung für das Gewächshaus war ein recht ungewöhnliches Mitglied der Salbei-Familie, aber es kostete mich fast zwölf Jahre, es zu ergattern. Zum ersten Mal sah ich die Pflanze an einem kalten Novembertag, als sie vor dem Fenster eines Gewächshauses im Botanischen Garten der Universität von Cambridge wie verrückt blühte. Es war eine große Pflanze, und die Blüten, die sie so überreich hervorbrachte, waren von einem faszinierenden Königsblau, das ich für das schönste Blau des gesamten Pflanzenreiches halte. Ihr Name, den ich mir sogleich notierte, lautete *Salvia guaranitica*.

Der berühmte Pflanzenzüchter Graham Thomas war von dieser Schönheit genauso begeistert. »Wenn man diese Pflanze im Oktober in voller Blüte sieht, vielleicht neben Johanniskraut, *Hypericum* »Rowallane«, oder silbrigem Blattwerk, bekommt man einen Vorgeschmack, welche Erfüllung die Gärtnertätigkeit bedeuten kann«, schrieb er.

Mein Problem war nicht nur, dass ich keine Gärtnerei finden konnte, die diese Pflanze anbot, sondern auch die Tatsache, dass sie darüber hinaus in keinem Katalog stand. Ich wusste, dass der Name korrekt war, da auf die Mitarbeiter im Botanischen Garten von Cambridge Verlass ist. Und so träumte ich weiterhin von meiner *Guaranitica*.

Schließlich, gute zehn Jahre nach meiner historischen Entdeckung in Cambridge, trank ich mit meiner Freundin Giovanna Ralli in ihrem Garten in Olgiata Tee, und meine Aufmerksamkeit wurde durch ein leuchtendes Blau in einer Ecke unter einem Kirschbaum erregt. Es war eine blühende *Guaranitica*! Ich erzählte Giovanna von meinen vergeblichen Bemühungen und fragte sie, ob sie nicht versuchen könnte, mir ein paar Stecklinge abzuschneiden, und sie ging sofort hinüber und brach vier oder fünf große Zweige ab.

»Da brauche ich keine Stecklinge ziehen«, sagte sie. »Steck die in die Erde und sie ziehen ganz von allein Wurzeln.«

Am nächsten Tag reisten wir zu einem einmonatigen Aufenthalt in England ab, und da die Rabatte wohl sehr wenig Wasser bekommen würde, beschloss ich, die Zweige in einen der großen Töpfe im Gewächshaus zu stecken, in denen ich gewöhnlich Stecklinge ziehe. Da in diesen Töpfen feiner Sand ist und sich darunter Untersetzer mit Wasser befinden, trocknen sie fast nie aus und bieten ein gutes Klima für neue Stecklinge.

Anfang August kamen wir aus England zurück, und kaum schaute ich in die *serra*, da erblickte ich in der Ecke der Stecklinge etwas Blaues. Meine vier *Guaranitica*-Zweige hatten nicht nur Wurzeln gezogen, sondern waren jeweils über dreißig Zentimeter gewachsen, und drei von ihnen standen in voller Blüte. Sie blühten den ganzen Herbst über prächtig weiter, und an Weihnachten boten sie einen herrlichen Anblick und lieferten dem Gewächshaus, in dem bisher hauptsächlich Rosa, Weiß und Gelb dominierte, das dringend benötigte Blau.

Meiner Meinung nach sind hier geheimnisvolle Kräfte am Werk. War es irgendein uralter Instinkt, der mich die *Salvia guaranitica* als zukünftige Freundin erkennen ließ, als ich sie zum ersten Mal sah? Oder war es nur Zufall? Und warum hatte ich so viele Jahre gebraucht, bis ich sie fand und sie jetzt in meinem Garten blühen sehe? Aus dieser Erfahrung »ergibt sich ganz spontan«, wie die Italiener sagen, eine weitere Frage: Wie viele andere *Salvia guaranitica* gibt es noch, die darauf warten, von mir entdeckt zu werden?

Normalerweise machen wir irgendwann im November die Tür der *serra* zu und öffnen sie erst wieder im April, und abgesehen von gelegentlichem Gießen wird dem Gewächshaus in den Wintermonaten keine große Beachtung geschenkt. Aber es gab eine Weihnachtszeit – es ist noch gar nicht so lange her –, da erforderte das Gewächshaus unsere ganze Aufmerksamkeit.

Der Alarm kam – wie so oft, wenn Schwierigkeiten im Anzug sind – mit einem frühmorgendlichen Anruf bei uns in Rom. Es war Luigi, unser Nachbar in Canale, der in seinem typisch knappem Stil berichtete, dass wir besser eiligst aufs Land herauskommen sollten, da am Vortag ein Sturm von Süden unser Dach abgedeckt habe. Er hielt sich mit Einzelheiten sehr zurück, sagte nur, dass der Sturm, der von der Sahara herangebraust sei, Bäume und Stromleitungen (aber glücklicherweise nicht die Telefonleitungen) umgeknickt habe, und dass, soweit er es aus der Entfernung sehen könne, unser Dach zur Hälfte verschwunden sei.

Wir hatten nicht vorgehabt, die Feiertage auf dem Land zu verbringen, da das Wetter die ganze Woche über scheußlich gewesen war, aber der Anruf trieb uns mit großer Eile nach Canale. Es regnete und stürmte noch immer, als wir aus Rom herausfuhren, und auf den Straßen nach Norden lagen abgebrochene Äste und Zweige verstreut, und ein- oder zweimal mussten wir um Straßenarbeiter herumfahren, die umgestürzte, den Verkehr blockierende Baumstämme zersägten.

Als wir in unsere Einfahrt einbogen, bot sich uns ein schlimmer Anblick. Die ganze obere Dachschicht unseres Hauses war einfach an der Südecke angehoben und fein säuberlich aufgerollt worden wie eine große Federdecke auf einem Bett. Beim Näherkommen sahen wir, dass dieses Aufrollen vorne am Dach ein großes Loch hinterlassen hatte, durch das der leichte Regen hineinfiel; aber zudem waren aberhunderte der großen Keramikziegeln heruntergefallen, die jetzt zerbrochen in Haufen um das Haus herumlagen und deren Gewicht metallene Terrassenstühle, Blumentöpfe und eine ganze Menge von Strauchpaeonien, Rosenbüsche, Lavendel und Schneeballsträucher zerdrückt hatte. Wir mussten erst einen Haufen Ziegel zur Seite schaffen, um überhaupt die Eingangstür aufzubekommen. Als wir im Haus waren, stellten wir erleichtert fest, dass der Großteil des Wassers, das durch das Loch im Dach eindrang, in die *altana* (Speicher) fiel, die ich als Arbeitszimmer nutzte, und dass nur ein kleines Rinnsal die Treppen hinablief, wo es vom Teppich vor dem Kamin und dem Sofa aufgesogen wurde.

Schnell stiegen wir zur *altana* hinauf, die von zerbrochenen Ziegeln und Wasser überflutet war, aber abgesehen von ein paar Büchern, die ich auf dem Boden liegen gelassen hatte, war der Schaden nicht allzu groß.

Aber als wir aus dem nach Westen gerichteten Fenster der *altana* schauten, bot sich uns ein neues Bild des Schreckens: Denn während die heruntergewehten Ziegel auf drei Seiten des Hauses auf den Boden gefallen waren, waren sie im Westen direkt auf dem Glasdach des Gewächshauses gelandet und hatten drei oder vier große Dachfenster durchschlagen. Mit anderen Worten, mein geliebtes Gewächshaus war dem heftigen und eisigen winterlichen Wind schutzlos ausgesetzt. Mir wurde bei dem Gedanken fast schlecht.

Was sollten wir tun? Es war Heiligabend. Wir riefen unseren getreuen Bauarbeiter Vincenzo in Tolfa an, und er teilte uns mit, dass er allen seinen Angestellten über die Feiertage frei gegeben habe und sie erst wieder nach dem Befana-Fest (Dreikönig) zur Arbeit kämen. Aber er sagte, er würde selbst vorbeikommen und nachsehen, was zu tun sei.

Ich kann mich nicht genau erinnern, wie die Rettungsaktion organisiert wurde, aber ich weiß, dass bereits innerhalb von zwei Stunden eine beachtliche Mannschaft an der Arbeit war. Als erster Helfer kam unser Nachbar Luigi an, der sagte, unsere wichtigste Aufgabe sei, das Loch im Dach abzudecken, damit es nicht noch mehr hereinregnete. Deshalb machte er sich sogleich an die Arbeit und suchte unter den heruntergefallenen Ziegeln auf dem Boden nach welchen, die noch groß genug waren, dass man sie – wenn auch nur vorübergehend – wieder auf den hölzernen Dachlatten befestigen konnte. Bald gesellte sich der Busfahrer und Metallarbeiter Armando zu ihm und machte sich daran, die noch brauchbaren Ziegel die Treppe zum Dach hinaufzutragen. Dann kam Franco, der Installateur, der sich anbot, noch schnell zur Baustoffhandlung zu fahren und ein paar Rollen Dachpappe und Dichtungs-Vinyl zu kaufen, bevor der Markt über Weihnachten zumachte, und dann bei der Abdichtung der Löcher zu helfen. Bald darauf kam Immaculata, die wie gewöhnlich nicht mit ihrem Mann Armando redete, uns aber eine Schüssel Spaghetti mit Knoblauch und scharfen Peperoni brachte, was uns aufwärmte.

Gegen Nachmittag hatten wir mindestens zehn Freiwillige, die uns halfen, unser offenes Dach abzudichten. Vincenzo war aus Tolfa mit zwei langen Leitern und einer Wagenladung großer Planen und Plastikbahnen in verschiedenen Größen gekommen, die er dann über das Loch im Dach des Gewächshauses zu tackern begann. Dann kam Gino, der Straßenkehrer von Canale, und half ihm. Luigi Triossi, unser Reiter-Freund aus Pisciarelli, kreuzte mit zwei Flaschen Grappa und einer Schachtel voller Tuben mit einer Substanz auf, die man wie Zahnpasta auf das Glas herausdrückte und damit Sprünge abdichtete. Und bald kam auch Renzo Sgriscia, der Baumveredler aus Tolfa, der eine ganze Lastwagenladung Ziegel brachte, die er, wie er sagte, für den Notfall in seinem Hinterhof gelagert habe. Sofort fing er an, sie jeweils in Stapeln auf seinen Schultern auf das Dach zu tragen. Und schließlich sah ich zu meinem größten Erstaunen meine alte Gartenfreundin DeDe kommen, die zwei große Thermoskannen mit heißem Kaffee und einen warmen Apfelkuchen mitbrachte. Ihr folgte, wahrscheinlich ein wenig zögerlich, ihr Mann Lorenzo, der mir verlegen einen dicken Kuss gab. Dabei murmelte er: »*Amici come prima*« (»Freunde wie zuvor«), eine Redewendung, die man in unserer Gegend gebraucht, wenn sich Freunde nach einem Streit wieder vertragen. Na ja, warum auch nicht?

Das Interessante an dieser zusammengewürfelten Mannschaft war, dass sie wunderbar harmonisch zusammenarbeitete und jeder eine nützliche Arbeit zu finden schien. Irgendwie gelang es ihnen, ohne dass irgendjemand einen anderen herumkommandierte, die zerbrochenen Ziegel wegzuschaffen, die neuen anzubringen und die noch verbliebenen Löcher mit Plastikbahnen, Planen und sogar Stoffbahnen, die sonst zum Olivensammeln genutzt wurden, abzudecken.

Als ich sie so bei der Arbeit sah, hatte ich das Gefühl, dies sei für sie ein absolut normales Vorkommnis – als würden sie solche Sachen schon seit Jahren tun. Wenn das Dach eines Freundes davongeweht wurde, selbst an Heiligabend, geht man hinüber und hilft ihm, es wieder in Ordnung zu bringen. So machte man das nun einmal. Basta!

Bei Sonnenuntergang, als unsere freundlichen Helfer fertig waren, war das Dach abgedeckt. Fast alle luden uns ein, zu ihnen zu kommen und bei ihnen den Heiligabend zu verbringen, obwohl die meisten von ihnen weder Licht noch Heizung hatten. Aber wir bedankten uns höflich und deuteten an, dass wir etwas anderes vorhätten.

Wir zündeten ein Feuer in unserem feuchten Kamin an, zogen uns zwei zusätzliche Pullover über und schoben zwei Stühle an die Stelle des durchnässten Sofas. Ich fand Streichhölzer und zündete ein Dutzend Kerzen an, die einen richtig festlichen Schein abgaben.

Unterdessen suchte Robert in der leeren Küche herum und kam mit einer Flasche zurück, die das enthielt, was wir »blauen Champagner« nennen, einen hiesigen Schaumwein, der auf dem nahegelegenen Hof Torre in Pietra erzeugt wird.

Nachdem er eingeschenkt hatte, hob er sein Glas.

»Raten Sie mal, was wir als Heiligabendbankett haben, Madame. Zwei Dosen, *borlotti*-Bohnen und Thunfisch. *Buon appetito!*«

Aale zu Weihnachten

Eigentlich haben sich die Italiener für die Weihnachtsfeierlichkeiten noch nie sonderlich begeistert. Sie ziehen in der Regel eher »heidnische Feste« vor, wie etwa Pferderennen oder Fußballmeisterschaften, bei welchen reichlich gekühlter Prosecco und viel roher Schinken genossen wird. Wenn sie schon einen religiösen Feiertag, zum Beispiel das Gedenken an einen Heiligen, über sich ergehen lassen müssen, dann ziehen sie einen wie San Giuseppe vor, dessen Geburtstag mit über Holzkohle gegrillten Schnecken gefeiert wird, oder San Martino, dessen Namenstag, der 11. November, der Tag ist, an dem der neue Wein probiert werden kann – *a San Martino ogni mosto è vino* (am Martinstag wird der Most zu Wein).

Ein Fest, das der Geburt eines Babys gewidmet ist, das in einem Stall in Jerusalem liegt, ist dagegen nicht gerade Sache der Italiener (obwohl sie gerne Weihnachtskrippen basteln, solange sie Botticelli-Engel und Hirten in neapolitanischen Kostümen des achtzehnten Jahrhunderts hineinstellen können).

Genauso wenig sind die Italiener für den in den nördlichen Ländern wichtigsten Heiligen zu begeistern, für eine große Gestalt wie ein bärtiger norwegischer Troll, der einen wenig eleganten Mantel aus rotem Filz, eingefasst mit weißem Pelz, trägt und seine Arbeitszeit damit verbringt, mit einem von acht winzigen Rentieren gezogenen Schlitten über den Himmel zu fahren. Eine Gestalt der Weihnachtszeit, mit der sich die Italiener weit besser anfreunden können, ist eine Hexe mit Hakennase, La Befana genannt, die in der Regel mit einem langen schwarzen Cape und einem Sack Kohle in der Hand dargestellt wird. Die Befana ist diejenige, die den Kindern am Dreikönigstag (Epiphanias, daher auch der Name Befana), am 6. Januar, die Geschenke bringt. Aber Kinder, die im vorausgegangenen Jahr nicht artig waren, bekommen von ihr stattdessen Kohlestücke *(carbone)* – deshalb wird die Hexe, obwohl sie bei den Eltern gern gesehen wird, von den meisten Kindern mit großer Sorge erwartet.

Ein paar wenige weltoffene Familien versuchen, das nordische und das mediterrane Weihnachten miteinander zu kombinieren. Sie beginnen, ab Anfang Dezember wie wild *all'americana* einzukaufen, dann folgen die Wochen der Festivitäten *all'italiana*, die mit Verdauungsstörungen, einem Schrank voller kaputter elektronischer Spielsachen und einem Wohnzimmer enden, in dem überall die abgefallenen Nadeln des Weihnachtsbaums verstreut sind.

Klügere (oder realistischere) Italiener sind weit wählerischer, ihnen gelingt es, sich nur jene Weihnachtstraditionen herauszupicken, die nach ihrem Geschmack sind. Sie übergehen den heiligen Nikolaus und das langweilige amerikanische Fest mit dem gebratenen Truthahn, den süßen Kartoffeln und der Preiselbeersauce und stürzen sich stattdessen mit aller Energie auf das Essen am Heiligabend. Laut Kirchenkalender ist an diesem Abend *cucina di magro*, das heißt ein Fastenessen angesagt. An diesem Fastentag ist Fleisch verboten, aber da Fisch gestattet ist, ist das italienische Heiligabendessen dann doch nicht gar so mager (die Italiener nennen es *falso magro*).

Als Vorspeise gibt es beispielsweise *spaghetti alle vongole*, dann geht es mit frömmeren Köstlichkeiten wie rohen Austern weiter, und schließlich gibt es zehn Pfund schwere, frisch aus dem Lago di Bolsena gefangene Aale, gegrillt oder gebraten, dazu Tomatensauce, die mit dem besten *vernaccia* hinuntergespült werden. (Nach diesem »mageren« Mahl haben nur wenige Italiener am ersten Weihnachtsfeiertag Hunger, deshalb gehen sie entweder im Park spazieren, machen mit den Kindern Verwandtenbesuche oder sitzen vor dem Fernseher.) Dann werden bis Silvester vereinzelte Feste veranstaltet. Am Silvesterabend wird wieder ein großes Festmahl organisiert, das vielleicht mit einer Vorspeise aus eingelegtem Aal beginnt und dann mit einem großen Teller Linsen fortgesetzt wird (Linsen bedeuten Geld), dazu gibt es *cotechino*, eine italienische Art von Schlackwurst. Früher endete die Neujahrsfeier damit, dass alle gleichzeitig einen Großteil des im Laufe des Jahres zerbrochenen oder gesprungenen Geschirrs aus dem Fenster warfen, eine Tradition, die schließlich abgeschafft wurde, als sich Fußgänger beschwerten, sie seien durch herunterfallendes Glas verletzt worden.

Das Festhalten an der Zubereitung von Aalen für die Feiertage ist eigentlich sehr überraschend, da Aale nicht mehr auf dem normalen Speiseplan der Italiener stehen und man ohne weiteres in drei Dutzend Gasthäuser gehen kann, bevor man das Wort *anguilla* (Aal) auf der Speisekarte findet.

Nach Aussage meiner Anthropologen-Freunde kann man, wann immer man auf einen unerklärlichen oder ausgefallenen Brauch trifft, der keinen erkennbaren Sinn hat und in der Psyche einer Gruppe begründet zu sein scheint, davon ausgehen, dass dieser Brauch in Wahrheit sehr alt ist. Tatsächlich haben Gelehrte aufgezeigt, dass die Tradition von Aalen bei den Winterfesten nicht nur auf die Römer, sondern auf die Etrusker zurückgeht. Und als Beweis dafür weisen sie auf eine geniale Aalreuse hin, die etruskische Fischliebhaber um 600 v. Chr. an der Mündung des Flusses Marta in der Nähe des Lago di Bolsena gebaut haben.

Ich kann persönlich für die Existenz dieser Reuse bürgen, die hier in der Gegend La Cannara genannt wird, da sie Freunden von uns in Marta gehört und wir an einem köstlichen Essen teilnahmen, bei dem ein zehnpfündiger weiblicher Aal, der in der Reuse gefangen worden war, in dem bezaubernden Garten unserer Freunde am Spieß gebraten wurde.

Falls Ihnen die Sache mit der »Aalreuse« unwahrscheinlich vorkommt, seien Sie versichert, dass sie nicht nur außergewöhnlich ist, sie ist einzigartig, und diese in Marta könnte durchaus die größte und älteste Aalreuse der Welt sein. Die Etrusker haben nämlich eine Art Wassermühle, sogar mit Wachtturm, etwa eineinhalb Kilometer flussabwärts gebaut, da wo die Marta aus dem Lago di Bolsena auf das Meer zufließt. Die Mühle überspannt den Fluss wie eine Brücke (und es ist belegt, dass die Fundamente dieser Brücke rein etruskisch sind), aber anstatt ein Wasserrad einzufügen, das das hinabfließende Wasser zum Mahlen von Getreide nutzt, leiteten die Etrusker das Wasser in zwei schmale Schleusen. Und in der Mitte dieses Mini-Wasserfalls platzierten sie zwei große Paletten aus miteinander verflochtenem Schilf, in welchen die nach Süden, in Richtung Meer schwimmenden Aale in einer Art Sieb problemlos gefangen werden konnten.

Leider gibt es keine Wandmalereien, die die Etrusker beim Aalfangen zeigen, und auch keinerlei Erzählungen, da die missgünstigen Römer die etruskische Literatur größtenteils zerstörten, aber es besteht kein Zweifel, dass der Aal in der kulinarischen Geschichte Italiens seit mehr als zweitausend Jahren eine große Rolle spielt.

Heinrich VIII. von England mag ja für seine Bankette Schwanenbrust vorgezogen haben, aber die in Italien herrschenden Krösusse, angefangen von den etruskischen Königen bis hin zu den Fürsten im Vatikan, hatten immer eine besondere Vorliebe für das saftige Fleisch des Aals. Einer der ersten Augenzeugenberichte der Aalreuse stammt aus dem Jahre 1462, als der damalige Papst Pius II. nach Marta kam, wo er versuchte, einen Streit zwischen Fischern aus Bolsena zu schlichten. Auf dem Rückweg machte er bei La Cannara Halt und lieferte uns eine genaue Beschreibung, wie die Reuse funktioniert:

Wenn der Südwind das klare Wasser kräuselt, ziehen sich [die Aale], dem Verlauf des Flusses folgend, ans Ende des Sees zurück und gehen in die Reuse. Denn da, wo der Fluss aus dem See herausfließt, haben die Einheimischen einen Turm und einen hölzernen Behälter an dessen Fuß erbaut, der das Wasser durch viele kleine Löcher am Boden durchlässt, die Aale aber zurückhält. Da sie gegen die Kraft des herabströmenden Wassers nicht ankommen und nicht wieder hinauf können, sitzen sie in der Falle und sind gefangen. Der Turm wird bewacht und wirft einen ordentlichen Gewinn ab.

Der Papst hinterließ bei der Aalreuse angeblich die Anweisung, eine ansehnliche Ladung der größten Aale möge zu Weihnachten in den Vatikan gebracht werden, und noch heute schicken die Bürger von Bolsena vor den Feiertagen einen randvollen Eimer lebender Aale in den Vatikan.

Echte Gourmets behaupten, Aale stünden zu Unrecht in dem Ruf, sowohl fett als auch ölig zu sein. Dieses Fett, so sagen sie, sammelt sich hauptsächlich an der äußeren Hautschicht an, und wenn diese abgezogen wird, sei das übrig bleibende Fleisch muskulös und schmackhaft. Aale werden an Weihnachten in der Regel in einer dicken Tomatensauce gedämpft. Zu anderen Anlässen kann er gebraten oder mitsamt der Haut mit Lorbeerblättern in knusprigem Brot als Kebab serviert werden. Lucrezia Borgia hatte eine Vorliebe für Aal in Pastete, und die Fischer rund um Bolsena legen ihn noch immer mit Knoblauch, Pfefferkörnern und Peperoni ein und essen ihn das ganze Jahr über.

Ein anderer Papst, Martin IV. (ein Franzose, der ursprünglich Simon de Brie hieß), war angeblich so begeistert von der riesigen *anguilla* von Bolsena, mit Unmengen von *vernaccia* hinuntergespült, dass er zu viel davon aß und tot umfiel. Das veranlasste Dante, Martin als Vielfraß in die Hölle zu schicken.

Trotz der schlechten Presse wie der eben erwähnten, war die Aalreuse bei Marta beinahe zweitausend Jahre sehr einträglich, und Aufzeichnungen belegen, dass noch im Jahr 1900 die Cannara an einem Tag bis zu drei oder vier Doppelzentner zuckender Aale fangen konnte. Das sind viele Aale, selbst wenn man bedenkt, dass einige der größeren weiblichen Tiere jeweils bis zu sechs Kilo wiegen. (Die männlichen sind weniger als halb so groß.) Die schriftlich belegten Einnahmen von Cannara beliefen sich 1903 auf etwa 300 000 Lire, was bei den heutigen Preisen etwa 23 Millionen DM entspräche – genug, dass die glücklichen Besitzer der Reuse große Reisen unternehmen und sich herrliche Villen in ganz Tuscia (Südetrurien) bauen konnten.

Aber das Ende kam bald nach dem Zweiten Weltkrieg urplötzlich, als in Italien der Nylonfaden eingeführt wurde und die Fischer auf dem Lago di Bolsena hocherfreut feststellten, dass die Nylonnetze im Gegensatz zu den Baumwollnetzen und -reusen, die nicht stark genug gewesen waren, die größten, sich windenden Aale zurückzuhalten, nun endlich stabil genug waren. Sofort wurde das Aalfischen auf dem See zum ganz großen Geschäft, und die arme Fischreuse am Fluss Marta musste zusehen, wie ihr Jahresfang von tausenden auf hunderte und dann auf eine Hand voll Aale sank. Das bedeutete, dass die Cannara als Proteinlieferantin nicht mehr profitabel war, obwohl sie noch immer jährlich eine bescheidene Menge Fisch lieferte.

Die Aalreuse wurde 1980 vor dem Vergessen gerettet, als Marcello Faggiani, der in Marta geboren war, sich der Notlage der Cannara bewusst wurde, sie kaufte und zu einem Sommersitz umbaute. Das war eine komplizierte Angelegenheit, da der alte Wachtturm einzustürzen drohte und die verschiedenen Schuppen, die an die Reuse angrenzten, keine Dächer mehr hatten. Aber in kurzer Zeit hatten die Faggianis sämtliche Gebäude wieder mit Dächern versehen und eine Reihe bezaubernd verwinkelter Zimmer und Korridore miteinander verbunden, die alle Fenster mit Blick auf das frische, gischtende Wasser der Marta haben. Das Haus ist Tag und Nacht von dem gedämpften Tosen des dahinschießenden Wassers erfüllt.

Faggianis Frau Mirella, von Beruf Klavierlehrerin, beschloss, die Säuberung des Geländes, das zu einer Allzweck-Müllkippe des Dorfes geworden war, in Angriff zu nehmen. Und nachdem der ganze Unrat fortgeschafft war, machte sie sich daran, das borstige Unkraut und die Disteln, die sich zwei Meter hoch am Flussufer auftürmten, zu entfernen. Als sie das geschafft hatte, fasste sie den bedeutsamen Entschluss, einen kleinen Garten anzulegen. Wie alle Gartenanfänger hatte Mirella keine Ahnung, wie vernarrt sie am Ende in ihren Garten sein würde, aber jetzt, zwei Jahrzehnte später, hat sie einen Ufergarten von unglaublichem Zauber geschaffen, der als einer der schönsten Flecken in der Region Tuscia hervorsticht.

Wenn der Besucher durch das Haupttor an der Straße von Tuscania nach Marta hereinkommt, geht er auf ein hübsches weiß getünchtes Landhaus zu, das von einer mächtigen Kastanientür geschützt und von zwei üppigen Kameliensträuchern bewacht wird. Linkerhand kündigt sich an, was zu erwarten ist – ein weiter Blick auf den Fluss Marta, von einem Vorhang aus Weiden, Bambus, Ilex, wogendem Schilfrohr und blühenden Gräsern umrahmt, was den Besucher an einen verborgenen Fluss in einem Kindermärchen erinnert. Und ein riesiger Bogen der hübschen Rose »Albertine« hängt herab, als wolle sie das Wasser berühren.

Der Fluss strömt direkt von Nord nach Süd unter dem Haus hindurch, und während sich die Aalreuse genau unter dem Wohnzimmer befindet, liegt am anderen Ende des Hauses ein Auffangbecken, wiederum von Rosen und

Wasseriris umstanden, in das der Fluss etwa einen Meter hinabstürzt und dann seine ziemlich lange Reise bis zum Meer fortsetzt.

Mirella hat die Vorzüge des fließenden Wassers genutzt und einen langen, blühenden, parallel zum Fluss verlaufenden Weg angelegt und daneben verschiedene gelb- und orangefarbene Taglilien und eine dramatische Reihe himmelblauer Agapanthus (Liliengewächse) gesetzt. Der Gartenweg endet an einem schattigen Arboretum, wo sie eine exotische Auswahl von Buschmalven gepflanzt hat, die im Spätherbst prächtig purpurrot, rosa und gelb blühen. Dieser Bereich ist auf der einen Seite von einem dichten schwarzen Bambushain begrenzt und mit weißen Veilchen, rosa Herbstzeitlosen, ganz kleinen Narzissen und einer Unmenge pinkfarbener Bergenien unterpflanzt, die schon im Februar zu blühen beginnen.

Hinter dem Haus befinden sich zwei große Frischwasserbecken, ursprünglich gebaut, um die gefangenen Aale am Leben zu halten, bis sie an Heiligabend in großen Holzfässern zu den Fischmärkten in ganz Italien ausgeliefert wurden. (Doch jedes Mal entkamen ein paar der abenteuerlustigeren Aale, glitten über das nasse Pflaster der Weihnachtsmärkte davon und erschreckten nervenschwache Kundinnen beinahe zu Tode.) Diese Wasserbecken sind inzwischen in Teiche voller blühender Seerosen und großer Goldfische umgewandelt worden; und sie werden ab und zu von den hiesigen Enten und Eisvögeln und gelegentlich sogar von blauen oder weißen Reihern aufgesucht.

Mirella hat um die Teiche Strauchpfingstrosen gruppiert, und in Wassernähe hat sie Dutzende *Amaryllis belladonna*-Zwiebeln gepflanzt, die ab Anfang September herrliche Schäfte süß duftender pinkfarbener Lilien hervorbringen. Bis ihre spätesten Blumen im Spätherbst verblühen, brechen bei einigen der frühen Obstbäume schon fast die Blüten auf, so dass sich ihr Garten am rauschenden Wasser rühmen kann, das ganze Jahr über etwas Blühendes zu besitzen.

Ein eigenartiger Aspekt dieser Aalgeschichte ist, dass sich die führenden Fischexperten selbst nach zweitausend Jahren des Aalfangs und großen wissenschaftlichen Fortschritten noch immer über die Einzelheiten der Fortpflanzung der Aale nicht sicher sind. Die guten alten Etrusker, von Anfang an instinktiv Ökologen, wussten genau, dass die Aale, wenn sie im Lago di Bolsena herangereift waren, ein großes Verlangen verspürten, in den Fluss Marta hinunterzuschwimmen und dann im Salzwasser zu laichen. Außerdem bemerkten sie, dass die ausgewachsenen Aale nie in ihren heimatlichen See zurückkehrten. Die einzigen Fische, die zurückkamen, waren Schwärme winziger Aal-Babys von etwa fünf Zentimetern Länge, die geheimnisvollerweise zu wissen schienen, dass der Lago di Bolsena genau der Ort war, wo sie hingehörten. Den Etruskern war ebenfalls klar, dass die jungen Aale nicht stark genug waren, um auf ihrem Weg zum See durch die schnelle Strömung der Aalreuse zu schwimmen, deshalb gruben sie einen zweiten Wiedereintrittskanal, der an der Aalreuse vorbei und erst später wieder in den Fluss Marta führt, und haben es so den jungen Aalen ermöglicht, sicher vom Meer in den See zu gelangen, wo sie fünf oder sechs Jahre lang heranreifen.

Aber die große Frage, die noch niemand beantworten konnte, ist: Wo schwimmen die großen Aale hin, nachdem sie erst einmal den Fluss Marta verlassen und das Meer erreicht haben? Die meisten Leute gehen davon aus, dass sie in die Sargassosee schwimmen, die zweitausend Kilometer vom nordamerikanischen Kontinent entfernt im Atlantik bei den Bermuda-Inseln liegt. Aber in Wahrheit hat niemand jemals einen großen Süßwasseraal durch die Straße von Gibraltar schwimmen sehen. Selbst der berühmteste aller Fischexperten, Sir Alister Hardy, sagte, dass der einzige Mensch, der jemals berichtete, mitten im Atlantik einen Aal gesehen zu haben, der Fürst von Monaco gewesen sei, der einen ausgewachsenen Aal »1898 im Magen eines Pottwals in der Nähe der Azoren« gefunden habe.

Hardy erklärt nicht, ob der Fürst auf einer Fischfangtour an den Wal gekommen ist oder ob er ihn für sein berühmtes Aquarium in Monte Carlo erwarb. (Aber er merkt in einer – wahrscheinlich später hinzugefügten – Fußnote an, dass zwanzig oder dreißig Meilen südlich vor der Küste von Devon und Cornwall ein paar weitere ausgewachsenen Aale gefangen worden seien.) Das bedeutet, dass in den letzten hundert Jahren vielleicht zehn oder zwanzig Aale im Atlantik gesichtet wurden, was ja nicht gerade viel ist. Was ist mit dem Rest geschehen? Die geläufigste Annahme ist, dass sie in sehr tiefen Gewässern schwimmen, sodass sie von normalen Fischern nie gesichtet werden.

Sir Alister räumt ein, dass er Schwierigkeiten mit all den Problemen dieser Wanderung hatte – wie sammeln sich beispielsweise die jungen Aale, sodass einige Richtung Spanien nach Hause schwimmen und andere nach Italien? –, aber er zog unverdrossen den Schluss: »Die ausgewachsenen Aale verlassen nachweislich die Flüsse in Richtung Meer, und ihren Laich und die frisch geschlüpften Jungen findet man nur an einem Ort der Welt [der Sargassosee]; es besteht also kein Zweifel, dass sie die Reise unternehmen.«

Manche Skeptiker glauben jedoch, dass auch andere Schlussfolgerungen möglich sind. Könnte es nicht sein, meinen sie, dass die italienischen Aale ein geheimes System entwickelt haben, im Mittelmeer zu laichen, wo sie nicht dem Kulturschock ausgesetzt sind, den sie erfahren, wenn sie die ganze Strecke bis zu den Bermudas schwimmen?

Schlaue Fischer aus Bolsena haben eine etwas andere Erklärung für das Überleben der Aale anzubieten. Sie behaupten, dass sie im Frühling häufig trächtige Aale fangen –, und wenn sie sie filetieren, stellen sie fest, dass sie voller winziger, sich windender Fischchen sind. Daraus zieht man den Schluss, dass die Aale des Lago di Bolsena zu lebendgebärenden Fischen geworden sind – eine Anpassung, die die Fortpflanzung im Lago di Bolsena sicherstellt – nicht im Atlantik. Die Reisezeit der Aale würde sich damit um 95 Prozent verkürzen.

Welche dieser Fischgeschichten man auch für glaubwürdiger hält – den Aalen von Bolsena scheint es prächtig zu gehen, und die Italiener, denen das Warum und Wieso ihrer Herkunft ohnehin ziemlich egal ist, setzen sich jedes Jahr an Heiligabend glücklich zu einer üppigen *cena di magro* mit gegrilltem Aal nieder, der mit einer ordentlichen Flasche Pinot Grigio hinuntergespült wird. Sie haben das Glück, dass ihnen heutzutage kein strafender Dante über die Schulter blickt und sie als Vielfraß in die Hölle schickt.

EPILOG

Der Clan der passionierten Gärtner

Vor nicht allzu langer Zeit träumte ich von einem Garten, den ich nicht recht einordnen konnte. Es war überhaupt nicht meine Art von Garten. Es war ein minimalistischer Garten voll gedämpftem Grau und Grün und runden Formen – schick und kontrolliert –, und ich fragte mich immer wieder, was dieser Traum wohl mit mir zu tun hätte. War es vielleicht eine Warnung, meine Angelegenheiten besser als bisher zu organisieren? Oder war es die Sehnsucht nach einem Garten, den ich vielleicht demnächst anlegen würde?

Schließlich wurde mir klar, dass ich von einem Garten im Lubéron, in Südfrankreich, geträumt hatte, den ich im vorigen Sommer besichtigt hatte. »La Loupe«, hoch oben auf einem Hügel in der Nähe eines alten Bauernhauses aus grauem Stein gelegen, war weniger ein Garten als vielmehr eine Ansammlung niedriger immergrüner Büsche, die zu ordentlichen Kugeln gestutzt waren und deren sanfte Kuppeln sich weit bis zum Horizont hinunter erstreckten. Die Farbtöne reichten von Blaugrün über Olivgrün bis Grau. Der Garten war ordentlich, kontrolliert und sehr stilvoll und zeigte eine erstaunliche Wirkung auf Gartenliebhaber in ganz Europa. Viele der Damen aus unserer Gruppe eilten nach Italien zurück und wollten ihre Gärten im selben äußerst eleganten Stil umgestalten. Auch ich gebe zu, dass ich mich, als ich nach Canale zurückkam, dabei ertappte, wie ich einige meiner Lavendel- und Rosmarinbüsche zurückstutze.

Aber es dauerte nicht lange, bis mir klar wurde, dass ich mich niemals dazu bringen könnte, diese Art von Disziplin anzunehmen, die ich in Lubéron gesehen hatte. Wenn ich noch einmal einen Garten anlegen würde, wäre es wahrscheinlich wieder in meiner üblichen unordentlichen Art. Ich würde die Pflanzen wieder so schnell wie möglich in die Erde stecken und mir dann die – nicht immer grünen – Daumen drücken und darauf hoffen, dass sie überleben. Ich glaube, ein Großteil des Spaßes an einem Garten besteht darin, seltene Pflanzen aus aller Welt auszuprobieren, und wenn wir absichtlich auf jedes Experimentieren verzichten, laufen wir Gefahr, dass uns viel Freude entgeht. Schlimmer noch, Gelb, Pink oder Purpurrot aus einem mediterranen Garten zu verbannen, ist, als würde man die Farben von einem impressionistischen Gemälde verbannen. Wie sagte Cézanne doch: »Farbe ist der Ort, wo sich unser Geist und das Universum treffen.«

Darüber hinaus ist mir klar geworden, dass die Gartengestaltung nun am Beginn des dritten Jahrtausends eine ganz neue Richtung einschlägt. Es hat sich gezeigt, dass die alten elitären Gärten der Aristokratie – für die wenigen Privilegierten reserviert – überholt sind und die endlose Debatte zwischen jenen, die die klassische Gartengestaltung vorziehen, und jenen, die für ungekünstelte Landschaften sind, ein wenig abgehoben und überflüssig anmutet.

Wir fangen an, uns klarzumachen, dass die Hauptaufgabe der Menschheit nicht darin besteht, hübsche Gärten anzulegen, sondern die ökologische Krise zu lösen, Probleme wie die Überbevölkerung, die Umweltverschmutzung durch die Industrie und die Zerstörung der natürlichen Ökosysteme in den Griff zu bekommen. Denn schließlich hängt unser Überleben davon ab. Außerdem stellen wir fest, dass unser unnatürlicher Lebensstil – der sich um schnelle Autos, zwanghaften Konsum und passive Unterhaltung dreht – uns buchstäblich umbringt. Wenn wir uns nicht ändern und unseren Planeten säubern, werden wir es womöglich nicht einmal bis ins nächste Jahrhundert schaffen, vom vierten Jahrtausend ganz zu schweigen. Dann sind die einzigen überlebenden Lebewesen vielleicht Alligatoren, Kakerlaken und Elstern.

Diese Notlage des Planeten ist gewiss einer der Gründe dafür, dass die Begeisterung für die Gartengestaltung in den letzten Jahrzehnten so erstaunlich zugenommen hat. Überall sind die Leute zu dem Schluss gekommen, dass das schnelllebige, naturferne Dasein, abseits von Grün und wachsenden Dingen, keine Lösung ist, und sie suchen nach Wegen, sich wieder mit der natürlichen Welt zu befassen und sie für zukünftige Generationen zu erhalten.

Sichtbarer Beweis für diese neue Einstellung sind einige der neuen Gärten in Italien, die an ungewöhnlichen Plätzen versteckt liegen. Da gibt es zum Beispiel in Palermo eine Dame, eine Funktionärin in der dortigen Ortsgruppe der Legambiente (des Umweltverbands), die glaubt, dass die Natur um jeden Preis verteidigt werden muss. In ihrer Uniform aus Jeans, Jacke und Sportschuhen steht sie bei öffentlichen Kämpfen gegen die Spekulanten und Bauunternehmer, die versuchen, ihr geliebtes Palermo mit einer Zementschicht zuzudecken, immer an vorderster Front.

Da sie praktiziert, was sie predigt, hat sie in ihrem eigenen Hinterhof einen wilden Naturgarten geschaffen, und statt eines Teiches mit Seerosen hat sie einen hübschen kleinen sumpfigen Pfuhl angelegt, der Frösche und Schlangen anlockt. Bei ihr kommen keinerlei Chemikalien über die Schwelle; statt die Blätter zusammenzurechen und sie zu verbrennen, lässt sie sie langsam auf dem Boden verrotten, wo sie zu ausgezeichnetem Kompost werden, und wann immer möglich gestattet sie den Unkräutern und Gräsern, unbehelligt neben den Nesseln und dem Kohl zu wachsen.

Einer der in Italien bekanntesten Gartenbuchautoren, Professor Ippolito Pizzetti, besteht seit Jahren darauf, dass das Hauptaugenmerk von privaten Gärten auf öffentliche Parks verlegt werden müsse, damit jeder die Schönheiten der Natur genießen und sogar bei der Pflege helfen könne. In Zukunft würden die normalen Bürger weder das Geld noch das Land haben, um sich einen privaten Garten anlegen zu können, behauptet Pizzetti, deshalb sei es für ihre Gesundheit und das Wohlergehen der gesamten Gesellschaft von wesentlicher Bedeutung, öffentliche Grünanlagen zu schaffen, wo sich die Leute unter einen Baum legen oder ihre Kinder Fahrrad fahren lassen können.

Ein Beispiel für das öffentliche Interesse an Grünanlagen kann man in Garbatella sehen, einer kleinen Enklave hinter dem protestantischen Friedhof in Rom, wo die Anwohner freiwillig die blühenden Grünstreifen und die Innenhöfe ihres Viertels pflegen. Garbatella wurde in den zwanziger Jahren ursprünglich an Stelle eines Slumgebiets angelegt und ist inzwischen zu einem stolzen Zufluchtsort der Schönheit und Harmonie der Natur geworden, wobei die Bewohner ständig auf der Hut sind, die Attacken gieriger Spekulanten abzuwehren.

Wenn man mich fragen würde, wem 1999 der Preis des »Besten Gärtners« verliehen werden sollte, dann würde ich wohl eine Dame (deren Name ich nicht kenne) vorschlagen, die einen bezaubernden Garten an der grasbewachsenen Strecke einer Eisenbahnlinie im Norden Londons angelegt hat. Die Eisenbahningenieure haben erst kürzlich eine neue Unterführung gebaut, ab der diese Strecke nun unterirdisch verläuft, aber sie haben eine hässliche orangerote Backsteinmauer zwischen der Unterführung und der Straße hinterlassen, und die Kinder fingen schon an, Flaschen gegen die Mauer zu werfen und dort Unrat anzuhäufen. Unverzagt kam die Gärtnerin von ihrem grasigen Stückchen Land mit einer Hacke und einem Schubkarren herüber und pflanzte Rambler-Rosen, die an der Mauer hinaufklettern. Sie verschönerte die Umgebung auch noch mit blühenden Kirschbäumen, Gruppen orientalischen Mohns und fröhlichen Beeten mit Mädchenauge. Die Menschen, welche die Straße auf dem Weg zur Bushaltestelle entlanggehen, bleiben jetzt stehen und bewundern den neben der Straße angelegten Garten, und niemand wirft mehr Flaschen oder Müll hinein.

Schilderungen wie diese legen für mich den Schluss nahe, dass eine Gruppe von Menschen, auf die man bei der Arbeit für eine ökologischere Zukunft zählen kann, die Gärtner selbst sind. Denn das Graben in einem Garten ist eine Möglichkeit, erdverbundene Werte zu entdecken; es lehrt die Menschen, es langsamer anzugehen und sich zu entspannen, geduldiger und weniger habgierig zu sein. Außerdem hilft es, ihr Bewusstsein für die Natur zu stärken, und ermuntert sie, sich mit anderen Leuten zusammenzutun, die das gleiche Interesse an wachsendem Grün, an gesunder Luft und sauberem Wasser haben.

Ich habe diese Veränderungen vielleicht in etwas oberflächlicher Weise bei meiner eigenen, beschränkten Erfahrung mit meinem Garten an mir selbst verspürt. Als ich mit meinem kleinen Stückchen Land in Canale anfing, hatte ich es sehr eilig. Ich wollte alle Samen schnell in die Erde bringen, und ich bin im Morgengrauen aufgestanden, um nachzusehen, ob meine Pflanzen aufgeblüht waren. Ich fühlte mich angetrieben und war besorgt, ob es mir auch gelingen würde, einen schönen Garten anzulegen, und es schien, als habe ich nie Zeit, einfach nur dazusitzen und das, was ich machte, zu genießen.

Beim Unkrautjäten pflegte ich gelegentlich einen Hocker mitzunehmen, auf den ich meine Werkzeuge legen konnte, damit sie nicht verloren gingen, und ab und zu schob ich sie beim Arbeiten herunter, setzte mich auf den Hocker und betrachtete die blühenden Blumen um mich herum. In diesen verstohlenen Augenblicken sah ich Dinge, die ich nie zuvor bemerkt hatte – eine hübsche Kombination blassblauer Iris und lila Lavendels oder einen kleinen, wilden Wiesensalbei, der von den Feldern hereingewandert war.

Eine noch bessere Zeit zur Betrachtung kam, wenn ich abends anfing, meinen Garten zu gießen, und ich gewöhnte mich derart an den Genuss dieses Zeitvertreibs, dass ich der Idee widerstand, ein automatisches Bewässerungssystem anzuschaffen. Das gestattete mir, mich am Ende des Tages verschwitzt und feucht über meine geliebten Pflanzen zu beugen, während das kühle Brunnenwasser aus dem Schlauch tröpfelte, und jede meiner Blumen einzeln zu grüßen, während ich ihnen einen großen, willkommenen Schluck zu trinken gab.

Als ich allmählich lernte, mich zu entspannen, wurde mir klar, dass ich mich bis dahin in Wahrheit in einer Tretmühle befunden hatte, nur um eine blühende Bühnenkulisse zu schaffen, damit meine Besucher nette Kommentare dazu abgaben (nachdem sie sie dreißig Sekunden lang begutachtet hatten). Und so kam mit der Entspannung Gelassenheit und eine hoffnungsfrohe Stimmung. Selbst kleine Siege machten Freude.

Denn richtiges Gärtnern kann eine der erfüllendsten Beschäftigungen des Menschen sein. Wir leben in einer Zeit rastloser Eile und gedankenloser Habgier. Wir müssen uns beeilen, unsere Ausbildung abzuschließen und eine Anstellung zu bekommen. Wir müssen uns sputen, einen Ehemann oder eine Frau zu finden, weil wir sonst auf dem »Markt« keine Chancen mehr haben. Wir müssen uns ranhalten, nur ja schnell viel Geld zu verdienen, weil ja morgen schon eine neue Wirtschaftskrise kommen kann. Unser Gehirn wird schon nächstes Jahr nicht mehr so gut funktionieren, wir werden nicht mehr so gut aussehen, unsere Gesundheit wird schlechter sein, und alles, was wir im Leben haben wollen, wird aus Polyester hergestellt sein und das Doppelte kosten.

Aber für einen erfahrenen Gärtner ist die Welt ganz anders. Die Zeit ist unsere Freundin; morgen wird alles hübscher und grüner sein; jeder Samen, den wir einsetzen, ist ein spannendes Versprechen, und jeder Baum wird mit jedem Jahr noch edler und kräftiger heranwachsen. In unseren Gärten sehen wir dem nächsten Jahr und den kommenden fünf Jahren mit Vorfreude, nicht mit Furcht entgegen. Dieses Warten und Beobachten ist eine zuversichtliche, keine ängstliche Angelegenheit, und wir werden, während wir unseren Sämlingen beim Wachsen zusehen, zu Philosophen.

Diese entspannte Einstellung hat sich noch auf andere Weise bezahlt gemacht – mein Garten beansprucht jetzt nicht mehr meine ganze Aufmerksamkeit. Es gibt da draußen noch eine andere Welt, und wenn ich herausfinden will, wie die Engelstrompeten in Amalfi blühen oder wie man in Sizilien Zitronenbäume veredelt, kann ich hinfahren und es mir selbst ansehen. Und wenn jemand eine Reise nach Apulien oder – besser noch – nach Karnataka und Kerala vorschlägt, kann ich in wenigen Tagen gepackt haben, jede Menge leerer Umschläge für Samenkörner im Gepäck.

Ein Garten sollte kein Anker, sondern ein Spinnaker sein, bereit, die besten Winde einzufangen, und wenn der Wind richtig bläst, kann er einen an Orte von atemberaubender Schönheit bringen. Wenn wir verreisen, und das tun wir häufig, vernachlässige ich meinen Garten keineswegs, ich nehme ihn in meinem Rucksack oder in Gedanken mit, und er macht all die anderen Orte umso interessanter. Wenn Gärtner reisen, sind sie gleichsam eingeladen, ihren Geist in der Welt der Natur zu erfrischen. Sie besichtigen alle Gärten, die sie finden können, und gewöhnen sich an, auf der Suche nach seltenen Pflanzen oder Farbkombinationen vom ausgetretenen Pfad abzuweichen. Sie tauchen in den Schatten von baumhohen Farnen ein.

Wenn man ein Mitglied des weltweiten »Clans der passionierten Gärtner« ist, versetzt das einen in die Lage, sich mit Leuten anzufreunden, die sonst auf bevölkerten, fremden Straßen unbemerkt an einem vorübergehen würden. Es war unsere Begeisterung für die großen Eisenholzbäume im Dschungel von Borneo, die uns in Kuching mit Dr. Danny Kok zusammenbrachte, einem Allroundexperten von der Akupunktur über fleischfressende Pflanzen bis hin zu Orang-Utans.

Und da wir begeisterte Obst- und Nussbaumpflanzer sind, konnten wir beim Mittagessen eine Unterhaltung mit einem indischen Pflanzer von Ananas, Kokos- und Cashewnüssen, Dr. Livingston Soans, beginnen. Jetzt besuchen wir Livy regelmäßig auf seiner Ananas-Plantage in Moodbidri, und wir haben viele lange Abendstunden mit ihm neben seinem Bewässerungstank inmitten seiner Ananasgewächse gesessen, während er uns den Lauf der Planeten am Himmel erklärte.

Zudem haben wir mit Livy eine Menge Pflanzen ausgetauscht. Ein Dutzend kleiner Olivenbäume gedeihen inzwischen gut in seiner Versuchsplantage, einer Farm in einer gemäßigten Zone hoch in den Westghats, und einer unserer italienischen Haselnussbüsche bringt dort bereits Nüsse hervor. In unserem Garten in Italien kämpfen wiederum ein paar kleine Cashewbäume, die Livy uns gab, ums Überleben, weil Canale ihnen nicht die Hitze und Feuchtigkeit geben kann, die sie in den Monsunwäldern genossen haben.

Rückblickend wird mir klar, dass ich, obwohl mir mein Garten und meine Blumen sehr am Herzen liegen, die Menschen rund um den Globus, die sie herangezüchtet haben, noch mehr mag – eine Gruppe, die ich als den »Clan der passionierten Gärtner« bezeichnen möchte.

Das ist tatsächlich ein sehr eigenartiger Clan. Er hat keinen Präsidenten, keine Satzung, keine Uniform, kein Abzeichen fürs Revers – aber die Mitglieder erkennen einander auch so auf Anhieb. Es sind Menschen, die mit einer Baumschere in der Tasche herumlaufen, und wenn sie sich nach einer Münze bücken, dann richten sie sich höchstwahrscheinlich mit einem *Caesalpinia*-Samen oder einer Feuerbohne in der Hand wieder auf. Wenn sie durch öffentliche Gärten spazieren, knipsen sie gedankenverloren die abgestorbenen Blüten der Geranien oder Dahlien ab, selbst wenn es Schilder gibt, auf denen steht: »Blumen bitte nicht berühren.« Sie können einfach nicht anders. Wenn sie bei anderen Leuten im Auto mitfahren, neigen sie dazu, bei jedem Blumenverkaufsstand an der Straße, bei Gärtnereien, Blumenläden, Kräuterverkäufern oder Gartencentern »Stopp!« zu rufen, von Blumenmärkten und Botanischen Gärten ganz zu schweigen. An Stränden schauen diese Leute gar nicht erst auf die Wellen hinaus, sondern nach hinten auf die blühenden Dünen; in den Bergen hebt sich ihr Blick nicht zu den schneebedeckten Gipfeln, sondern senkt sich zu den Wiesen hinab.

Auf ihren Nachttischchen türmen sich Samenkataloge und Gartenbücher, und in der Regel haben sie die Magazine *House and Garden* oder *Gardenia* abonniert und sehen sich Naturfilme im Fernsehen an. Blütenarrangements locken sie an wie das Licht die Motten, egal, wie mittelmäßig sie auch sind. Und eine Blume, die sie nicht kennen, reicht aus, selbst bei der unterhaltsamsten Cocktailparty ihre ganze Aufmerksamkeit zu beanspruchen.

Diese Leute zeigen ein außergewöhnliches, oft verrücktes Interesse an Diagrammen und Karten über jährliche Regenmengen und frühe Fröste. Und wenn sie einen Bulldozer oder einen Zementmischer sehen, die auf ein offenes Feld zufahren, halten sie an und fragen die Fahrer, was sie da denn machen. Wenn sie in ihrem örtlichen Wald eine Motorsäge hören, die Bäume fällt, machen sie sich auf, der Sache auf den Grund zu gehen.

Wenn man sie um eine Nagelfeile bittet, geben sie einem vielleicht ein Pfropfmesser. Ihre Schlüssel werden von Stückchen grünen Pfropfklebebands zusammengehalten, und ihre kaputten Matchbeutel, Brieftaschen und Schuhe sind mit grünem, mit Plastik ummanteltem Draht repariert, der zum Stützen von Pfingstrosen geeignet ist.

Natürlich gibt es ein paar geheime Losungen, die diesen Clan miteinander verbinden. Wenn man über Bodenfeuchtigkeit oder den ph-Wert spricht, erweckt man ihre Aufmerksamkeit, und wenn man sich Sorgen um die Ozonschicht oder die genetische Veränderung von Weizensamen durch die Gene von Nordseeheringen macht, werden sie einen zum Abendessen nach Hause einladen und einem ihre besten Stiefel für die Gartenarbeit schenken.

Sie mögen verrückt sein, aber ihre Art von Verrücktheit ist auch die meine, und wenn irgendeine Katastrophe eintritt, kann man auf ihre Hilfe zählen.

DIANA

Das anspruchsvolle Programm

Elizabeth von Arnim

Mit viel Charme, feinem
Humor und frischer Leben-
digkeit schildert Elizabeth
von Arnim die Gesellschaft
ihrer Zeit.

62/178

Verzauberter April
62/173

Elizabeth und ihr Garten
62/178

Priscilla auf Reisen
62/221

DIANA-TASCHENBÜCHER